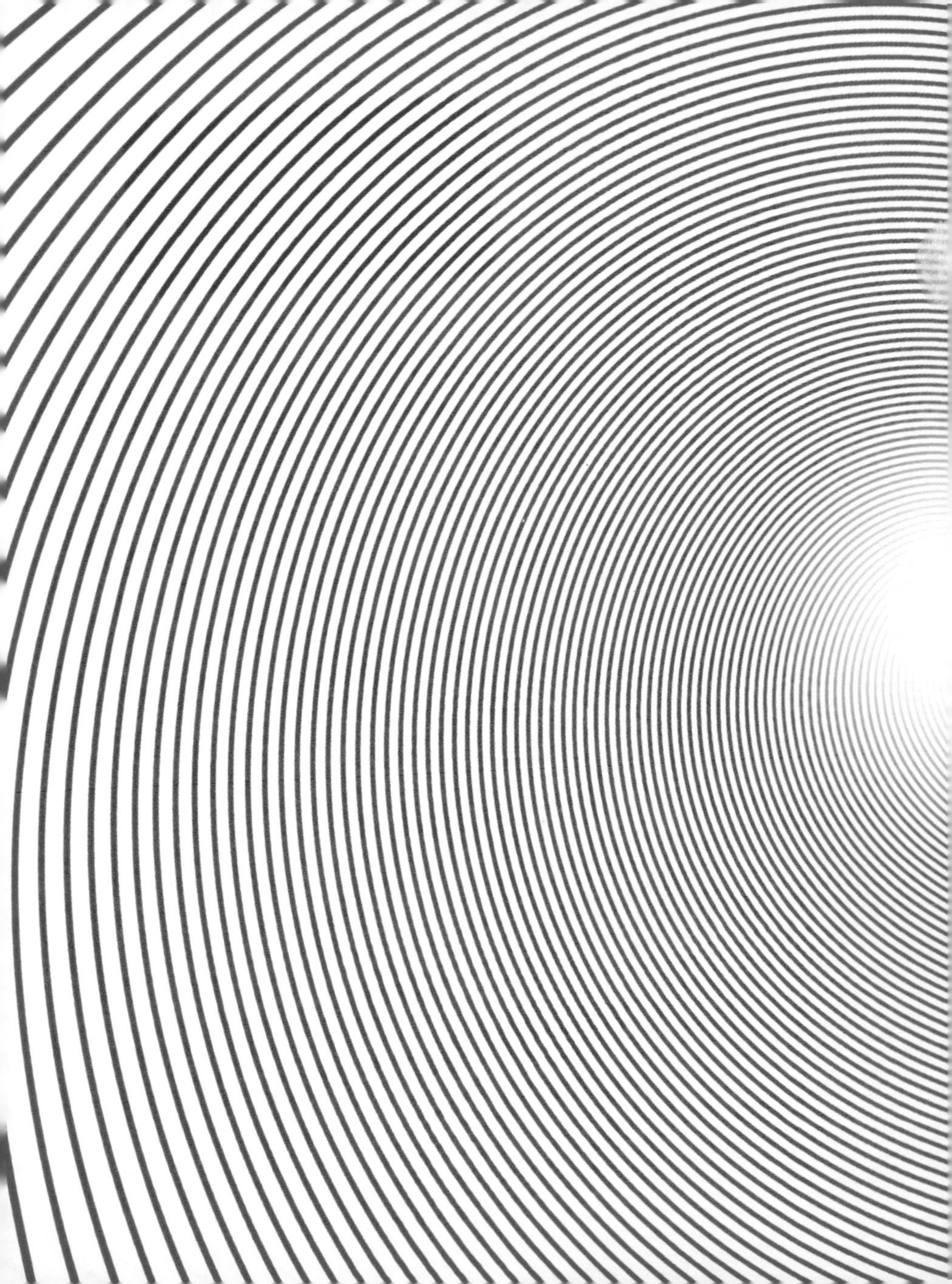

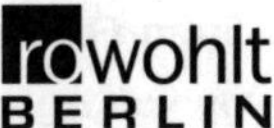

Von Helene Fischer bis zu Sunn O))), von den Waldschraten des Neo-Folk bis zum queeren Pop von Antony, vom Männlichkeitskult des Hip-Hop bis zum Minimal-Technorausch im Berliner Berghain: Popmusik ist die wichtigste Kunstform der Gegenwart, keine andere reagiert so direkt und schnell auf die Verfassung unserer Zeit. Jens Balzer liefert eine Gegenwartsdiagnose des Pop: einer Musik, die das rasende Tempo der kulturellen Umbrüche spiegelt, das Glück und die Qual endloser Möglichkeiten, die Sehnsucht nach Ruhe ebenso wie den Wunsch, dem Leben erst richtig Fahrt zu geben. Wie finden wir uns in dieser Vielfalt zurecht? Was unterscheidet guten von schlechtem Pop? Und was verrät er uns über die Welt, in der wir leben? Jens Balzer skizziert Strömungen, Charaktere, Trends und Konstellationen der letzten zehn Jahre und lässt so ein energiegeladenes Panorama des aktuellen Pop entstehen – der so viel mehr ist als nur Musik.

Jens Balzer, geboren 1969, ist Autor und Kolumnist u. a. für die «Zeit», «Rolling Stone», den Deutschlandfunk und radioeins. Er war stellvertretender Feuilletonchef der «Berliner Zeitung» und hat als Kurator an der Volksbühne am Rosa-Luxemburg-Platz gearbeitet. Heute betreut er den Popsalon am Deutschen Theater in Berlin und ist künstlerischer Berater des Donaufestivals Krems. 2019 erschien sein vielgelobtes Buch «Das entfesselte Jahrzehnt. Sound und Geist der 70er».

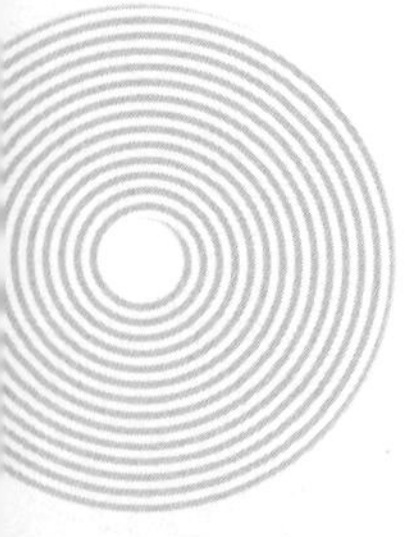

Jens Balzer

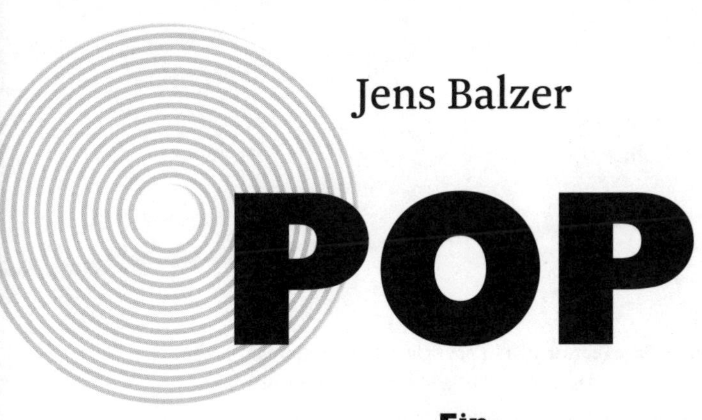

POP

Ein Panorama der Gegenwart

Rowohlt · Berlin

2. Auflage Februar 2020 · Copyright © 2016 by Rowohlt · Berlin Verlag GmbH, Berlin · Einbandgestaltung Frank Ortmann · Buchinnengestaltung Joachim Düster · Satz aus der Nezwald PostScript bei Pinkuin Satz und Datentechnik, Berlin · Druck und Bindung Kösel, Krugzell, Germany · ISBN 978 3 87134 830 3

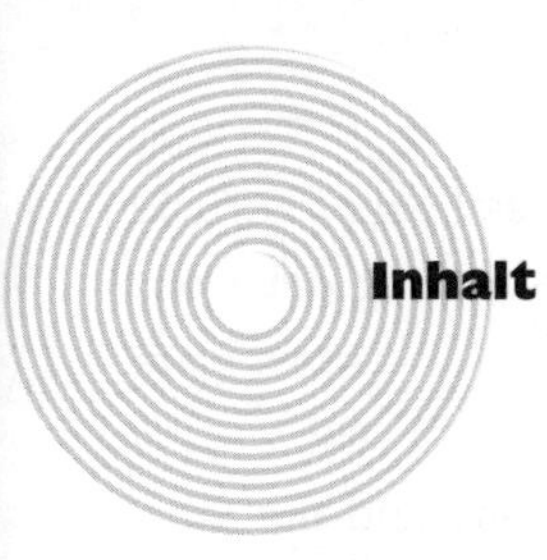

Inhalt

Zur Einleitung: Einige Gedanken beim Anblick eines singenden Superstars auf dem Rücken einer fliegenden Gans

Kurz vor dem Ende der Show schwebt dann auch noch eine gewaltige Gans aus goldenem Blech vom Bühnenhimmel hernieder und neigt ihr Haupt voller Demut vor der singenden Frau mit dem sehr blonden Haar. Diese reibt sich einen Moment ebenso gütig wie wohlig am Schnabel des Tieres, um sich dann stolz mit ihm in die Luft zu erheben und auf dem Gänserücken lauthals «My Heart Will Go On» von Céline Dion zu singen. Von blinkenden Drähten geführt und gehalten, flattern Vogel und Frau minutenlang über den Köpfen des Publikums hin und her.

Die Menschen im Saal sind begeistert, obwohl sie auch jetzt, nach über zwei Stunden musikalischer Darbietung, das eine, sehnsüchtig erwartete Lied immer noch nicht zu hören bekommen. Stattdessen wird ihnen ibizenkischer Schranztechno mit ächzend sich blähenden Stadion-Rave-Fanfaren geboten, retrofuturistischer Roboterpop nach Art der Düsseldorfer Elektronikavantgarde der siebziger Jahre und christlich geprägter Goth-Rock, den man sonst nur von Frauen mit schwarz gefärbten Haaren und Tränentattoos auf der Wange kennt.

Helene Fischer heißt die mega-eklektische Multimediakünstlerin, die 2014 in der Mehrzweckhalle am Berliner Ostbahnhof vor fünfzehntausend Zuhörern auftritt. Ganz am Ende des Abends wird sie den einen, allseits von ihr erwarteten Hit natürlich doch noch singen: «Atemlos durch die Nacht» – und zwar zunächst als Akustikballade und dann zur Freude vor allem ihrer älteren Verehrerinnen und Verehrer im bassgesättigt stampfenden Dancefloor-Remix. Bis dahin aber springt sie in rasendem Tempo durch die musikalischen Epochen und Stile, es gibt «Get Lucky» von Daft Punk zu hören und «Jump» von Van Halen, «Purple Rain» von Prince and the Revolution und Motive aus Vivaldis «Vier Jahreszeiten», mit denen das Konzert in vier Teile gegliedert wird: Herbst, Winter, Frühling und Sommer.

Auch Lieder aus dem eigenen Repertoire bringt Helene Fischer dem Publikum zu Gehör, doch ist darin fast nichts übrig geblieben von der bierzelttauglichen Stimmungsmusik, mit denen sie Mitte der nuller Jahre reüssierte. Stattdessen gibt es an Kraftwerk erinnernde minimal-repetitive Synthesizerfiguren, hitzig in den Mix gegniedelte Kraftrockgitarren und ucka-tschuck-hechelnden Funk. Im Ganzen wirkt das Programm dieses Abends so, als hätte es der Zufallsgenerator eines Streaming-Dienstes ausgespuckt.

Derart selbstverständlich gibt sich Fischers extremer Eklektizismus, dass er wie der Normalzustand einer musikalischen Gegenwart wirkt, in der alle Gattungsgrenzen, Traditionen und Konventionen vollständig verflüssigt sind. Post-Postmodernität, oder auch: Post-Internet-Pop. In einer Welt, in der jede erdenkliche Musik aus jeder Zeit jederzeit verfügbar ist, hat die sich in jedem Moment neu zusammensetzende Gegenwart über die Vergangenheit und die Zukunft und alle anderen Zeitlichkeiten gesiegt.

Helene Fischer ist der Inbegriff für diese vollständig entgrenzte

Pop-Gegenwart. Und das obwohl oder gerade weil das Feld, aus dem sie kommt – die sogenannte Volksmusik und der deutsche Schlager –, bislang das Paradigma einer streng sich Grenzen setzenden Musik war: «deutsch» und heimatverhaftet, traditionsfest umhegt und verfestigt wie kein anderer Stil. Dass Fischer diese per Definition territoriale Musik zum Ausgangspunkt einer exzessiven Deterritorialisierung nimmt, kann man als ungehörig ansehen. Dass die breite Masse des Publikums es im Gegenteil als zeitgemäß und normal empfindet – das allein sagt schon viel über die Zeit, in der wir leben, und die Musik, die wir hören.

Zwanzig Jahre zuvor wären eine solche Künstlerin, eine solche Art von Ästhetik, eine Szene wie an diesem Abend nicht denkbar gewesen. Aber warum nicht? Und was ist seither passiert?

Mit solchen und anderen Fragen des popmusikalischen Wandels werde ich mich im Folgenden beschäftigen. Dabei geht es nicht allein um das Hören und das Gehörte, um Musik und Rhythmen, Melodien und melodiefreien Krach – sondern genauso um Körperlichkeit, um Erotik und um die Bilder der Welt, die sich in all diesen Facetten des Pop widerspiegeln. Auch die Intensität von Helene Fischer rührt ja nicht aus ihrer Musik allein, sondern ebenso aus deren Verbindung mit ihrer körperlichen Präsenz auf der Bühne und mit einer Aura, die einen Widerspruch in sich trägt.

Helene Fischer ist Ich und Nicht-Ich in einer Person. Sie tritt auf als extrem dominante Künstler-Identität, die sich noch die einander fremdesten Stile gleichmäßig gefügig macht – und als Charakterhülle, die kulturindustriell komplett kontrolliert und jeder Eigenheit beraubt ist. Sie ist ein hyperaktiver, sich unaufhörlich von einer Erscheinungsform in die nächste transformierender Organismus – und wirkt doch zumeist mechanisch und leidenschaftslos, roboterhaft desinteressiert und undurchsichtig. Daraus erklärt sich auch der sonderbar selbstwidersprüchliche und deswegen so erregende Eros, der Helene Fischer umgibt: Die Sprache der Herrschaft und die der Unterwerfung sind in ihrer Inszenierung unentwirrbar verschränkt.

Für die Pop-Heldinnen der Gegenwart ist diese Schizo-Erotik typisch; sie findet sich bei den prägenden Figuren der Pop-Avantgarde, aber auch bei Superstars wie Amy Winehouse und Adele. Typisch für den Pop der Gegenwart ist aber zunächst noch etwas anderes: dass es nämlich überhaupt Heldinnen sind, die ihn beherrschen – und eben nicht Helden. Die Jahrzehnte währende Dominanz heterosexueller weißer Männer an elektrisch verstärkten Instrumenten ist an ihr Ende gekommen.

Wenn Helene Fischer den Höhe- und vielleicht auch den Endpunkt unserer laufenden popmusikalischen Ära darstellt, dann kann man ihren Nullpunkt vielleicht auf jenen Moment datieren, in dem die einst so kraftvolle Verbindung zwischen heterosexueller Männlichkeit und Elektrizität endgültig zum nostalgischen Bildchen verblasste: Das passierte in der ersten Hälfte der nuller Jahre, mit einem letzten Aufbäumen von Bands wie The Strokes oder The Libertines. Von dort bis zum Frühjahr 2016 reicht der Zeitraum, den ich in diesem Panorama der Gegenwart skizziere.

Dazu habe ich Konzerte und Klubs besucht, Schallplatten und Soundcloud-Dateien gehört, mir Videoclips angesehen und nicht zuletzt mit Künstlerinnen und Künstlern gesprochen. Ich habe nicht nur

Helene Fischer getroffen, sondern auch das radikal entschleunigte Krachmönche-Duo Sunn O))). Ich habe den cross-dressenden japanischen Popstar Yoshiki Hayashi von der Band X Japan interviewt und den Sänger Der Graf von der deutschen Gruppe Unheilig. Es geht um den Maskulinismus der Gangsta-Rapper und Deutschrocker, um die Avantgarde der neuen Techno-Feministinnen wie Holly Herndon, Laurel Halo und Grimes ebenso wie um die Gilde der Mainstream-Diven von Beyoncé bis Rihanna und Lady Gaga.

Der Pop der Gegenwart wird von gebrochenen Ich-Identitäten bevölkert – und von Freaks, die sich entschlossen der Identifizierung verweigern. Er handelt von Souveränität und Masochismus, von Hyperbeschleunigung und provokativer Langsamkeit. Oder allgemeiner gesagt: Er handelt von der Suche nach einem immer wieder neuen Verhältnis zwischen dem Ich und der restlichen Welt. Wer bin ich? Wer könnte ich sein? Wer will ich sein? Wie finde ich zu einer Sprache für meine Wünsche und mein Begehren?

Dabei kommt es zu einem stetigen Wechselspiel aus Dezentrierung und dem Kampf um Souveränität, aus der fortwährenden Verflüchtigung alter Identitäten und der Sehnsucht danach, im endlosen Treiben der Gegenwart zu jenen kurzen Momenten der Ruhe und Sicherheit zu gelangen, in denen allein sich das Offene zeigt. Es geht also wie immer um Freiheit und Glück. Davon soll jetzt die Rede sein.

1. Was ist nur aus den Heroen des Pop geworden? The Strokes, The Libertines und der Niedergang der männlichen Herrschaft

Ich persönlich bin ja ganz glücklich, wenn ich einmal ordentlich erniedrigt werde. In Popkonzerten bietet sich dazu aber nur noch selten Gelegenheit; man findet kaum mehr Künstler, die eine Erniedrigung sachgerecht durchzuführen verstehen – die also derart schön, stark, dominant, schillernd und arrogant sind, dass man sich in ihrem Angesicht schäbig, klein und nichtswürdig fühlen kann. Darin zeigt sich ein Traditionsbruch: In den sechziger, siebziger, achtziger und neunziger Jahren des zwanzigsten Jahrhunderts wurde die Popmusik von unerreichbaren, sehr schönen oder zumindest sehr wilden oder seltsamen Männern dominiert, die weit jenseits des mittelmäßigen und kleinen, unansehnlichen und weitgehend unwilden Lebens ihres Publikums zu existieren schienen, von Elvis Presley bis zu David Bowie, von Mick Jagger bis zu Michael Jackson, von Prince bis zu Kurt Cobain. Eine Weile lang pflegte man diese Sorte von Männern auch als «Superstars» zu titulieren.

Kurt Cobain war Anfang der neunziger Jahre der letzte Neuzugang in diese Gilde der heroischen Männer. Mit seiner Gruppe Nirvana und dem von ihr popularisierten Grunge-Genre brachte er noch einmal den breitbeinigen, maskulin schwitzenden Rock ins Zentrum der populären Musik; doch die Botschaften, mit denen er das Medium füllte, kündeten vor allem von einer zutiefst Rock-untypischen, rundum verunsicherten und mit sich selbst beschäftigten Männlichkeit. Insbesondere durch sein ausgiebig vorgetragenes Leiden an der eigenen Größe ruinierte Cobain die für den heroischen Pop-Maskulinismus wesentliche Aura der dominanten Unnahbarkeit. Er präsentierte sich als phallischer Charakter, gab dabei jedoch nur einen kläglichen, geknickten Phallus ab; einen Phallus, der nicht eingeführt und gestoßen, sondern gestreichelt und getröstet werden wollte; einen Phallus, der nicht nach einer Sexualpartnerin rief, sondern nach Mama.

Nachdem Kurt Cobain sich 1994 mit einer Schrotflinte erschossen hatte, zeigte das Publikum lange Zeit kein Interesse daran, den auf diese Weise vakant gewordenen Posten neu zu besetzen. Doch selbst wenn man den damit eröffneten Konkurs des klassischen maskulinen Rock-Heroismus – wie ich es im Folgenden tun werde – als sexualemanzipatorischen Fortschritt beschreibt, kommt man nicht umhin festzustellen, dass mit der dazugehörigen Dialektik aus auratischer Dominanz und bewundernder Demut auch ein wesentlicher Teil der überkommenen Pop-Erotik verlorengeht: jene Erotik, die aus der Lust entspringt, sich Künstlern zu unterwerfen, die überlebensgroß wirken, «larger than life».

Zum bislang letzten Mal habe ich eine gelungene Verschränkung von dominantem Rock-Maskulinismus und masochistischem Publikumsverhalten bei einem Konzert der New Yorker Gruppe The Strokes gesehen. Im März 2002 treten sie in der Berliner Columbiahalle erstmals vor einer deutschen Zuhörerschaft auf, um ihr gerade erschienenes Debütalbum «Is This It» vorzustellen; diesem ging eine klassisch musikindustriell geschulte, minutiös durchgeplante Strategie des Schürens von Erregung und der Inszenierung von Aura voran. Dazu gehörten Konzerte in winzigen Klubs und Kunstgalerien in New York für wenige Glückliche, streng limitierte, ausgesucht rätselhafte Gesprächstermine sowie der systematische Aufbau eines überhitzten Rockstar-Geweses durch kontrolliert gestreute Gerüchte über die sexuelle Orientierung der Künstler, über Schrullen, Perversionen oder sonst irgendwie am vermuteten Mehrheitsempfinden vorbeilaufende menschliche und künstlerische Idiosynkrasien. Auf dem Cover der Platte sieht man von der Seite einen weiblichen Hintern, auf den gerade ein Handschuh aus Lackleder patscht.

Zu dieser erotisch-mysteriösen Gesamtinszenierung passt auch das gleißende Konzert, das die Strokes in der Columbiahalle vor einem besinnungslos jubelnden Publikum geben. Der Auftritt dauert kaum länger als eine Dreiviertelstunde, in dieser Zeit rockt die Band sich weitgehend kommentarlos und hastig durch ihr vollständiges Repertoire. Dabei handelt es sich um vierzehn aus ein bis drei Akkorden zusammengesetzte Dreiminutenstücke, nur gelegentlich wird die Abfolge der Songs von unverständlichen hingenuschelten Bemerkungen des Sängers Julian Casablancas unterbrochen. Dann endet das Programm mit einem Stück namens «Take It Or Leave It».

Auch das ist Programm. Die Strokes geben nicht nur keine Zugabe; so eindeutig zugabenuntauglich ist ihr Auftritt gewesen, dass das bis dahin so begeisterte Publikum sich diskussions- und widerstandslos, von greller Hallenbeleuchtung beschienen und von schrecklichem Easy-Listening-Gedudel bedröhnt, in sein Schicksal fügt und einander zufrieden zumurmelnd den Ausgängen zustrebt. Lange schon, denkt man an dieser Stelle, sind die Leute von Rock-'n'-Rollern nicht mehr so abweisend behandelt worden; und lange schon haben die Leute sich nicht mehr dermaßen darüber gefreut.

2002 sind die Strokes noch sehr jung, fünf frisch erblühte dunkelhaarige Schlackse mit allerliebsten lockigen Wuschelfrisuren und sauber rasierten knabenhaften Kinnen; besonders dieses letzte Merkmal wird, wie wir noch sehen werden, im weiteren Fortgang der Popgeschichte von Bedeutung sein. Sie sind wahlweise in zu enges schwarzes Leder gekleidet oder in zu enge schwarze Hemden, die über der Hose getragen werden: So schön sind sie, dass sie sich jede Art von Arroganz leisten können. In keinem Moment erwecken sie denn auch nur den Eindruck, als interessierten sie sich für den zu ihren Füßen umherhopsenden Mob; nie darf das Publikum glauben, es könne der Band etwas zurückerstatten von der Energie und der Freude, die sie verschenkt.

Wenn sich Julian Casablancas nicht gerade mit seinem Mikrophon an den Bühnenrand schleppt, um sich in abrupten Energieschüben die Seele aus dem Leib zu singen und zu seufzen, schlurft er schub- und energielos und dem Publikum abgewandt zwischen seinen vier Mitmusikern umher. Untrennbar sind in diesen Gesten der Coolness Verausgabung und Gleichgültigkeit miteinander verbunden; dies gilt auch für den melodischen Krach, den die Band produziert. In den Gitarrenarrangements wird kaum zwischen Strophe und Refrain unterschieden, und noch in Momenten größter Intensität tuckert das Schlagzeug schnöde und geistesabwesend dahin. Dennoch besitzen die Songs der Strokes eine so ungeheure Dynamik, dass jeder einzelne von ihnen das Publikum in die Raserei treibt. Man kann sich vollständig in ihnen verlieren; ihre rätselhafte Aura versteht freilich nur, wer sich ein wenig aus der hopsenden Masse entfernt. Dann sieht man, dass diese Musik den Menschen zugleich sehr nah ist und sehr fern; dass man auf die Bühne wie durch ein Okular guckt, dessen Brennweite sich nicht recht einstellen lässt.

Wie in jeder masochistischen Liebesbeziehung wechseln sich Launen und Gemütslagen stetig ab. Nicht nur der Sänger, auch sein Publikum schwankt zwischen Verausgabung und äußerster Erschöpfung. Darum fällt die Spannung in dem Moment, in dem die Band die Bühne verlässt, so schlagartig in sich zusammen. Bis dahin aber wird sie von der sonnenbebrillten Coolness der Strokes bis ins Äußerste gespiegelt und verstärkt.

Wenn man mit anderthalb Jahrzehnten historischer Distanz auf dieses Konzert zurückblickt, fühlt man sich wie in einer sehr fremden Welt. Zum letzten Mal wurde hier eine sehr junge, sehr männliche, sehr heterosexuelle Rockband mit allen Mitteln der traditionellen Musikindustrie in das Aufmerksamkeitszentrum der gitarrenrockliebenden Jugend gehievt. Es gab keine Testphase, die Band wurde als ein wie aus dem Nichts erscheinendes Ereignis inszeniert. Das Ereignis war überlebensgroß, so groß, dass man schon beim ersten Anblick ahnte: Es kann ihm kein Überleben beschieden sein. Und tatsächlich, schon wenig später war davon nichts mehr übrig geblieben.

Erst einmal paradierte indes eine lange Reihe von Epigonen an der geneigten Pop-Hörerschaft vorbei: Kaum ein Monat verging in den folgenden etwa zwei Jahren, in dem nicht irgendeine ähnlich gestrickte musizierende Gruppe von jungen heterosexuellen Männern als «die neuen Strokes» auf die Bühne geschickt wurde; Gruppen, an deren Namen sich schon sehr bald kaum noch jemand erinnerte. Viele von ihnen trugen wie The Strokes ein «The» im Namen, weswegen eine Weile auch von den «The-Bands» die Rede war: The Hives, The Vines, The Von Bondies, The Datsuns und The Kills. Es traten aber auch geistesverwandte Gruppen ohne das «The» auf wie Black Rebel Motorcycle Club, Interpol oder – etwas später, um das Jahr 2005 herum – die Arctic Monkeys, Franz Ferdinand, Bloc Party und Art Brut.

All diese Gruppen verglühten ebenso schnell wieder, wie sie aufleuchteten; am schnellsten und schauderlichsten verglommen jedoch The Strokes. Kein weiteres auch nur annähernd erregendes Album ist ihnen mehr gelungen: Auf ihrem zweiten Werk «Room on Fire» behalfen sie sich 2004 mit einer Variation des Debüts; «I Wanna Be Forgotten, I Wanna Be Forgotten», singt Julian Casablancas im Eröffnungsstück, und das Publikum dankte es ihm damit, dass es die Strokes in der Tat schnell vergaß. Auf der dritten Platte «First Impressions of Earth» versuchten sie sich 2006 an einer Art Progressive-Rock-Variante; dabei tauschten sie ihre kurzen, verschwenderisch energiereichen Songs gegen längere, scheinbar raffinierter arrangierte, in Wahrheit jedoch vor allem energetisch medioker eingepegelte Kompositionen ein, die die Verschwendung nicht mehr in der Rasanz suchten, sondern in pseudoschlauer Ornamentik und Verfeinerung.

Man mochte dies als den Versuch anerkennen, nunmehr virtuoser und durchdachter zu klingen, also auch erwachsener. Doch während das rasend schnelle Aufscheinen ungeschützter Jugendlichkeit von kühlem Glamour umfunkelt erschien, wirkte das Aufscheinen rasend schnellen Erwachsen-werden-Wollens lediglich hilflos und unsouverän. Die unerreichbare Coolness der Rock-'n'-Roll-Knaben verwandelte sich binnen kürzester Zeit in die richtungslose Schlaffheit überforderter Jünglinge, die mit der Verehrung, die ihnen einen Wimpernschlag der Popgeschichte lang zuteilwurde, nichts anzufangen wissen.

Es hat in den nuller Jahren nur eine weitere Rockband gegeben, die sich in prägender Weise mit dem Symbolinventar der heroischen Männlichkeit zu inszenieren verstand; und sie lässt sich interessanterweise als das dunkle Spiegelbild der Strokes betrachten: Es handelt sich um The Libertines, ein Londoner Quartett um den Sänger Pete Doherty. The Libertines betraten die Szene kurz nach The Strokes, eines ihrer ersten Londoner Konzerte spielten sie im Jahr 2001 als Vorgruppe beim fünfundzwanzigjährigen Jubiläumskonzert von den Sex Pistols.

Ihr erstes Konzert in Berlin gaben die Libertines im November 2002 im wenig später schon gentrifizierungshalber geschlossenen Magnet Club an der Greifswalder Straße. Zu diesem Zeitpunkt waren sie auch in Deutschland bereits ein ebenso großes Gerücht, wie Julian Casablancas und seine Band es ein Dreivierteljahr zuvor gewesen waren. Über den Vorschuss für ihr erstes Album «Up the Bracket» kursierten die tollsten Mutmaßungen; um eine halbe Million Pfund wird es wohl gewesen sein. Doch anders als die Strokes übersetzen die Libertines diesen plötzlichen Reichtum, diese plötzlich geschenkte Größe, nicht in die Unberührbarkeit von Stars.

Bei ihrem ersten Berlin-Konzert sind die Libertines alles andere als unerreichbar, und das liegt nicht nur daran, dass der Klub so viel kleiner ist als die Halle, in der die Strokes debütierten. Die Menschen müssen nicht zur Bühne hochschauen, um ihre gerade entflammten und sogleich wieder verglimmenden Idole zu erblicken, und mehr noch, es gibt eigentlich gar keine Trennung zwischen Bühne und Publikum. Beim Musizieren stürzen die Libertines über- und durcheinander wie ein Wurf junger Welpen, sie stehen unentwegt einander im Weg, treten sich auf die Füße, rempeln sich an und verheddern sich in den eigenen Mikrophonkabeln oder in den Mikrophonkabeln der anderen Musiker.

In den Interviews, die Pete Doherty vor dem Erscheinen des Debütalbums «Up the Bracket» gegeben hat, erklärte er dieses Chaos zu seinem Lieblingszustand, als idealen Aggregatzustand des Punkrock; der Produzent des Albums, der ehemalige The-Clash-Bassist Mick Jones, hat dem insofern Rechnung getragen, als er sämtliche Nebengeräusche der Studioaufnahmen wie den Sound stürzender Mikrophonständer im fertigen Mix gelassen hat.

Der einzige Mensch, der auf der Bühne für Ordnung und Ruhe zu sorgen vermag, ist ein großer, stämmiger, grobgebauter Roadie, der mindestens einen Kopf größer ist als der Rest der um ihn herumwimmelnden Menschen. Er steht geduldig und mit kunstvoll genervtem Gesicht in der Mitte der Bühne zwischen Pete Doherty und seinen Mitmusikern und tapst ihnen bei Bedarf hinterher; er richtet Mikrophonständer wieder auf, wenn Doherty sie ein weiteres Mal umgeworfen hat; er entheddert die Mikrophon- und Verstärkerkabel, wenn sich Sänger, Gitarrist und Bassist im Spiel zu oft umschlungen haben; er richtet die Beckenständer wieder auf, wenn der Schlagzeuger sie umgehauen hat oder einer der anderen Musiker in das Schlagzeug getaumelt ist; er hindert Pete Doherty daran, von der Bühne ins Publikum zu stolpern, und er hindert das Publikum daran, auf die Bühne zu kommen und Pete Doherty so zu umschlingen und anzurempeln wie seine Mitmusiker ihn und er sie.

Vielleicht könnte man sagen: So wie die Strokes ihr Publikum zur Verehrung auffordern und es zugleich zurückweisen und damit gewissermaßen die Rolle des Meisters in einer masochistischen Liebesbeziehung einnehmen – so ist der Masochismus, die Unterwerfung, die passive Verehrung bei den Libertines in die Bühneninszenierung selbst gewandert. Größe erlangen Doherty und seine Musiker nur, indem sie sich ihrerseits unterwerfen; das Symbol dieser Unterwerfung ist der dominante Roadie, ein phallischer Charakter, der das verkörpert, was dem heroisch-heterosexuellen Männerrock der Libertines an eigener phallischer Stärke fehlt.

Die Erotik, die sie verströmen, ist keine Erotik der Dominanz und unerreichbaren Schönheit. Es ist vielmehr eine Erotik der Verpeiltheit, der Überforderung und Lebensuntüchtigkeit. Vom ersten Moment an ist Pete Doherty ohne Frage von der Aura des Genies umgeben. Doch ist es ein Genie, dem geholfen werden muss, ein juveniles Genie, das sich nicht entfalten kann, wenn nicht im Hintergrund eine starke Figur steht: ein Vater, eine Mutter, ein Onkel, eine Tante, ein väterlicher Freund oder ein Manager. Oder eben ein Roadie.

Das Interessante ist, dass die Libertines – anders als die Strokes – nicht sofort nach ihren ersten Auftritten verglommen. Eine Weile lang wuchsen und gediehen sie und wurden immer größer, stilbildender und populärer. Entscheidend für ihren Ruhm war allerdings, dass sich das Hilfsbedürftige und Verpeilte, Absonderliche und Lebensuntüchtige ihres Sängers zu monströser Gestalt auswuchs; oder anders gesagt: dass Pete Doherty sich vor den Augen der interessierten Pop- und bald auch sonstigen Öffentlichkeit in einen Freak verwandelte, der in den Celebrity-Spalten der Boulevardpresse mindestens ebenso viele Schlagzeilen erzeugte wie in den Musikmagazinen und popkritischen Feuilletons.

Dieses Schicksal wurde ein paar Jahre später – ich komme im nächsten Kapitel darauf zurück – von seiner zu noch weit größerem Ruhm gelangenden Londoner Bekannten, Geistesverwandten und Party- und Drogenmissbrauchsgefährtin Amy Winehouse wiederholt. Kurz bevor diese mit ihrem zweiten Album «Back to Black» zur erfolgreichsten britischen Popsängerin aufstieg, im März des Jahres 2006, gab Pete Doherty sein zweites Berliner Konzert. Allerdings hatte er die Libertines inzwischen nach diversen hässlichen, öffentlich ausgiebig ausgewalzten Streitigkeiten mit seinen Mitmusikern aufgelöst und eine zweite Band mit dem Namen Babyshambles gegründet.

Das Konzert findet im Berliner Columbiaclub statt, dem kleinen Schwestersaal neben der Columbiahalle, in dem The Strokes vier Jahre zuvor ihren ersten Berlin-Auftritt absolvierten. Viele Menschen haben sich Karten für diesen Abend gekauft, auch wenn sie der Überzeugung sind, dass Doherty ohnehin nicht auftauchen wird. Zu oft hat er in den vorangegangenen Wochen und Monaten seine Auftritte kurz zuvor abgesagt, etwa weil er nach eigenen Angaben seinen

Pass verloren oder zu Hause vergessen hat und das erst vor einem Beamten des Londoner Flughafens bemerkt, der ihm nicht erlaubt, das Land zu verlassen.

Auch an diesem Abend ist zum angekündigten Beginn des Konzerts um zwanzig Uhr natürlich nichts von Pete Doherty zu sehen. Immerhin, schon zwei Stunden später wird den Fans die freudige Botschaft überbracht, dass der Künstler gerade in London ein Flugzeug bestiegen habe und es eine «zwanzigprozentige Chance» gebe, «dass er tatsächlich auftritt». Kurz vor Mitternacht heißt es, er sei nun in Berlin, die Show werde um halb eins beginnen. Um halb zwei kommt er dann tatsächlich in einem seine Blässe besonders betonenden lilafarbenen Hemd auf die Bühne und beginnt begrüßungslos, auf der hohen E-Saite seiner Gitarre herumzuplinkern und Gesangsfetzen neben das Mikrophon zu nuscheln. Gelegentlich erkennt man Stücke von der ersten Babyshambles-LP, meist aber hat man nicht das Gefühl, dass der gebückt wankende Doherty weiß, was er da gerade tut; seine Mitmusiker wissen es mit Sicherheit nicht.

Was nichts daran ändert, dass sich das Publikum gut amüsiert – wenn auch nicht unbedingt besser als beim vorherigen Warten und der ausführlichen Erörterung der Frage, warum man so gerne in einem Biergarten vor einem Klub herumsitzt und auf ein Konzert wartet, von dem man weiß, dass es, wenn es überhaupt stattfindet, ein sehr schlechtes Konzert werden wird.

Zum letzten Mal habe ich Pete Doherty im Dezember 2009 in der Berliner Kulturbrauerei gesehen; inzwischen hatte er auch die Babyshambles aufgelöst und eine dritte Karriere unter seinem eigenen

Namen begonnen. Der Auftritt war also gewissermaßen sein Berliner Solo-Debüt. Das Risiko eines Ausfalls schien diesmal gering; zumindest konnte ihn in London niemand an der Ausreise hindern, weil er sich schon seit ein paar Tagen in Deutschland befand. Bei einem Festival eines öffentlich-rechtlichen Radiosenders hatte er ein paar seiner Lieder gespielt und bei dieser Gelegenheit gleich noch einmal für einen kleineren Skandal gesorgt, weil er zwischen zwei Songs die erste Strophe des Deutschlandlieds intonierte; ihm sei dessen «kontroverse Natur nicht bewusst» gewesen, sagte er später.

In Berlin verzichtet er darauf, stattdessen betritt er die Bühne mit einer kleinen Deutschlandfahne, die er heftig schwenkt. Nachdem er sie auf den Gitarrenverstärker gestellt hat, muss er allerdings noch einmal von der Bühne herunter, weil er bei dem Versuch, die Gitarre in den Verstärker zu stöpseln, des Umstands gewahr wird, dass er die Gitarre vergessen hat. Inzwischen gibt es keinen Roadie mehr, der ihm bei seinen Auftritten hilft; zumindest keinen, der im Zentrum des Bühnengeschehens steht.

Zum allgemeinen Erstaunen lässt sich der Abend sehr gut an. Mit karger, punkig zerschrundener Virtuosität spielt er sich durch das Libertines-, Babyshambles- und Solo-Repertoire. Doch so hell kann das Genie gar nicht strahlen, dass der Freak darunter verschwände. Nicht nur wird Pete Doherty immer heiserer – schon nach zwanzig Minuten kriegt er kaum noch einen klaren Ton aus der Kehle –, er wird auch immer betrunkener. Auf einem Spirituosentisch am Rand der Bühne finden sich diverse Bier-, Wein- und Schnapssorten drapiert: ein Vorrat, aus dem Doherty sich unermüdlich bedient. Immer länger werden die Pausen zwischen den Stücken, immer blasser, verschwitzter und ungelenker bewegt der Musiker sich über die Bühne; und was man anfangs als kunstvoll löchriges Gitarrenspiel genossen hat, regrediert zusehends in stümperhaften Stuss.

«Warum bezahlt ihr dafür / mich in diesem Käfig zu sehen / den manche auch Bühne nennen», singt Doherty in dem Stück «Kilimangiro» – und für einen sonderbaren, schönen, aber auch schreckenerregenden Moment beginnt das Publikum umstandslos, die «ohho-ohao»- und «hoho-wao-wao»-Chöre im Refrain mitzusingen, während Doherty schweigend die begleitenden Akkorde greift. Was für eine seltsame Mischung aus der Zerrissenheit und Brüchigkeit, die sich auf der Bühne darbietet, und dem Versuch des Publikums, mit seinem Gesang so etwas wie Fülle zu stiften: so etwas wie Erlösung.

Der Versuch misslingt. Schon bald ist das Band zwischen Bühne und Saal gekappt. Immer heiserer und wunder wird Dohertys Stimme, was ihn nicht daran hindert, sich gegen Ende des Abends und vor dem Stück «Hooligans on E» eine Zigarette zu gönnen. Deren Wirkung ist buchstäblich umwerfend, sie holt ihn fast von den Füßen. Blicklos zittert er vor dem deutschlandbeflaggten Verstärker, als wisse er nicht mehr, wo er sich gerade befindet.

«Es gibt niemanden, der mich noch verehrt», heißt es im letzten Stück «Hired Gun», das Doherty im Duett mit dem Komponisten des Songs, Alan Wass, interpretiert, einem käsigen Bob-Dylan-Double mit strohigem Schopf. Beide haben im Jahr 2005 einige Tage gemeinsam im Gefängnis verbracht, wegen Erpressung und Diebstahl; im Frühjahr 2015 wird Wass an einer Überdosis Heroin sterben. An diesem Abend ist er mindestens ebenso betrunken und hinfällig wie

Doherty und – zu diesem Zeitpunkt – große Teile des Publikums, das sich beim Hinausdrängen nach dem Ende des Auftritts mit einer alkoholschwangeren Aggressivität auf die Füße tritt, wie ich es selten bei einem Konzert erlebt habe. Die Rettung, auf die alle hofften, ist ausgeblieben, nun herrschen ganz die schlechten Schwingungen vor.

So endet an diesem Abend in der Berliner Kulturbrauerei die Geschichte des heroisch-männlichen Indierocks, wie wir ihn kennen und wie er die Popgeschichte so lange geprägt hat. Es ist kein Triumph, es ist ein bedenkenswerter, trauriger, bitterer Tag.

2. Grausame Frauen haben es leichter im Leben: Amy Winehouse, Adele und der Angriff der Vergangenheit auf die Gegenwart

Es gibt nach diesem Ende natürlich noch ein weiteres Ende. Wider Erwarten hat Pete Doherty seine Drogensucht bis zum Redaktionsschluss dieses Buchs überlebt und sich zehn Jahre nach der Auflösung der Libertines sogar wieder mit seinen ehemaligen Mitmusikern vereint. 2015 erschien ein neues Album mit dem Titel «Anthems For Doomed Youth» – aber es klingt weder hymnisch noch untergangsgeweiht oder jugendlich, sondern eher wie die postume Reise in eine verlorene Lebendigkeit, musealisierend, schwunglos und blass. Aus der «doomed youth» ist eine irgendwie weitermachende Zombiegruppe geworden, die zu ihren Konzerten nunmehr meist pünktlich erscheint, beim Publikum aber keine größere Aufmerksamkeit mehr erregt.

Aus der Position des beliebtesten Selbstzerstörers war Pete Doherty schon ein paar Jahre zuvor verdrängt worden, und zwar durch die ebenfalls aus London stammende Soul-Jazz-Sängerin Amy Winehouse. Diese habe ich erstmals im Jahr 2007 auf der Bühne gesehen; an einem dunklen Januarabend spielte sie ein sogenanntes Showcase-Konzert. Im kleinen Klub Kalkscheune in Berlin-Mitte trat Winehouse vor einem Grüppchen von Journalisten und Medienmultiplikatoren auf, die sich an Häppchen und Freigetränken bedienten.

Sie war gerade dreiundzwanzig Jahre alt geworden und hatte ihr zweites Album «Back to Black» herausgebracht, das erste bei einem großen Tonträgerkonzern. Der wollte sie nun auch auf dem Kontinent und besonders in Deutschland ganz nach oben bringen.

Auf ihrem Debüt «Frank» hatte Winehouse 2003 in mäßig origineller Weise elektronische R-'n'-B-Rhythmen, Jazz-Arrangements und Soulgesang miteinander zu verbinden versucht und dabei ihre Liebe zu den großen Selbstzerstörerinnen des Jazz wie Billie Holiday bekundet. Im ersten Song des Albums, «Stronger Than Me», beschwert sie sich darüber, dass ihr Geliebter und die Männer von heute im Allgemeinen so verweichlichte Typen sind; sie hasse es, eine starke Frau sein zu müssen, viel lieber wäre sie selbst schwach. Zu Beginn ihrer Karriere posierte sie denn auch als schüchternes Mädchen aus der Vorstadt, dem es nur darum geht, schöne Lieder zu singen. Bei dem Konzert in der Kalkscheune sah das schon anders aus: Vor dem Erscheinen von «Back to Black» hatte ihr das Management einen kompletten Relaunch verpasst. Winehouse war nun von Kopf bis Fuß tätowiert, trug eine gewaltige Bienenkorbfrisur und sang mit schmutziger Soulstimme Lieder im Sixties-Retrostil.

So war sie vom Typus «Mädchen von nebenan» übergewechselt zum Typus «Jazzsängerin, die sich selbst zerstört» beziehungsweise zum Modell «Rockerbrautschlampe, mit der man Pferde stehlen und ordentlich mal einen heben kann». Im Booklet ihrer CD ließ die Plattenfirma sie bevorzugt mit gespreizten Beinen posieren; in den vor dem Showcase versandten Pressemitteilungen wurde breit schmunzelnd darauf verwiesen, dass Winehouse von mehreren Drogen abhängig ist und erst wenige Tage vor ihrem Berliner Konzert einmal wieder wegen rüpelhaften Verhaltens aus einem Londoner Hotel hinausgeworfen wurde. Passend dazu bekundet sie im Eröffnungsstück des Albums, «Rehab», stolz ihren Widerstand gegen alle Versuche, sie von ihrer Alkoholabhängigkeit zu therapieren: «They tried to make me go to rehab / but I said no, no, no», sie wollten mich in die Entzugsklinik einweisen, aber ich sagte nein, nein, nein.

Freilich spiegeln sich diese Renitenz, dieser Stolz und diese Wildheit in keiner Weise in der Musik: Eine gute Stunde lang singt Amy Winehouse bei ihrem Berliner Auftritt 2007 austauschbare Lieder in mittlerer Geschwindigkeit, begleitet von einem Trompeter, einer meist gleichtaktig vor sich hin schuckernden Rhythmussektion und zwei gut angezogenen Männerschönheiten, die sich am Bühnenrand geschmeidig im Takt wiegen und gelegentlich «Huhu» machen. Ihre floral ausgepinselten Melodielinien bietet sie mit zweifellos kompetenter Stimme dar – freilich ohne ein einziges Mal zu extemporieren, aus sich herauszugehen oder so etwas wie Leidenschaft spüren zu lassen. Das ist alles, aber nicht Soul. Jedenfalls sofern «Soul» nicht nur ein erdiges Timbre meint, sondern zum Beispiel auch: sich zu verausgaben, sich mit dem ganzen Körper in die Musik werfen zu wollen. Amy Winehouse klingt wie Musik für Norah-Jones-Hörer, die sich auch mal was Dreckiges wünschen.

Von denen scheint es in der zweiten Hälfte der nuller Jahre indes eine ganze Menge gegeben zu haben. Über zwanzig Millionen Mal verkaufte sich die an diesem Abend vorgestellte Platte in den darauffolgenden Jahren; binnen kurzem stieg Amy Winehouse zum erfolgreichsten britischen Popstar auf. Und das obwohl oder gerade weil ihre epigonalen Songs keinen Bezug zur sonstigen musikalischen

Gegenwart hatten: Winehouse war gewissermaßen der erste Superstar jenes popmusikalischen Phänomens, das der britische Kritiker Simon Reynolds ein paar Jahre später in seinem gleichnamigen Buch mit dem Etikett «Retromania» versehen hat; der erste Superstar jenes – so Reynolds – eigentümlichen posthistorischen Zustands, in den die Popmusik seit der letzten echten Innovation, dem Techno Anfang der neunziger Jahre, geraten sei. Seither herrsche das Recycling überkommener Pop-Stile und -Moden vor, und in den nuller Jahren sei diese Entwicklung noch durch den Aufstieg von YouTube zu einem Massenphänomen verstärkt worden.

Tatsächlich hatte die 2005 lancierte Videoplattform etwa zur Zeit des Durchbruchs von Winehouse damit begonnen, sich zu einem globalen Pop-Archiv zu entwickeln, in dem – mit Millionen von hochgeladenen Videos und Songs – jedwede Musik aus jedweder Epoche jederzeit für jeden verfügbar wurde. Damit, schreibt Reynolds in «Retromania», habe YouTube wesentlich dazu beigetragen, dass der gesamte Pop sich aus dem Kontinuum der historischen Entwicklung löse und in eine universelle Gegenwart trete: eine Gegenwart freilich, die nicht mehr in freudiger Erwartung zukünftiger Neuerungen erzittert, sondern sich an der Vergegenwärtigung von Vergangenem erfreut.

Ob diese Diagnose auf die Popmusik im Ganzen zutrifft, scheint mir fraglich; dass die Karriere von YouTube und der Triumph des Retropops von Amy Winehouse derart zusammenfallen, ist allerdings bemerkenswert. Wobei im Internet – das ist die andere, mindestens ebenso wichtige Seite dieses Phänomens – nicht nur Videoclips und Konzertausschnitte von ihr zu sehen waren, sondern auch immer mehr voyeuristische Dokumente ihres Verfalls; schon bald wurde sie von einer breiten Öffentlichkeit nicht mehr in erster Linie als Sängerin, sondern als eine Celebrity wahrgenommen, deren Ruin die neuen Digitalmedien in Echtzeit aufzeichneten.

In den auf das Berliner Konzert folgenden Monaten war Amy Winehouse unermüdlich auf Tournee und feierte große Erfolge; schon im Herbst des Jahres machte sie auf den Bühnen aufgrund ihrer Alkoholabhängigkeit einen immer derangierteren Eindruck. Anfang 2008 konnte man sich im Internet erste Videos ansehen, die sie beim Crackrauchen zeigen: erst alleine und später mit dem anderen großen Selbstzerstörer des Jahrzehnts, Pete Doherty. Man sah Winehouse vollgedröhnt auf der Straße vor ihrem Wohnhaus bei Flirtversuchen mit Paparazzi und immer wieder bei misslungenen Auftritten – bis hin zu einem nach wenigen Minuten abgebrochenen Comeback-Versuch im Juni 2011 auf einem Festival in Belgrad, bei dem sie zum Entsetzen ihrer ratlosen Mitmusiker geistesabwesend über die Open-Air-Bühne taumelte.

Fünf Wochen nach diesem gescheiterten Auftritt starb Amy Winehouse an einer Alkoholvergiftung; so wurde sie zur ersten großen Pop-Toten unter den Bedingungen der alles überwachenden Digitalöffentlichkeit. Ein drittes Album hatte sie in den letzten Jahren ihres kurzen Lebens nicht mehr fertigstellen können, und zur Interpretin des nächsten James-Bond-Songs – wie man eine Weile gemutmaßt hatte – war sie auch nicht mehr geworden.

Der Titelsong des James-Bond-Films «Skyfall» aus dem Jahr 2012 wurde von einer Retro-Soul-Sängerin interpretiert, deren Musik jener von Amy Winehouse stark ähnelt, die aber ansonsten das genaue Gegenmodell zu ihr darstellt, eine souveräne, starke, selbstkontrollierte Frau: Adele Adkins.

Sie war nicht das erste junge Talent, das an den Erfolg von Winehouse anzuschließen versuchte. Eine ganze Riege von erdschwer tremolierenden Sängerinnen betrat in der Nachfolge von «Back to Black» die Bühne. Die erste hieß Duffy und debütierte Ende 2007 mit Schlagern im Stil alter Motown- oder Stax-Künstler; anders als Winehouse kostümierte sie ihren rückwärtsgewandten Sound aber nicht mit irgendwelchen Symbolen der Unangepasstheit oder Hysterie, sondern bot ihn mit kühl-moderner Erotik dar. Eine Weile lang war Duffy damit sehr erfolgreich. Als ein neues Management ihren Sound mit Disco-Rhythmen paarte und sie als exzentrische Dancefloor-Diva präsentierte, verschwand sie zügig in der Versenkung.

Die nächste «neue Amy Winehouse» war die ebenfalls dunkel timbrierende britische Soulsängerin Rox, die es allerdings nur auf ein einziges Album brachte («Memoirs», 2010); auf sie folgte die mit einem etwas stärkeren Country- und Folk-Einschlag arbeitende britische Soulsängerin Rumer, die von 2010 bis 2014 immerhin drei, allerdings kontinuierlich weniger erfolgreiche Alben veröffentlichte. Ein echter und dauerhafter Durchbruch als Amy-Winehouse-Ersatz gelang erst 2011 – in dem Jahr, in dem das Original starb – der wiederum dunkel timbrierenden Adele.

Sie war ihrem Vorbild zunächst auch am ähnlichsten. Nicht nur hatte Adele schon ihr Debütalbum «19», das im Frühjahr 2008 erschienen war, von dem «Back to Black»-Produzenten Mark Ronson verfertigen lassen. Auch präsentierte sie sich bei ihren ersten Bühnenauftritten, etwa im selben Jahr im Hamburger Stage Club, als ein rauscherzeugenden Mitteln durchaus nicht abgeneigtes Proletariermädchen, das sich beim Singen gern an einer Bierflasche festhält und zwischen den Stücken in breitestem Cockney schmutzige Witze erzählt und flucht. Die stolze Pflege des Heimat-Slangs verband sie mit Winehouse und übrigens auch mit Pete Doherty; doch während diese beiden ihre sprachliche Herkunft auch im Gesang noch spüren ließen, sang Adele frei von allen regionalen und schichtenspezifischen Anklängen. Je professioneller sie wurde, desto selbstverständlicher wechselte sie dann auch auf der Bühne zwischen der voluminös schmetternden Diva und dem zwischen den Liedern schnoddrig scherzenden Straßenkind – man betrachte etwa das Konzert, das Adele im September 2011 in der Londoner Royal Albert Hall gab und das auf DVD dokumentiert ist.

Ihre Retro-Ästhetik versieht Adele von vornherein mit Reibungen und Brüchen, in denen sie sich als Künstlerpersönlichkeit über das rein Epigonale erhebt. Das Gleiche lässt sich über die Beziehung sagen, die sie zwischen ihrer Kunst und ihrem Leben herstellt. Während die verzweifelt-depressiven Lieder von Amy Winehouse nie einen Ausweg aus den besungenen Miseren in Aussicht stellen, paart Adele ihre melancholischen Herzschmerzballaden stets mit dem Ausdruck von Tapferkeit und Selbstbestimmung. Auch sie singt von Liebeskummer, Verzweiflung und Verlassenwerden, doch anders als bei Winehouse klingt dabei zumindest an, dass man über all das hinwegkommen wird. Stärker noch als für ihr Debüt gilt dies für die Songs auf ihrem zweiten Album «21», das im Januar 2011 erschien und sich umgehend millionenfach verkaufte.

Im ersten großen Hit des Albums, «Rolling in the Deep», verspottet Adele einen untreuen Liebhaber, von dem sie sich in einem Akt eiserner Willensanstrengung gerade getrennt hat. «You're gonna wish that you have never met me»: Du wirst dir wünschen, du hättest mich niemals getroffen. In «Set Fire to the Rain» werden wir Zeuge, wie die Sängerin ihre Gefühle gegenüber einem Mann niederringt, den sie ohne Aussicht auf eine glückliche Beziehung geliebt hat: «I set fire to the rain / and I threw us into the flames / where I felt something die / cause I knew that there was the last time, the last time». Als sie spürte, dass die Liebe erstirbt, hat sie deren Tod einfach beschleunigt, kurzen Prozess gemacht.

Mit «21» übernahm Adele von Amy Winehouse den Platz der erfolgreichsten Popsängerin der Gegenwart – und tauschte ihr Image des biertrinkenden Mädchens schnell gegen die Rolle der nüchternen und kontrollierten, unerreichbaren Diva ein. Keinerlei Exzesse oder Fehltritte sind seither im Internet oder sonst wo dokumentiert, und nach der Veröffentlichung des Albums, dem Abschluss der dazugehörigen Tournee und dem Einsingen des James-Bond-Songs «Skyfall» 2012 verschwand sie kurzerhand aus dem öffentlichen Leben, um sich von den Strapazen des Ruhms zu erholen und eine gesunde und ruhige bürgerliche Existenz zu führen. Sie heiratete ihren langjährigen Freund, bekam ein Kind und kümmerte sich nach eigener Auskunft ausschließlich um ihre Familie und ihren Garten.

Drei Jahre später konnte Adele ihre Rückkehr auf die musikalische Bühne tatsächlich als Comeback inszenieren. «Hello» hieß die erste Single, mit der sie sich im Oktober 2015 zurückmeldete, und «Hello» singt sie auch zu Beginn der ersten Strophe: «Hello, it's me /

I was wondering if / after all these years / you'd like to meet», ich habe mich gefragt, ob du mich nach all den Jahren nicht mal wiedersehen möchtest.

Das kann man einerseits als koketten Selbstzweifel auslegen, als vorsichtige Frage an die Zuhörerschaft, ob sie nach all der Zeit überhaupt noch auf neue Lieder von Adele gewartet hat; als einen Versuch, Leben und Kunst miteinander zu verbinden, der – anders als bei Amy Winehouse – nicht im Zeichen der Selbstzerrüttung steht, sondern in dem der kontrollierten Karriereplanung. Wobei die Motive der Kommunikation und der Kontrolle andererseits direkt zum eigentlichen Thema der «Hello»-Ballade führen, nämlich zu den vergeblichen Versuchen, mit einem Liebhaber Kontakt aufzunehmen, den die Klagende vor langer Zeit verlassen hat und von dem sie gern wüsste, wie es ihm geht. Leider nimmt er nicht ab, wenn sie ihn anruft.

Der frankokanadische Regisseur Xavier Dolan hat dazu ein hervorragendes Video gedreht, in dem Adele mit Hilfe unterschiedlich stark veralteter Kommunikationsmittel wie einem Klapphandy, einem Festnetztelefon und einer efeuumrankten Telefonzelle im Wald versucht, mit ihrem Exfreund in Kontakt zu treten. Wie auf der vorangegangenen Platte geht es also auch hier um Bilder der Vergangenheit und die Aussöhnung mit ihr.

Neu und besonders interessant ist der dialektische Dreh, den Adele ihrem Klage-Pop gibt. Denn während die millionenfach mitgeschmachteten Hits von «21» bei aller zur Schau gestellten Tapferkeit doch noch in klassischer Balladenweise von den Qualen des Verlassenwerdens und von unerwiderter Liebe erzählten, handelt «Hello» von den Qualen des aktiven Verlassens und Nichterwiderns von leidenschaftlichen Gefühlen. Adele singt von den Schmerzen, die es ihr auch nach Jahren noch bereitet, dass sie einst jemandem Schmerzen zugefügt hat, und wünscht sich nichts mehr, als sich mit diesem Menschen aussöhnen zu können. Sie beabsichtigt ausdrücklich nicht, eine neue Liebesbeziehung einzugehen; es geht vielmehr ausschließlich darum, mit sich selbst ins Reine zu kommen.

Noch stärker als bisher waltet unter der Trauer der Wille zur Selbsttherapie und der Wunsch, sich – sagen wir einmal: nach einem klärenden Gespräch – besser fühlen zu können. Wenn Adele leidet, verliert sie ihr Ziel dabei nie aus dem Blick: die Überwindung des Leidens zum Zweck der eigenen psychischen Stabilisierung. Das ist auch in den anderen Liedern so, die man auf «25» hört. Im zweiten Song, «Send My Love (To Your New Lover)», verspottet sie einen von ihr abgelegten Liebhaber, der zweifelsohne nie wieder so eine tolle Freundin wie sie haben wird. Und kurz vor Ende der Platte, in dem Stück «All I Ask», singt sie von einer letzten Nacht, die sie mit dem einstmals geliebten Partner verbringen möchte – um die Affäre in angemessen dramatischer und mithin letztgültiger Weise zum Abschluss zu bringen. Auch wenn es sie gefühlsmäßig berührt, so möchte sie doch auch im Moment der Trennung die Oberhand über das gesamte Geschehen behalten, sie möchte ein letztes Mal bestimmen, wie ihr Partner sich benimmt, um die dabei entstehende, für beide befriedigende Erfahrung im Gedächtnis zu behalten und mit in jene Zukunft zu nehmen, in der für diesen Partner kein Platz mehr ist.

Würde man die von Adele gesungenen Texte von der Musik isolieren und die darin zum Ausdruck gelangenden Kontrollwünsche zu Ende denken, so könnte man sie durchaus als zwanghaft bezeichnen;

doch wird die Schärfe der Zwänge vom Schmelz der Musik und vom Schmalz des Gesangs deutlich gemildert. Was nichts daran ändert, dass Adele unter den Schmerzensfiguren der jüngeren Pop-Vergangenheit nicht nur die erfolgreichste ist, sondern zudem – und darin könnte eine wesentliche Erklärung für ihren Erfolg liegen – in der unaufhörlich demonstrierten Möglichkeit, dass sich der Schmerz überwinden lässt, die stärkste und unerbittlichste Frau. Unerbittlich gegen andere und gegen sich.

Rückblickend könnte man folgende Deutung versuchen: Im Übergang von Amy Winehouse zu Adele als der jeweils prägnantesten Popfigur ihrer Zeit spiegelt sich auch der Übergang von den krisenbelasteten nuller Jahren und ihren fiebrigen Krisenfiguren in das nächste Jahrzehnt, in dem sich die Welt, der allgemeinen Instabilität müde, wieder nach Rollenmodellen sehnte, die in schwierigen Situationen Tapferkeit und Selbstbestimmtheit zeigen. Mit Adele wurde heroische Feminität zum erfolgreichsten popkulturellen Modell einer Gegenwart, der die Lust des vorangegangenen Jahrzehnts an der männlichen wie weiblichen Selbstzerstörung abhandengekommen ist.

Sieht man noch etwas weiter zurück, könnte man den Übergang von Amy Winehouse zu Adele auch als spiegelverkehrte Variation des Übergangs von den Strokes zu den Libertines interpretieren, von dem im vorigen Kapitel die Rede war. Zu Beginn des Jahrzehnts haben wir den Konkurs der heroischen Männlichkeit im Pop mitsamt der grell ausgeleuchteten Selbstzerstörung des großen Tragöden Pete Doherty miterlebt: heroisches Leben und heroisches Sterben. Gegen Ende des Jahrzehnts erlebten wir mit, wie Amy Winehouse die von Doherty vorexerzierte Selbstzerstörung bis ins Letzte trieb, bis in den Tod; und wie danach ihr Platz von einer musikalisch sehr ähnlichen, ansonsten aber ganz komplementär auftretenden Sängerin übernommen wurde. Die Souveränität, die Adele an die Stelle der Winehouse'schen Selbstzerstörung setzte, ist in ihrer selbsttherapeutischen, auf die Überwindung eingestandener Schwächen ausgerichteten Art eine ganz andere Form der Souveränität, als man sie in den nuller Jahren bei den juvenil strahlenden, aber zügig verbrennenden Indierockgruppen antraf. Nicht zuletzt ist damit der prägende popkulturelle Ausdruck einer heroischen Subjektivität von Männern auf Frauen übergegangen.

Prägnant zur Schau gestellte Souveränität – über das eigene Dasein im Allgemeinen wie über die musikalischen und musikindustriellen Produktionsbedingungen im Besonderen – fand man in den zehner Jahren nicht nur beim unangefochtenen Superstar Adele, sondern erstmals in der Popgeschichte in großem Maßstab vor allem bei musizierenden Frauen. Man findet sie auch bei den Protagonistinnen der neuen Laptop-Elektronik und Do-it-yourself-Ästhetik wie Holly Herndon und Grimes – oder bei Künstlerinnen wie Joanna Newsom oder Julia Holter, die aus dem Folk- und Hippie-Revival der mittleren nuller Jahre hervortraten. Um dieses Revival soll es im Folgenden gehen. Es äußerte sich zunächst allerdings nicht im Auftritt souveräner Künstlerinnen – sondern in einem bemerkenswerten Wandel der männlichen Frisurenmode.

3. Bärte des Wartens, Bärte des Werdens: Devendra Banhart, Animal Collective und die neuen Gammler und Freaks

Die Bärte begannen zu wachsen. Während The Strokes, The Libertines und ihre Gefährten bei aller liebevoll vorgeführten Verlotterung doch stets mit glattrasierten Kinnen vor das Publikum traten, wurden die Bühnen ab etwa 2004 von immer mehr jungen Männern bevölkert, die ihren Gesichtsbewuchs sprießen ließen. Nach Jahrzehnten der Haarlosigkeit gab es nun wieder Oberlippen-, Kinn- und Backenbärte zuhauf zu betrachten, buchsbaumartigen Haarwuchs und kastenförmig zurechtgeschnittene Kräuselei.

«Long Haired Child» heißt das Lied, das man als das musikalische Manifest dieser neuen Bartschratbewegung verstehen könnte; es stammt von dem fusselbärtigen Sänger und Songschreiber Devendra Banhart und findet sich auf seiner 2005 erschienenen LP «Cripple Crow». Im Moment leide er unter seiner Glatzköpfigkeit, verkündet Banhart darin kontrafaktisch. Aber werde er einmal Kinder haben, dann sollten sie auf jeden Fall ihre Haare lang tragen: «Yeah, I said: Tell my friends when I have kids / I'm gonna want that child to be a long haired child». Und nie werde er es seinem Nachwuchs erlauben, ein Barbiergeschäft zu betreten: «No, I can't wait for the kids to come / Say, hey babe, you no go no barbershop.»

Nach dem Abtritt der strahlend schönen jungen Knaben des

urbanen Neo-Postpunk wurde der männliche Stil im Pop der mittleren nuller Jahre nun von gesichtszugewachsenen Neo-Hippies beherrscht, die aussahen, als seien sie gerade aus einer Einsiedlerhütte in den appalachischen Bergen hervorgekrochen: von Devendra Banhart und Bonnie «Prince» Billy, von Animal Collective und Archie Bronson Outfit, von Dead Western, den Espers, Akron/Family und (etwas später) Scott Matthew und den Fleet Foxes.

Die Bärte der neuen Hippies sind – anders als jene der Grunge-Rocker in den neunziger Jahren – kein Zeichen einer naturbelassenen Männlichkeit. Dazu werden sie von ihren Trägern zu häufig mit dekadentem Make-up oder gar Frauenkleidern kombiniert. Wichtig ist nicht die maskuline Potenz, die sich in der archaischen Anmutung der Gesichtsbehaarung zeigen mag, sondern die im gewachsenen Bart zur Erscheinung gelangende Dauer des Wachsens selbst; darum werden die Bärte der neuen Hippies auch nicht von Barbieren in Form gebracht (wie die sauber rasierten Bärte aus der Disco- und Techno-Kultur der siebziger und neunziger Jahre), sondern müssen einen kunstvoll verwahrlosten Eindruck erwecken. Es sind Bärte der Renitenz und der Prokrastination; Bärte, die für eine neue Langsamkeit stehen, ein lustvolles Sich-nicht-entscheiden-Können und passives Gewährenlassen. Man könnte sie auch als Bärte des Werdens oder Bärte des Wartens bezeichnen.

«Should I grow my beard», fragt sich Devendra Banhart im schon erwähnten Song «Long Haired Child», «and comb it upwards / and around my ears?» Soll ich meinen Bart wachsen lassen, um ihn dann so weit hochzukämmen, dass er meine Ohren bedeckt? Selbst wenn man Bärte mag, würde man in diesem Fall vielleicht doch sagen:

Lieber nicht. Es handelt sich um eine schwierige Entscheidung, die wohlüberlegt sein will – wobei es zu den Eigenheiten des Bartes gehört, dass er seinem Träger nicht getroffene Entscheidungen einfach abnimmt, da er sich bei ausbleibendem Beschnitt von ganz allein zum buschigen Bewuchs weiterentwickelt.

Als Devendra Banhart erstmals die Pop-Bühne betrat, war er kaum älter als zwanzig Jahre; ein Freak, der nach eigenen Angaben erst kurz zuvor einer venezolanischen Hippiekommune entkommen war, in die ihn dereinst seine Mutter verschleppt hatte. Seither habe er mal auf der Trebe, mal in einem aufgelassenen Keller in New York gelebt und auf einer Sperrholzgitarre traurige Lieder gesungen – bis ihn eines Tages Michael Gira von der für ihren körperüberwältigenden Krach bekannten Gruppe Swans entdeckte. Auch Gira war in den achtziger Jahren immerhin ein Pionier der popmusikalischen Haarmodeninnovation: Als einer der Ersten kombinierte er lange, bis zur Hüfte reichende Haare mit glattrasierten Schläfen und nacktem Kinn und verband so die eigentlich ja komplementären Frisurenstile der Punk- und der Hippie-Tradition.

Bis Mitte der nuller Jahre veröffentlichte Gira auf seinem Label Young God Records die ersten vier Platten von Banhart, von denen eine «Oh Me Oh My ... The Way the Day Goes By the Sun Is Setting Dogs Are Dreaming Lovesongs of the Christmas Spirit» heißt, eine andere «The Black Babies». Zum Sound leise zirpender Zikaden, knarrender Bohlen und klappernder Fenster wie aus dem Inneren einer entlegenen Kiefernholzhütte klingt Banhart darauf gerade so, als ob es ihn gar nicht gäbe – derart aus der Zeit gefallen, körper- und ortlos wirkt sein gehauchter Gesang; oft nur wie ein winselndes

Windchen, das der Kehle entfleucht; auf den Lippen ersterbend und doch immer wieder die fremdesten und eingängigsten Melodien formend.

Bei Banharts erstem Konzert in Deutschland, das er im Oktober 2004 in der Berliner Kalkscheune spielt, wird er von einer gut gecasteten Gruppe kraftvoller blutjunger Bartträger begleitet; neben ihm selbst – der, zudem noch mit Jesuslocken und kajalumrandeten Schmachtaugen bewaffnet, manch anwesendes Hippiemädchen zum kultisch entrückten Brustwarzenkreisen verführt – hat der Bassist den zweifellos bemerkenswertesten Bewuchs vorzuweisen. Dessen Gesichtshaar wuchert nämlich nicht nur nach oben und unten, sondern wie ein bösartiges Geschwür auch in die Breite. Hinter die Ohren hat er sich struppiges Farnkraut geklemmt; er raucht beim Bassspielen Pfeife, schenkt seinen Mitmusikanten Rotwein in Gläser oder – im Falle des Sängers – in einen Plastikbecher, aus dem Banhart das süße Getränk während seiner messianischen Die-Augen-gen-Himmel-verdreh- und Glieder-schüttel-Performance auf die Hippiemädchen niederregnen lassen kann.

Noch erstaunlicher als dieser Anblick ist, dass sich Banharts simple Folksongvorlagen auch im Bandarrangement prächtig bewähren – und dass das Banhart-Quintett darüber zu einem hochironischen, wenn auch niemals unernsten pophistorischen Potpourri anhebt: mit Sonic-Youth-artigem Tonleiter-hinauf-und-hinunter-Geschraddel; mit Gospelsong-Dialogen und spirituellem Wollsocken-Reggae zum Lobpreis des afrikanischen «Motherland». Von Jesus Christus über Bob Marley bis zu Charles Manson finden sich die bedeutendsten Bartträger der Popgeschichte darin bruchlos miteinander vereint; als geheimer Bartbruder im Geiste ist auch der Glam-Rocker Marc Bolan mit allerlei Anspielungen vertreten.

So ist diese Musik nicht nur von Bärten geprägt, sondern zugleich von dem entschiedenen Wunsch, in vergangene Phasen der Popgeschichte zurückzukehren. Das verbindet sie mit der Retromanie, die wir im vorigen Kapitel am Beispiel von Amy Winehouse und Adele kennengelernt haben. Wo diese sich allerdings auf eine spezielle Epoche konzentrieren, bewegt Devendra Banhart sich unermüdlich zwischen den Stilen und Zeiten hin und her – und spiegelt die Sehnsucht nach einer kollektiven kulturellen Vergangenheit in dem Wunsch, auch in seiner individuellen Biographie zurückschreiten zu können. Bartmode und musikalischer Eklektizismus treffen sich also im Willen zur Regression: «Ich bin ein Kind! Ein Kind! Ein Kind!», singt Devendra Banhart denn auch in dem ebenfalls auf «Cripple Crow» zu findenden Stück «I Feel Just Like A Child». «Du musst mir sagen, was ich anziehen soll. Du musst mir helfen, das Haar zu kämmen. Du musst mir die Schuhe zubinden. Ich möchte auf deinem Schoß sitzen. Ich will, dass du mir beim Einschlafen hilfst. Ich brauche dich, wenn meine Nase läuft. Du musst mir helfen, meine Zehen zu zählen.»

Das verbindet das Kindsein mit dem Bartwachsenlassen: die Verschwendung von Zeit, der Regress, die Passivität. Wenn Devendra Banhart «Ich bin ein Kind» singt, dann meint er ja auch: Du musst für mich sorgen; ich bin bereit, mich dir auszuliefern. Eine Band, die diese Passivität in noch konturierterer Form darbietet, betrat etwa zeitgleich mit ihm die Bühne.

Animal Collective, bestehend aus vier ehemaligen Waldorfschülern mit einem gleichermaßen starken Interesse an psychedelischem Folk wie an den Beach Boys, sorgten 2003 mit dem Album «Here Comes the Indian» für Furore. Die ersten Konzerte in Berlin spielten sie im Jahr 2005, zuerst im Sommer auf einem Open-Air-Festival am Rande der Stadt auf einer sonnenüberfluteten Bühne; das zweite Mal an einem dunklen Novemberabend in der Volksbühne am Rosa-Luxemburg-Platz.

Wenn Animal Collective ihre Stücke eröffnen, erwecken sie erst einmal gar nicht den Eindruck, als würden sie selbst aktiv musizieren. Vielmehr scheinen sie sich Geräuschen zu unterwerfen, die einfach über sie kommen: elektrische Vibrationen, organisches Dröhnen, Sounds wie aus einem kosmischen Äther. Dazu singen die Musiker und sprechen in Zungen, als sei gerade ein guter oder auch böser Geist in sie gefahren. Der Open-Air-Auftritt im Sommer dauert nur zwanzig Minuten, in der herbstlichen Volksbühne verlieren die Musiker sich aber zwei Stunden lang in einem schier endlos erscheinenden, irrlichternd-flackernden Jam.

Der Elektroniker der Gruppe, ein dunkelhaariger Bartträger namens Geologist, steht vorn am Bühnenrand und dreht an einem Mischpult herum; vor die Stirn hat er sich eine Grubenlampe geschnallt. Wozu Geologist die Beleuchtung braucht, ist nicht ersichtlich, da er beim Kopfschütteln und Bedienen der Knöpfchen die Augen durchgehend geschlossen hält. Neben ihm dreht sich der Gitarrist Deakin, ein langhaariger Schlaks mit einem sehr großen Adamsapfel und einer Holzkette, hüpfend im Kreis; der zweite Gitarrist, Avey Tare, singt zu seinem Spiel in den verschiedensten

Tonlagen, jubiliert und klagt und murmelt verworren melodisch, um sich dann plötzlich wieder in zuckersüße Lennon/McCartney-Harmonien zu erheben. Mit dem rhythmischen Wandel seines Gesangs strukturiert Avey Tare zugleich die Arrangements der Gruppe, denn das archaische Stehschlagzeug, auf das der sich Panda Bear nennende Bandleader im Hintergrund hämmert, dient bei Animal Collective eher als Melodieinstrument.

Aber eigentlich ist die Trennung zwischen Rhythmus und Melodie, führenden und begleitenden Instrumenten, zwischen musikalischem Vorder- und Hintergrund hier sowieso aufgehoben. Der alte Free-Jazz-Gedanke der unbedingten Gleichberechtigung miteinander musizierender Menschen ist im Zusammenspiel des Tier-Kollektivs voll realisiert: Wie von selbst finden sich die Gitarren in einen unreinen Einklang hinein; kurz beherrschen sie den Rhythmus, um diesen alsdann an das Stehschlagzeug weiterzureichen, bis der Schlagzeuger innehält und die letzten Takte in eine druckvoll vor sich hin hallende Echokammer entlässt, aus der dann wiederum maschinenartig gerade voranstampfende Industrial-Rhythmen entstehen, in die sich die Gitarren feingliedrig rückkoppelnd verweben. Darüber jodelt Avey Tare wie ein Einödbauer aus einem appalachischen Tal; manchmal singt er auch Glam-Rock-artig travestitisch wie David Bowie in seiner «Hunky Dory»-Zeit oder meckert satanisch wie eine Ziege, als sei er der junge Marc Bolan oder der Marc-Bolan-Verehrer Devendra Banhart. Manchmal verdichten sich die Gitarren unter dem Marc-Bolan-Gemecker zu einer flirrenden hellen Fläche, wie man sie aus Brian Enos Klangerfindungen für U2 kennt, oder zu einer flirrenden dunklen Fläche wie bei den frühen Sonic Youth. Bisweilen fliegen die Gitarren aber auch in die Ecke, und die vier Musiker vereinen sich zu einem vierstimmigen A-cappella-Gesang, drehen zäh an den Harmonien wie ein sardischer Männerchor, blöken wie eine schottische Schafsherde oder jubilieren himmelhochstrebend und zugleich erdverbunden wie ein paar häkeldeckenklöppelnde Landfrauen aus der Lüneburger Heide.

Animal Collective seien die beste Band der Welt, hat der Kritiker Diedrich Diederichsen nach «Here Comes the Indian» geschrieben. Das ist einerseits richtig, weil keine andere Formation ihrer Zeit so frei und so streng, so originell und so traditionsbewusst Klänge und Geräusche und immer neue Formen des Zusammenspiels erfindet; es ist andererseits falsch, weil es sich bei Animal Collective gerade nicht um eine «Band» handelt. Vielmehr ist das Kollektiv der Gegenentwurf zum klassischen Band-Wesen, wie es mit den letzten heroischen Indierockbands der mittleren nuller Jahre in einem hitzigen Strohfeuer verbrannte.

Im Ende dieses Band-Wesens zeigt sich nicht nur der Konkurs überkommener Männlichkeitsmodelle, sondern auch ein kulturindustrieller Wandel. Die fortschreitende Digitalisierung sowie vor allem der Siegeszug der sogenannten Musikpiraterie brachten die klassischen Geschäftsmodelle der Musikindustrie zum Implodieren; bis sie sich an die neuen Verhältnisse angepasst hatte, sollte fast ein Jahrzehnt vergehen. Gleichzeitig sorgte die Ausbreitung des hektischen Internetjournalismus dafür, dass immer mehr Künstler in immer kürzeren Zeitabständen als das nächste große Ding durch die Foren und Blogs geschickt wurden. Es war so einfach wie nie, binnen kürzester Zeit von einem Geheimtipp zu einem Mainstream-Erfolg zu werden; nur hielt dieser Erfolg lediglich einen Moment lang an, bis die nächste musikalische Hoffnung zur «Band der Stunde» aufgebaut wurde.

So hechelten die letzten Indierock-Männer in der Nachfolge der Strokes und Libertines immer kurzatmiger ihren fünfzehn Minuten Ruhm hinterher. «Look at us / we formed a band», sangen beispielsweise Art Brut, die 2004 zeitgleich mit Animal Collective und Devendra Banhart die Bühne betraten und nach ihrem kurzen, aufgeregt bejubelten Debüt ebenso rasch wieder in der Erfolglosigkeit versanken. «Formed a band», das heißt: Einer nimmt die Gitarre, einer den Bass, ein Dritter setzt sich ans Schlagzeug, und los geht's. Die Rollen festlegen, ein paar Songs schreiben, sich einen historischen Referenzpunkt suchen und dann so schnell wie möglich zum Höhepunkt kommen; danach ist alles ebenso schnell wieder vorbei. Zur Logik der ökonomischen Verwertung passte diese Erotik perfekt: Die strauchelnde Musikindustrie ließ den Musikern so wenig Zeit, um zum Erfolg zu kommen, dass sie so zügig und so hart an sich arbeiten mussten wie nur möglich.

Dagegen setzten die neuen Hippies auf Entschleunigung und Verlangsamung. So verlief die Grenze zwischen gutem und schlechtem Pop gegen Mitte der nuller Jahre zwischen zwei komplementären Formen der musikalischen Zeit: zwischen dem formgerechten Drei-Minuten-Song und der renitent-endlosen Improvisation; zwischen dem forschen Zum-Höhepunkt-Streben des Indierock und dem entrückten An-sich-und-mit-anderen-Spielen der neuen Hippies und Freaks. Die Entschleunigung und der reflektierte Regress sind auch Motive der Renitenz gegen die eskalierende Beschleunigung der popmusikalischen Welt; darin besteht die Verbindung zwischen Devendra Banhart und den Kollektivimprovisationen von Animal Collective und befreundeten Ensembles wie Gang Gang Dance und Black Dice.

Immer handelt es sich um Musik der langsamen Neugier auf sich und andere; Musik, der es um Weichheit, Passivität und lustvolles Nichtfertigwerden geht. Was dabei zum Klingen gelangt, ist nicht die Indierock-Erotik des Rein-raus-und-Schluss, sondern der reife Masochismus des Aufschubs, des passiven Erlebens und endlos verlängerten Glücks. Was musikalisch passiert, folgt keiner Struktur, sondern einem Bedürfnis; gerade bei Animal Collective zeigt sich in der autistischen Entrücktheit der vier zum Tier werdenden Typen auf der Bühne immer auch das durch nichts zu ersetzende Hochgefühl einer gemeinsam erfahrenen Ekstase. In dieser Ekstase werden sie zum Kollektiv, ohne ihre Individualität zu verlieren: völlig frei und einander doch blind vertrauend; verschieden und doch gleich; eine konkret gewordene musikalische Utopie.

Als «New Weird America» wurde diese Musik zunächst etikettiert, nach einem Begriff, den der Kritiker David Keenan im «Wire»-Magazin geprägt hatte. Keenan spielte damit auf das «Old Weird America» an, das Bob Dylan in seinen «Basement Tapes» beschwört, und auf die einschlägige rockanalytische Deutung dieser Dylan'schen Phase von Greil Marcus. Von weniger analytischen Musikjournalisten, nicht zuletzt in den damals erstmals erblühenden Internetblogs, wurde der Begriff jedoch schnell in «Weird Folk» oder auch «Freak Folk» umbenannt, was einerseits den historischen Bezug kappte und andererseits mit dem Wort «Folk» eine Traditionslinie ins Spiel brachte, die man gemeinhin gerade nicht mit musikalischer Komplexität, sondern mit Schlichtheit in der Instrumentierung und in den selbstbespiegelnden Texten in Verbindung bringt.

Natürlich kann man zu der Musik von Animal Collective und Devendra Banhart auch Folkmusik sagen, aber sie hat nicht viel mit dem gleichnamigen, musikindustriell zugerichteten Genre zu tun. Wenn sie doch Folkmusik sein sollte, dann wird sie aus der Perspektive des Jazz praktiziert: als ein ursprüngliches, spontanes Musizieren, als Improvisation über archetypischen Themen. Diese Musik ist minimalistisch und zugleich reich; sie beschränkt sich auf wenige Gesten, beschenkt ihre Hörer aber dennoch mit der Fülle des reinen Geräusches. Sie entzieht sich der ökonomischen Verwertung, indem sie ihre eigene Überflüssigkeit offensiv inszeniert – als Feier des Überflusses, der Endlosigkeit und des Krachs.

Zurück zum Überfluss, zurück zu den Möglichkeiten: Das ist die Utopie, der die neuen Freaks huldigen. Aber sie wissen eben auch, dass diese Utopie etwas kostet. Das weiß jeder, der gern wieder zum Kind werden möchte und sich dabei daran erinnert, wie es in der eigenen Kindheit war: dass das Leben damals eben gerade nicht einfacher war als jetzt, wo man endlich erwachsen ist. Es war unbestimmter, ungewisser, komplexer; das kann schön sein, aber einem auch furchtbare Angst einjagen. Das Leben im Überfluss ist voller Versprechen, doch lastet darauf stets die Erkenntnis, dass dieser Zustand nicht ewig anhalten kann; dass man sich irgendwann entscheiden und mit der Arbeit beginnen muss. Nur eine Kunst, die diese zeitliche Dialektik des Überflusses zur Erscheinung bringt, das Glück und die Qual des unbestimmt bleibenden Werdens, härtet ab gegen die simplen Imperative der Knappheit: gegen die Logik der Ökonomie, die uns sagt, dass man sich mit weniger zufriedengeben muss; dass man nicht irgendwann zur Arbeit zu gehen hat, sondern ausschließlich sofort.

4. Neulich in der satanischen Unterdruckkammer: Sunn O))) und die hohe Kunst des monotonen Lärms

Es geht natürlich noch langsamer und minimaler als in den renitenten Daddeleien der neuen Hippies und Freaks; man kann die Verweigerung in der Musik ja auch so weit treiben, dass man sich dem Musikmachen an sich verweigert.

Im Frühjahr 2005 stehe ich erstmals in einem gerade zu einem Klub umgebauten türkischen Hochzeitssaal in Berlin-Kreuzberg; an diesem Abend soll das Konzertprogramm des Klubs eröffnet werden, und es soll sehr laut werden, das hat man uns versprochen. Vorerst ist es aber sehr leise; bevor etwas zu passieren beginnt, passiert erst einmal sehr lange nichts. Eine nicht enden wollende halbe Stunde lang harre ich in diesem alten Gemäuer in großer Stille und Dunkelheit aus. Nichts regt sich, nichts bewegt sich, nichts ist zu sehen außer einigen kleinen bösartig dunkelrot strahlenden Lichtern. Nichts ist zu hören außer einem kaum wahrnehmbaren Summen und Brummen: einem Britzeln und Sirren, einer winzigen, nur ganz leicht zu verspürenden Vibration, die aus dem notdürftig verspachtelten Betonfußboden in die Sohlen der erwartungsvoll herumstehenden Hörer kriecht und in die Knöchel hinein und eventuell, wenn selbige in den dazugehörigen Zähnen nicht mehr ganz sicher sitzen, auch in die Amalgamplomben.

Noch sendet das sachte Vibrieren – das Eigengeräusch der geduldig auf ihren Einsatz wartenden Gitarrenverstärker auf der dunklen Bühne – nur winzige Schmerzspitzen in die Körper. Kleine Nadeln der Qual, die indes umso fieser piksen, als sie dem angespannten Bewusstsein von den kommenden Lautstärken künden; wie ein kokelnder Kriechstrom, der in jedem Moment ein loderndes Feuer entfachen könnte. Die dunkelrot leuchtenden Lichter, die einen aus der Dunkelheit und der Stille bösartig starr wie Teufelsaugen anblicken, sind die Funktionslampen an den Gitarrenverstärkern, die auf der Bühne zu einer gewaltigen Mauer aufgetürmt sind.

Und dann wird es wirklich sehr laut; es wird äußerst laut; eigentlich ist «laut» gar kein Ausdruck dafür. Eine dichte Wolke aus Trockeneisnebel nimmt den Besuchern die letzte Sicht. Dazu ergießt sich ein zäher, schwerer, schmerzhafter Lärm aus dem Bühnenbereich in den Saal – ein beißender, beatloser, basslastiger Krach aus langsam angeschlagenen und lange ausschwingenden Gitarrenakkorden und dem Klang, der entsteht, wenn die elektrisch verstärkten Gitarren mit ihren Verstärkern in eine unentwegt sich emporschaukelnde Rückkopplung treten; ein Feedback-Duett, in dem der scheinbare Gleichklang der Resonanz immer wieder langsam zerfällt, bis die interessantesten, körperlich dabei unangenehmst gegeneinanderpulsierenden Ungleichläufigkeiten daraus entspringen; immer wieder dann messianisch erlöst von einem strahlend zum Bühnenhimmel emporsteigenden Hochfrequenzkreischen.

Dermaßen stark vibrieren die Bässe, dass sie wie Wellen einer Detonation in das Publikum drücken, sie bringen die Knochen zum Zittern und die Zähne zum Schreien. Bald kommen grell strahlende

Feedbacks hinzu, die im Stirnbereich und in den Schläfenlappen wie ein plötzlicher Migräneschub schmerzen. Der von der Bühne zeitlupenhaft heranrollende Sturm presst den Brustkorb zusammen und greift nach den Eingeweiden und nach dem Herzen; die aus dem Boden nun mit ganzer Macht durch die Füße hindurch im Körper aufsteigenden Erschütterungen bringen die Nasenflügel zum Flattern und erzeugen ein trockenes Würgen im Hals. Auch die Kehlköpfe geraten bald derart in Schwingung, dass die Zuhörer gegen ihre Absicht zu reden beginnen: ein Reden wie im Wahn, ein Exorzismus, während dem sich auf der Haut zwischen Kehlkopf und Kinn die bizarrsten Wellen und Kräusel bilden.

Sunn O))) heißt das Duo, das hier zu hören ist. Es besteht aus zwei US-amerikanischen Metal-Gitarristen, die sich nach einer besonders wirkmächtigen – man könnte auch sagen: heimtückischen – Sorte von Bassverstärkern benannt haben. Ihr Auftritt an diesem Abend dauert etwa anderthalb Stunden und besteht doch aus nichts anderem als aus melodiefrei in sich ruhenden, meist niederfrequenten Feedbacks und Drones, also stehenden, lange gehaltenen Tönen, die von zwei Remix-Assistenten an Laptop, Synthesizer und Effektgeräten klanglich bearbeitet, gefiltert und manipuliert werden. Die Remix-Assistenten tragen Hemden und Hosen und sind insgesamt eher unauffällig gekleidet. Die Gitarristen von Sunn O))), Greg Anderson und Stephen O'Malley, verbergen hingegen ihre Gesichter und Körper unter selbstgestalteten Mönchskutten, einer Art Mischung aus Burka, Kardinalskostüm und Ku-Klux-Klan-Robe. Wie zwei Priester mit lockigen Bärten kauern sie vor ihren aufgetürmten Verstärkern wie vor einem Altar; eine weihevolle Feier des reinen, elektrisch erzeugten Lärms.

Das ist in mancherlei Hinsicht die schroffste, radikalste und hörerfeindlichste Musik, die man sich vorstellen kann. Den Minimalismus der Mittel verbindet sie mit dem Maximalismus der Lautstärke; die brüllende Brutalität der Geräusche wird noch durch die Härte der Monotonie und der endlosen Dauer gesteigert, mit der Sunn O))) ihr Publikum malträtieren. Es ist nicht nur so laut, dass man es erst einmal kaum aushalten kann. Es scheint auch überhaupt nicht mehr aufhören zu wollen.

Andererseits sind es gerade die endlose Dauer und die unerbittliche Monotonie, die bald dafür sorgen, dass die Ohren, Köpfe und Körper sich in den Krach hineinfinden können und sich mit ihm versöhnen; die Gewalt des Bedröhntwerdens verwandelt sich langsam in das Geschenk einer trancehaften Kontemplation. Das liegt zum einen daran, dass man bald so taub ist, dass der Schmerz in den Ohren nachlässt. Wesentlich trägt zum anderen der stete Fluss der Darbietung dazu bei. Kein Schlagzeug, kein Rhythmus aus dem Laptop und auch sonst keine Zäsur der musikalischen Zeit hindert die dräuenden Drones an der Entfaltung ihrer eigenen Vibrationen, ihres eigenen metrischen Maßes.

Gerade deswegen können sie die Körper des Publikums so gut ihrer eigenen Zeit unterwerfen. Widerstandslos dringen sie bis in die Eingeweide; vielleicht könnte man den besonderen Krach von Sunn O))) daher auch als «Viszeralkrach» bezeichnen. Wenn am Ende alles zittert, dröhnt und vibriert, verwandelt sich die angstlust- und schmerzbestimmte Erfahrung vor dem Beginn des Auftritts und während der ersten Konzertminuten in das sonderbar selbstwidersprüchliche Glück des Einswerdens mit dem monotonen Krach und der von ihm konstituierten musikalischen Zeit: negative Dialektik einer unmöglichen Kontemplation.

Im Frühjahr 2005 waren nur etwa fünfzig Leute gekommen, um diese Erfahrung zu teilen; das Interessante ist, dass es dabei nicht blieb. Der Auftritt in dem türkischen Hochzeitssaal, der in den folgenden Jahren als «Festsaal Kreuzberg» zu einer der zentralen Institutionen des Berliner Musiklebens wurde, war nur der Auftakt für eine lange Reihe von Sunn-O)))-Konzerten, an deren Ende die beiden sinistren Lärmpriester zu Superstars der geschmacklich aufgeschlossenen Popmusikwelt aufgestiegen waren.

Bereits ihr nächstes Berliner Konzert, im Frühjahr 2006 in der Volksbühne am Rosa-Luxemburg-Platz, spielten sie vor einem ausverkauften Saal; knapp tausend Leute ließen sich von ihnen begeistert bestürmen, betäuben und bedröhnen. Und wo immer sie in den folgenden Jahren in Berlin zu erleben waren – ob 2009 im Techno-Klub Berghain oder 2013 vor zweitausend Leuten im Astra Kulturhaus, einem großen Indierock-Schuppen an der Friedrichshainer Touristenmeile; ob in der nüchternen Prater-Spielstätte in Prenzlauer Berg oder 2015 an zwei wiederum ausverkauften Abenden im pusselig-barocken Theater Heimathafen Neukölln –, strömten ihnen die Massen zu.

Binnen kürzester Zeit wurde die radikale Reduktion auf das Geräusch und die körperliche Komplettbedrängung zu einer Art Mainstream der Minderheiten, in dem die unterschiedlichsten Publikumskreise zueinanderfanden. In den Sunn-O)))-Konzerten trifft man Black-Metaller mit bandnamenübersäten Jacken ebenso wie blasse Elektronikfrickler mit Kurzhaarfrisuren und langhaarige Späthippies mit Altersschorf auf der Stirn. Und nachdem O'Malley und Anderson begannen, als Duo oder einzeln in diversen Sunn-O)))-Filiationen in Kunstgalerien und bei Theateraufführungen aufzutreten, kamen auch leidenschaftliche Vernissagenbesucher, Modern-Dance- und Theaterliebhaber zu ihren Konzerten.

Während die Metaller vornübergebeugt vor und zurück wankend ihre Satansgrüße entbieten, schütteln die Hippies hippietypisch enthemmt ihre Brüste und Haare; die blassen Elektronikfrickler, die Theatergänger und Galerienbesucher gucken derweil stumm in der Gegend herum. Ein wunderbares Bild der Eintracht und des Friedens! Doch mögen die Oberkörper sich auch in den verschiedensten Geschwindigkeiten bewegen, mit den Füßen stehen die Hörer wie gelähmt in dem zäh von unten hochkriechenden Lärmschlamm; und während sich in den hinteren Hirnlappen allmählich ein sanfter kleiner Tinnitus festfräst, wird der Rest des Körpers vom Unterdruck der Bässe immer näher an die Bühne gesogen.

So vollenden Sunn O))) in gewisser Weise das künstlerische Projekt der neuen Hippies und Gammler und heben es auf eine neue Ebene; sie radikalisieren jene musikalische Taktik der Entschleunigung und des Nichtfertigwerdens, die wir von den bärtigen Schraten des New Weird America kennen. Gegen das hysterische Tempo der sie umgebenden Pop- und Kulturindustrie setzen auch Sunn O))) auf radikale Verlangsamung und die Feier der musikalisch offenen Form: An keinem Punkt lassen ihre Feedback-Séancen erkennen, ob sie sich gerade auf einen Höhepunkt hinbewegen, auf den Abschluss einer Dramaturgie, die Vollendung eines disharmonischen Zusammenhangs – oder ob es nicht noch sehr lange genau so oder wenigstens so ähnlich weitergehen könnte wie gerade in diesem Moment.

Es gibt allerdings einen wesentlichen Unterschied zwischen Sunn O))) und den neuen Freaks. Letztere spielen beherzt mit dem alten Hippiesymbolinventar der spirituellen Entrückung und Bewusstseinserweiterung und mit den dazugehörigen religiösen und esoterischen Zeichen. Sunn O))) zitieren zwar in ihren Bühneninszenierungen wie auf ihren Plattencovern die metaphysische Ikonographie des Heavy, Black, Death und sonstigen Metal: christliche Zeichen, satanische Zeichen, Motive der schauerromantischen Kunst und Bilder der mönchischen Introspektion. Doch tun sie dies stets in entzaubernder Absicht. Wenn sie das Teuflische feiern, feiern sie keine figurativen Phantasieteufel, sondern letztlich nur die teuflische Kraft des niederwerfenden Lärms. Wenn sie ihr Publikum nicht nur mit Stürmen aus Krach, sondern auch mit Stürmen aus pophistorischen Zeichen umtosen, dann nur um der Demonstration willen, dass diese pophistorischen Zeichen nichts bedeuten müssen, wenn man nicht will, dass sie etwas bedeuten. Denn zunächst und zuletzt geht es ja immer um das Geräusch in seiner Geräuschhaftigkeit – im Kern ihres künstlerischen Wirkens sind Sunn O))) radikale Materialisten.

So verhält es sich auch mit den priesterlichen Gesten, mit denen sie ihre Musik darbieten. Einerseits erinnern sie an eine endlose Reihe von Popstars, die sich wie Heilsbringer inszenierten und von ihren Anhängern als solche gefeiert wurden; andererseits unterwerfen Anderson und O'Malley sich mit masochistischer Demut der alles dominierenden Kraft des Krachs. Der heroische Maskulinismus, der bei den Indierockbands der nuller Jahre so tragisch zuschanden geht, ersteht bei ihnen noch einmal wieder auf – aber nur indem er sich mit seinem Gegenteil verbindet: mit dem passiven Genießen der postheroischen Gammler und Freaks. Tatsächlich enthalten Sunn O))) sich auf der Bühne jeder maskulinen, fordernden Geste. Ihre Gitarrenriffs streichen sie stets mit der ganzen Hand in sanften, zeitlupenartig fließenden Bewegungen aus sämtlichen Saiten gleichzeitig heraus; sie quälen ihre Instrumente nicht, sondern liebkosen sie zärtlich und streicheln sie.

Dadurch unterscheiden sich Sunn O))) auch wesentlich von jenen radikalen Krachmusiktraditionen, wie man sie aus den achtziger und neunziger Jahren kennt, von Industrialgruppen wie Throbbing Gristle und Whitehouse über Noiserockbands wie die Swans oder die frühen Sonic Youth bis zum klassischen Doom, Drone, Death und Black Metal. Hier war die antimusikalische Entfesselung von Lautstärke und Lärm fast immer mit männlichen Dominanzgesten verquickt. Härter! Lauter! Brutaler! Meist ging es den Musikern darum zu beweisen, dass man noch bedrohlicher, quälender, ohren- und körperbetäubender auftreten konnte als alle anderen. Nicht selten verband diese Ästhetik sich mit maskulinistischen, sexistischen oder – wie im Fall des Black Metal – auch rassistischen Ideologien. Kracherzeugung als Geste der Überheblichkeit und Unterwerfung lud geradezu ein zur Verbindung mit dem Glauben ans Über- und Herrenmenschentum.

O'Malley und Anderson verabschieden sich hingegen vom metaltypischen Körper- und Rollenmodell der heroischen Maskulinität.

Auch die Gäste, die sie zu den Studioaufnahmen für ihre Schallplatten und in ihre Konzerte einladen, inszenieren sich niemals als Figuren, die souverän über gesunde Körper gebieten. Im Gegenteil, stets zeigen sie Versehrtheit, Leiden und Sterblichkeit: So ließ sich der US-amerikanische Sänger Malefic für seinen Gastauftritt auf dem 2005er Album «Black One» – nach Angaben der Band im Booklet – in einen mit Mikrophonen ausstaffierten Sarg einschließen und in einem Leichenwagen in ein abgelegenes Fichtenwäldchen fahren. Der ebenfalls aus den USA kommende Black-Metal-Sänger Xasthur wand sich beim Sunn-O)))-Konzert 2006 in der Berliner Volksbühne wie ein erstickendes Fröschlein in einem Rollstuhl.

Der ungarische Kunstgrunzer Attila Csihar schließlich posierte 2007 beim Auftritt des Sunn-O)))-Seitenprojekts Burial Chamber Trio als frisch zu Tode gefoltertes Opfer. Er hatte sich nicht nur in einen grob gewirkten Sack stecken lassen, der lediglich in Herzhöhe eine Öffnung für die Hände besaß. Sein Gesicht verbarg er unter einer leichenweißen Lockenperücke; sein Make-up erinnerte gleichermaßen an die Schminke von Drag Queens wie an den unter Black- und Death-Metal-Musikern beliebten «corpse paint», also das sachgerechte Aufstylen zur Leiche.

So schien aus Csihars untoter Bühnenfigur nicht nur jedes Leben gewichen, sondern auch die maskuline Identität. In diesem Black-Metal-Drag ging es nicht mehr um das Ausleben von «Härte» angesichts der übertriebenen Zähigkeit und Lautstärke der ihn umgebenden Musik, sondern um die Unmöglichkeit, unter diesen Umständen nicht «unmännlich» und «weich» zu werden. Oder masochistisch – indem man sich der Härte genussvoll unterwirft.

Gegenüber den Konzerten von Sunn O))), ihrer Kraft und Überwältigungskunst, müssen die Studioaufnahmen des Duos notwendig blass und abkünftig wirken. Einmal, immerhin, war das anders: Auf dem Doppelalbum «Monoliths & Dimensions», das O'Malley und Anderson im Jahr 2009 herausgebracht haben, weiten sie ihr radikal reduziertes Spiel mit einer Vielzahl von Gästen in eine Art historisches Panorama unterschiedlicher minimalistischer Stile. Herrscht am Anfang noch der bekannte Sound vor, wird der dräuende Bass bald von stockenden, stolpernden, offenbar auf Holzperkussion erzeugten Beats aufgeraut. Immer hellere Lichter leuchten über den zerklüfteten Klangflözen, die Instrumentierung wird farbiger und differenzierter. Im zweiten Stück, «Big Church (Megszentségteleníthetetlenségeskedéseitekért)», hört man in dissonanter Schönheit einen österreichischen Frauenchor singen; und am Ende der Platte entsteigt aus dem schlierigen Lärmschlick sogar ein strahlendes Orchesterstück, mit Streichern, perlenden Harfenklängen, schließlich einer einsamen Posaune mit deutlichen, lauten Anblasgeräuschen im Spiel. Aus dem elektrischen entsubjektivierten Noise arbeitet die Band sich voran zu den Geräuschen des menschlichen Atems, dem klanglichen Inbegriff der Subjektivierung schlechthin.

Man könne dieses Werk wie einen persönlichen Bildungsroman betrachten, meinten O'Malley und Anderson, als ich Anfang 2009 mit ihnen über die Platte sprach: «vom Noise zur Musikalität, zum musikalischen Noise». Letztlich diene die Leichtigkeit vor allem dazu, alles Vorangegangene gerade noch schwerer und düsterer wirken zu lassen. «Es soll ganz leicht klingen am Ende. Und schön», sagte Stephen O'Malley. «Aber das Licht, das dann leuchtet, bringt die Dunkelheit nur umso stärker heraus. Das Dunkle wird dunkler. Das Schwere wird schwerer.» Einen Moment lang, warf ich ein, hätte ich am Schluss erwartet, gleich eine Melodie zu hören. Greg Anderson nickte: «Ja, davor habe ich mich zwischenzeitig auch schon gefürchtet.»

5. Mädchen, die sich wie Männer anziehen, die sich wie Mädchen anziehen: Dir en grey, X Japan und ihre deutschen Verehrerinnen

Das markerschütterndste und nerven- und ohrenzerfetzendste Geräusch, das ich in den letzten Jahren zu hören bekam, stammt nicht von Sunn O))) und auch von sonst keiner Doom-Metal-Gruppe. Denn keine noch so entschieden vorgetragene Gitarrenrückkopplung und kein vom Laptop kommender Sinuston kann mit jenem Klang konkurrieren, den dreieinhalbtausend entfesselte Teenager in phantasievoll geschneiderten schwarzromantischen Kostümen im Mai 2005 in der Berliner Columbiahalle erzeugen. Sie schreien, kreischen, quieken und krähen wie aus einer Kehle in den höchsten Frequenzen, schon bevor die von ihnen sehnsüchtig erwartete Gruppe überhaupt die Bühne betreten hat; und als es so weit ist, steigern sie sich in ein derart infernalisches Crescendo hinein, dass mir noch Tage danach ein fieser kleiner Pfeifton in den Hirnlappen fiept.

Was sind das für Leute, und warum sind sie so aufgeregt? Einige von ihnen haben tagelang vor dem Konzertsaal campiert und gewartet; manche fallen darum entkräftet in Ohnmacht, als das Konzert dann tatsächlich beginnt. Im Garten hinter der Halle, wo sonst ein Grill und ein Biertresen stehen, haben die Veranstalter vorsorglich ein Open-Air-Krankenlager errichtet; die lange Reihe an Lazarettliegen ist nach einer Dreiviertelstunde vollständig belegt. Und das obwohl offensichtlich niemand trinkt oder raucht oder sonst welche Drogen einnimmt; wenn die Tresenbedienung nicht Leitungswasser in mitgebrachte Plastikflaschen ausschenkt, steht sie am Rand der tosenden Halle und dreht Däumchen.

Bei dem Konzert handelt es sich um den ersten Deutschland-Auftritt der japanischen Band Dir en grey. In ihrem Heimatland zählt sie seit Anfang der nuller Jahre zu den erfolgreichsten Teenierockgruppen. In Europa hat sie bis dahin noch nie gespielt; ihre Platten sind nur als teure Japan-Importe erhältlich. Kein einziges deutsches Musikmagazin hat bis dahin über sie berichtet, kein Radiosender spielt ihre Songs. Vor ihrem Auftritt in der Columbiahalle ist kein einziges Plakat geklebt worden, keine Anzeige wurde geschaltet, kein Vorbericht oder sonst irgendein Hinweis in der Presse lanciert. Dennoch hat es nur drei Tage gedauert, dann waren die dreieinhalbtausend Karten verkauft.

Von denen, die sich in der Columbiahalle drängen, ist kaum jemand über achtzehn, vier Fünftel sind Mädchen. Der Kleidungs- und Schminkstil ist im weitesten Sinn *gothic*: Man trägt schwarze Rüschenkleider und leichenhaft geweißte Gesichter mit verschmiertem schwarzem Lippenstift und Kajal um die Augen; darunter laufen blutrot ausgepinselte Tränen die Wangen hinunter. Aber es ist nicht die Schwarzkittelszene, die sich hier trifft. Auch in deren Fachorganen und Internetforen sucht man vergebens nach Dir en grey. Wer etwas über die Gruppe erfahren will, muss sich in die Chatrooms der Manga-Szene begeben: in die Welt der Otaku, der fanatischen Liebhaber japanischer Comics und Zeichentrickfilme; ein der allgemeinen

Öffentlichkeit weithin unbekanntes, in sich aber perfekt vernetztes Paralleluniversum.

Hervorgegangen ist es aus dem Manga-Boom, der seit Ende der neunziger Jahre auch in Deutschland einsetzte. Japanische Comics wie «Dragon Ball» und «Sailor Moon» wurden damals plötzlich zur beliebtesten Lektüre in Kinderzimmern und auf Schulhöfen, unterstützt durch die dazugehörigen Zeichentrickserien auf den Privatfernsehsendern. Sehr schnell differenzierte sich in den folgenden Jahren das Programm aus; vor allem junge Mädchen – eine Zielgruppe, die in Deutschland bis dahin kaum jemals für Comics zu gewinnen war – begeisterten sich für die romantisch gefärbten Shôjo-Manga. Im nächsten Schritt begannen die Manga-Liebhaber sich für Japan im Allgemeinen und alle anderen Bereiche der japanischen Popkultur zu interessieren: vom Konsolenspiel bis zum Kochen; vom Cosplay, dem kostümierten Nachspielen populärer Manga-Geschichten, bis zum J-Pop, der japanischen Popmusik.

Mitte der nuller Jahre sind Dir en grey in den Internet-Chatrooms dieser Szene die größten Stars. Hier wird ausführlich jeder Frisurwechsel des Sängers Kyo diskutiert, jeder neue Kleidungsstil kommentiert, jeder neue Songtext in die verschiedensten europäischen Sprachen übersetzt; Fans denken sich Kurzgeschichten aus oder zeichnen Comics, in denen Dir en grey die Heldenrollen übernehmen. Zum Berliner Konzert sind die Besucher nicht nur aus ganz Deutschland angereist, sondern auch aus England, Frankreich, Italien. Auf der Internetseite «animexx.de» haben die Dir-en-grey-Fans wochenlang darüber konferiert, ob sie nicht zwei Stücke der Band einstudieren und als Dankeschön-Ständchen darbieten sollen. Für diesen Teil der europäischen Jugend ist Japanisch das neue Esperanto.

Die Musik der Band erweist sich als relativ rüdes Gemisch aus Prog-Rock und Metal, aus falsettierend gesungenem melodischem Pop und einer Art Grindcore-Hochgeschwindigkeitsgrunzen. Doch so sehr Dir en grey dabei auch das klassische Rock-'n'-Roller-Gehabe zitieren, fallen sie doch zugleich nicht ins Rollenmodell der heroischen Männlichkeit zurück: Dazu sind sie zu niedlich – zu «kawaii». Bei aller männlichen Ausstrahlung und harten Musik sind sie romantische, verweiblichte Typen, die ein Mädchen bewundern kann, ohne sich unterwerfen zu müssen.

Zum einen sehen die Bandmitglieder wie archetypische Manga-Charaktere aus: wie die androgynen, zwischen Männlichkeit und Weiblichkeit, Hetero- und Homosexualität hin und her irrenden Helden, die man aus den sogenannten Shonen-Ai-Manga kennt, in denen in zart-erotischen Bildern von platonischer Liebe zwischen Männern berichtet wird. Zum anderen findet sich bei Dir en grey die Tradition des westlichen Glamrock der siebziger Jahre wieder, die Geschlechtergrenzen überschreitende Ästhetik von Künstlern wie David Bowie, Lou Reed und den New York Dolls. In der japanischen Popmusik wird diese Vermischung von «östlichen» und «westlichen» Stilen der Androgynie als Visual Kei bezeichnet, zu Deutsch etwa «visuelles System».

Die erste Band, die diesen Stil zu einem Massenphänomen machte, heißt X Japan und feierte ihre größten Erfolge Anfang der neunziger Jahre; vor Hunderttausenden von Zuschauern spielte sie ungezählte

Stadionkonzerte und verkaufte Millionen von Platten. Außerhalb Japans blieb sie allerdings weitgehend unbekannt – und als die Begeisterung für den J-Pop dann auch die europäischen und die deutschen Hörer erreichte, hatten X Japan sich nach dem Tod ihres Gitarristen Hide 1998 bereits bis auf weiteres aufgelöst.

Ihr Schlagzeuger und Komponist Yoshiki verhalf jedoch vielen Künstlern der nächsten Generation zu ihren ersten Erfolgen; so produzierte er zum Beispiel das erste Album von Dir en grey. Für ihn selbst seien die wesentlichen Einflüsse David Bowie und Rudolf Schenker von den Scorpions gewesen, aber auch frühe Goth-Gruppen wie Siouxsie and the Banshees und The Cure – und vor allem David Sylvian von der britischen Gruppe Japan.

Das erzählte Yoshiki mir 2015 in einem Interview anlässlich der Comeback-Tournee seiner Band. Er hatte für sich und seine Entourage eine ganze Etage in einem Luxushotel am Potsdamer Platz gemietet. Dort wimmelte es nur so vor Lakaien, die stumm um den Meister herumwuselten. Bevor Yoshiki sich zu mir setzte, musste ich zehn Minuten warten, dann schritt er langsam aus einem anderen Zimmer heran, während die Lakaien vor ihm ergeben die Augen senkten.

Ich fragte ihn nach dem sonderbaren Widerspruch zwischen der androgyn-zarten Selbstinszenierung der Musiker und ihrem schweren Rocksound. Er antwortete, dass diese Verbindung von Anfang an zur Schock- und Provokationstaktik des Visual Kei gehört habe: «Unsere Musik war superheavy, wir wollten wie Slayer, Iron Maiden und Metallica klingen. Zugleich trugen wir Frauenklamotten und Tonnen von Make-up. Das hat die japanischen Kritiker total verwirrt! Die schrieben, dass wir die Schminke weglassen sollen und der androgyne Look nicht zu unserem Sound passt. Aber das war uns egal! Visual Kei hat für mich immer absolute Freiheit bedeutet und die Möglichkeit, alles mit allem zu kombinieren, das Harte mit dem Weichen, die Musik der Sex Pistols mit dem Look von David Sylvian.»

X Japan sind erstmals 2011 in Deutschland zu sehen, wiederum in der Berliner Columbiahalle. Auf der Konzertbühne erinnert Yoshiki mit seinen kajalumflorten Augen und der knackengen Lacklederhose, mit seinen graziösen Bewegungen und den liebevoll ondulierten Engelslocken an eine Mischung aus dem jungen David Bowie, der mittleren Mariah Carey und sämtlichen global verehrten Goth-Sängern der letzten Jahrzehnte, von Ville Valo bis Marilyn Manson. Er spielt Schlagzeug und auf einem Plexiglasflügel, dabei trägt er verschiedene bodenlange, glitzernde Mäntel; ein eigens dafür abgestellter Butler hilft ihm, seine Garderobe zu wechseln.

Der Sänger der Gruppe, Toshi, sieht mit seinem kastenförmigen Rockabilly-Haarschnitt, der blickdichten, videokassettengroßen Sonnenbrille und seiner mit gehäkelten Blumen und Strass besetzten Lederjacke wie ein japanischer Elvis-Imitator aus, der sich zur Abwechslung einmal als Gary Glitter verkleiden wollte; auch Anneliese Rothenberger und Hannelore Kohl kommen einem angesichts der betonierten Frisur in den Sinn. Wenn Toshi mit hoher Eunuchenstimme zu den schweren Metal-Riffs der Band seine Arien schmettert und schmachtet, klingt das so, als würde Céline Dion ein Stück von den Scorpions auf Japanisch interpretieren, was ja wiederum gut zu Yoshikis Liebe zu Rudolf Schenker passt.

Entsprechend dunkelbunt ist auch das Publikum zusammengesetzt. Kimonotragende Japanerinnen mit phantasievoll gedrechselten Dutten tummeln sich neben Kutten-Metallern mit Kinnbartfrisuren; schwarz gekleidete Industrial-Hörer wippen einträchtig neben flott aufgebrezelten Teenagern in der aktuellsten Cosplay-Mode.

Noch interessanter und ambitionierter als bei X Japan sind nur die Bekleidungsstile, die man bei der Visual-Kei-Band Moi dix mois und ihren Hörerinnen und Hörern sehen kann. Bei ihr wird die Ästhetik des Genres noch durch eine – für Japaner ja nicht unbedingt naheliegende – Begeisterung für die Symbolik der christlichen Religion angereichert, und so kommt es, dass Kreuze und Pentagramme, Zeichen zur Feier des Heilands und des Antichrist, chaotisch flottieren. Moi dix mois sehen aus wie Transen, die aus der Gruft steigen; zu ihrem ersten Berlin-Konzert im Huxleys Club 2006 erscheinen sie mit androgynem Make-up, in Rüschenmänteln und mit wüst hochgestrubbelten Gothic-Frisuren. Auch bei ihrer Musik handelt es sich um einen stellenweise schroffen Hochgeschwindigkeits-Metal mit rasender Doppelbasstrommel. Dazu allerdings bewegen die Musiker sich so grazil-verschlossen wie Ballerinen.

Für den Visual Kei sind Moi dix mois vor allem deswegen von Bedeutung, weil ihr Sänger Mana der wichtigste Modeschöpfer der Szene ist. In seinen «Moi même moitié»-Kollektionen wurde wesentlich jener «Gothic Lolita» genannte Stil ausgeformt, in dem sich die Band und ihr Publikum gleichermaßen kostümieren. Beim Berliner Konzert sind im Wesentlichen zwei «Gothic Lolita»-Untergruppen auszumachen: zum einen die «Elegant Gothic Lolitas», die mit schwarzweißen Kleidchen und geringelten Strümpfen versuchen, vor allem niedlich auszusehen; zum anderen die «Elegant Gothic Aristocrats», die mit rüschenverzierten schwarzen Mänteln versuchen, vor allem nicht niedlich auszusehen. Jede Unterart des modischen Stils geht mit passgenauen Bewegungs- und Verhaltensvorschriften einher, die vom Publikum wie bei einer Theateraufführung konzentriert umgesetzt werden. Die Elegant Gothic Lolitas hüpfen heiter herum und kreischen häufig, wohingegen die Elegant Gothic Aristocrats sich betont aristokratisch langsam bewegen; was allerdings auch daran liegen könnte, dass man sich auf den zum Stil gehörigen extrahohen Plateaustiefeln gar nicht schneller bewegen kann.

Während man es bei Moi dix mois also mit Männern zu tun hat, die sich wie Mädchen kleiden, hat man es bei ihrem Publikum einerseits mit Mädchen zu tun, die sich wie Männer kleiden, die sich wie Mädchen kleiden – und andererseits mit Mädchen, die sich so kleiden, wie Männer sich Mädchen in pädophilen Phantasien vorstellen. Denn in den vielfältigen Differenzierungen, die Mana und andere Visual-Kei-Protagonisten inzwischen aus der Lolita-Mode geschlagen haben, wirkt fraglos auch die Ästhetik der pornographischen Lolicon-Manga nach, die sich in Japan vor allem in den achtziger und frühen neunziger Jahren großer Beliebtheit erfreuten. In Zeitschriften wie «Loli Pop» oder «Loli Party» wurden puppenhaft gezeichnete Wesen beim Sex mit Robotern, Mutanten und Außerirdischen gezeigt.

Großen Anteil an der Etablierung dieses Stils hatte der Artikel 175 des japanischen Strafgesetzbuchs, der die Darstellung von Geschlechtsteilen verbietet – allerdings nur bei erwachsenen Menschen, nicht bei Kindern und Puppen. Von den neuen Lolitas werden diese Codes unguten männlichen Begehrens in erstaunlicher Weise offensiv umgewertet: «Eigene» und «fremde», «reaktionäre» und «emanzipatorische» Formen der Selbstinszenierung verflechten sich in vielfältiger Form ineinander. Die unentwirrbare Verbindung von «niedlichen» und «harten», «weiblichen» und «männlichen» Formen der popkulturellen Ästhetik im Visual Kei spiegelt sich in den kleinsten Gesten, Posen und Bewegungsabläufen wider.

Interessant ist, dass die Anhängerinnen und Anhänger dieser Geschlechtergrenzen überschreitenden Ästhetik gleichwohl großen Wert darauf legen, dass diese nur ein ästhetisches Spiel ist und in keiner Beziehung zu einer wie auch immer gearteten «echten» Homosexualität steht. Als ich einmal in einem Artikel der Berliner Zeitung auf das queere, sexuell transgressive Potenzial des Visual Kei verwies, erntete ich eine größere Menge von erzürnten Leserbriefen. «Japanische Musiker ziehen sich nicht so an, weil sie schwul sind, die wollen nur schocken», schrieb mir eine Leserin, und eine andere klärte auf: «Dass die Anzahl der männlichen Besucher auf den Konzerten geringer ist als die der weiblichen, lässt sich leicht erklären und beruht auf der äußeren Erscheinung vieler Visual-Kei-Bands. Für viele heterosexuelle Männer ist die Vorstellung, dass die schönen Frauen, die sie da sehen, keine Frauen, sondern Männer sind, eher abstoßend.»

Die größte Sorge, die die Anhängerinnen und Anhänger des Visual Kei nach den ersten Erfolgen von Dir en grey und Moi dix mois 2005 in ihren Internet-Chats umtrieb, war die, dass diese Musik nun zum «Mainstream» werden könnte und dass es bald Leute geben würde, die «Dir en grey und Britney Spears gleichzeitig auf ihrem Rucksack geschrieben» hätten – so eine Kommentatorin auf «animexx.de». Diese Sorge war insofern berechtigt, als im gleichen Jahr die außerordentliche Karriere der deutschen Teenie-Band Tokio Hotel ihren ersten Höhepunkt erreichte: Ihr Debütalbum «Schrei» rangierte im Herbst und Winter 2005 monatelang in den Top 10 der Charts. Tokio Hotel spielten nicht nur im Namen auf die Japanophilie unter Jugendlichen an. In ihrer optischen Inszenierung zitierten sie die Ästhetik des Visual Kei und die Erscheinungsbilder populärer Manga-Figuren – so erklärten sich die nach oben verstrubbelten Haare des Sängers Bill Kaulitz und sein leichter Zug ins Cross-Dressing mit kajalumrandeten Augen.

Bei den eingefleischten J-Pop-Hörern stießen Tokio Hotel auf Abscheu und Ablehnung. Sah man sich in den einschlägigen Chat-Seiten um, fand man Kommentare wie «viel zu süßlich» oder «grauenhafte Musik». Den vier Jungen wurde sogar die Legitimation abgesprochen, in ihrem Bandnamen den Namen der japanischen Hauptstadt zu führen: «Wieso dürfen die sich überhaupt so nennen?», so ein weiterer «animexx.de»-Nutzer. Vor dem Konzert, das die Band auf dem vorläufigen Höhepunkt ihres Ruhms im Dezember 2005 in der Berliner Columbiahalle gab, demonstrierte eine Gruppe von Anhängern des «echten» J-Pop gegen den Ausverkauf ihrer Kunst und die ungerechtfertigte Kategorisierung von Tokio Hotel als Visual Kei – und das obwohl sich die Musiker in ihren zahlreichen Interviews kein einziges Mal selbsttätig diesem Genre zugeordnet hatten.

In den folgenden Jahren wurde die Visual-Kei-Ästhetik von deutschen Künstlerinnen und Künstlern noch verschiedentlich aufgegriffen, zum Beispiel von der kurzzeitig äußerst erfolgreichen Teenie-Sängerin LaFee. Die Gruppe Cinema Bizarre, die Ende der nuller Jahre für Aufsehen sorgte, trat sogar als vollständig kalkulierte J-Pop-Kopie auf. Sie bot sich als eine Art japantreues Gegenmodell zu Tokio Hotel dar: Nicht nur traten ihre Mitglieder allesamt unter japonisierenden Pseudonymen auf und behaupteten, sich auf einer Manga-Convention kennengelernt zu haben; auch trieb das Quintett seine Teenie-Goth-Transgender-Ästhetik weit über das von Tokio Hotel gepflegte Maß hinaus. Zumindest im Ausland hatten Cinema Bizarre damit Erfolg: 2009 gingen sie mit Lady Gaga auf US-Tournee; auch in Russland und Frankreich spielten sie in großen Hallen. Nur in ihrem Heimatland kam die Karriere nicht richtig in Schwung.

Als Cinema Bizarre im Herbst 2009 im Berliner Postbahnhof spielen, kommen kaum mehr als dreihundert Fans; doch diese immerhin schreien, quieken und kreischen wie eine vollkommen entfesselte Teenie-Horde. Der Sänger Strify erinnert mit seinem schwarz-weiß gescheckten Seitenscheitel an Black Jack, eine berühmte Manga-Figur aus der Feder des «Astro Boy»-Zeichners Osamu Tezuka; auf die Bühne tritt er in einem rückseitig geschnürten Top mit silbrigem Brustgestänge. Sein persönlicher Schnür-Assistent muss ihm während des Auftritts mehrfach die Senkel am Rücken nachbinden, wobei die Mädchen im Saal zusehends heiter «Ausziehen! Ausziehen!» rufen.

Strify zieht sich dann zwar nicht aus, dafür praktiziert er mit dem Bassisten Kiro bei einem Stück mit dem Titel «Deeper and Deeper» – zumindest in symbolischer Andeutung – wechselseitigen

Oralverkehr: Abwechselnd kauern sich die beiden vor dem jeweils anderen nieder und puscheln mit dem Kopf in seinen Weichteilen. «Ich fühl mich heute so ein bisschen strange», gibt Strify dazu in klischeeschwuler Näsel-Intonation zum Besten, «I'm a freak! I'm going insane!» Dabei wirkt er im Großen und Ganzen so grundunverdorben, als sei Prinzessin Lillifee mit ihrem Hofstaat in ein schreckliches Sadomaso-Gewölbe geraten: eine eigentümliche Mischung aus Kinderzimmer-Bravheit und fortgesetzter Verschweinigelung, wie sie die Band überhaupt kennzeichnet.

Eine große Karriere war Cinema Bizarre danach nicht mehr beschieden, schon im folgenden Jahr löste sich die Gruppe auf. Bemerkenswert ist sie dennoch. Gerade diese unverblümt kopierenden deutschen Epigonen eines japanischen Stils, der seinerseits aus unzähligen Versatzstücken westlicher Pop-Ästhetik besteht, treiben dessen wesentliches Merkmal auf die Spitze: Sie überschreiten auf provokante Weise überkommene Rollenmodelle, gleichzeitig bleibt die Darbietung aber doch offenkundig verklemmt. Das Transgressive und Queere, die Ästhetik des Cross-Dressing und der Androgynie wird hier wie überhaupt im Visual Kei ja gerade nicht als «normale», auch jenseits der Bühne lebbare Sexualität inszeniert, sondern stets mit den Zeichen des Schocks und der Provokation aufgeladen – und dadurch in emanzipatorischer Hinsicht entwertet.

Vielleicht könnte man sagen, dass man bei den deutschen J-Pop-Epigonen zum ersten Mal jene Mischung aus Verruchtheit und Verspießerung findet, wie sie im folgenden Jahrzehnt dann für den deutschen Mainstream-Pop im Allgemeinen prägend sein wird; jene Konventionalisierung des Konventionsbruchs, aus der auch der größte deutsche Superstar der zehner Jahre seine ästhetische Markanz ziehen wird: Helene Fischer. Von ihr war zu Beginn dieses Buchs schon die Rede; ich komme an anderer Stelle wieder auf sie zurück.

6. Am Ende der Zeit, nach all den Partys und Räuschen: Kode9, Burial, James Blake und die neuen Ingenieure des Selbst

Während die irrsten Hochfrequenzklänge der nuller Jahre aus den Kehlen schrill kreischender Anhängerinnen der japanischen Popmusik kamen, fand man die tollsten Bässe der Zeit gleichermaßen in den Gitarrenrückkopplungsséancen von Sunn O))) wie auch in jener komplett rückkopplungsfreien, aber ebenso ohren- und knochenerschütternden Musik, die sich unter dem Gattungsnamen Dubstep versammelt. Dubstep wird nicht von Mönchen in Kutten gemacht und nicht von sexuell ambivalenten Todesromantikern; das Anderssein und die existenzielle Erfahrung der Endlichkeit sind jedoch auch hier von wesentlicher Bedeutung. «We are hostile aliens / immune from dying», lautet eine der Liedzeilen, mit denen diese Musik sich im Jahr 2006 erstmals in den Köpfen der Hörer festsetzte: Wir sind feindselige Aliens, vom Tode befreit.

Die Liedzeile stammt von dem Londoner Rapper The Spaceape. In seinen Texten flirren Virenschwärme durch die Luft, Sinne versagen, und die Menschen verlieren sich in Paranoia. Dazu lässt sein musikalischer Partner, der Produzent Steve Goodman alias Kode9, pathetisch leiernde Fanfaren tröten und komplex gebrochene Beats knickern; vor allem aber erzeugt er die schwersten magnetisch flirrenden Bässe, die man sich vorstellen kann.

Im Spätsommer 2006 spielen die beiden ihr erstes Berlin-Konzert im Josef Club am Spreeufer, es beginnt mit einem programmatischen Sample aus dem Prince-Stück «Sign o' the Times», Zeichen der Zeit. Doch bricht das dünne Pluckern der Achtziger-Jahre-Beats schon nach wenigen Sekunden in sich zusammen, und die aufgebrezelt-depressive Stimme von Prince verschwindet in einer Materiesenke. Der Sound wird schwerer und schwerer; die Rhythmen verdichten sich, bis sie implodieren; die Harmonien verwehen in Echokammern, bis nur ein in die Eingeweide dringender Bass übrig bleibt, eine gewaltige, aus deckenhoch gestapelten Boxen herabdrückende Vibration, ein lichtloser, dräuend langsam schwingender Lärm, zu dem The Spaceape jedes Wort wägend, genussvoll die Klänge auskostend, die Zeichen der Zeit auszudeuten beginnt.

Dubstep entstand als eine der unzähligen Filiationen klassischer britischer Tanzmusikstile wie Jungle und Drum 'n' Bass. Mit dick verhallten Dub-Reggae-Bässen und stets an der Grenze zur Untanzbarkeit verfrickelten Breakbeats galt der Sound als der kleine instrumentale Bruder des Grime, jener proletarisch-hysterischen Mischung aus Techno, Hip-Hop und Dub, die mit Künstlern wie Dizzee Rascal und der Roll Deep Crew eine Weile lang zum «Sound of London» aufstieg.

Doch während die großen Grime-Rapper immer hektischer und nervöser wurden und die Musik darunter immer repetitiver, wandten sich ihre kleinen Brüder der Klangforschung zu, reduzierten den Sound auf die nackte Physik – und damit auf reine Wirkung und Kontemplation. Produzenten wie Loefah und die Digital Mystikz (auf deren Kompositionen Kode9 bei seinem Auftritt im Josef Club immer wieder zurückkommt) erhöhten das Bassgewicht, öffneten den Klangraum, versahen die Sounds mit mystifizierender Unschärfe und riefen auf diese Weise zur Meditation. «Come meditate on bass weight», komm, meditier über dem Bassdruck, lautete das Motto der Partys, die ihr DMZ-Label regelmäßig in einer aufgelassenen anglikanischen Kirche in Brixton feierte.

Wobei «meditieren» im Dubstep nicht heißt: mit glasigem Blick die spirituelle Erleuchtung erwarten, wie in so vielen vom Reggae inspirierten musikalischen Stilen. Es geht hier vielmehr darum, sich ganz dem eigenen Körper zu überlassen, der unvermittelten Gegenwart, der Materie, aus der man besteht; den Schwingungen des Basses, die man zuerst im Nasenknorpel spürt, in den Knochen hinter den Ohren und in der Mitte der Stirn. Die Bässe des Dubstep schwingen nicht wie die Kiffer-Bässe des Reggae, sie lullen den Hörer nicht ein, sondern prügeln ihm frontal auf die Stirn. Wer die Augen schließt, sieht keine rätselhaften Sterne aus den Tiefen des Alls, sondern die rein physiologischen Blitze aus Licht, die bei einem Schlag auf die Netzhaut entstehen: Immanenz und nicht Transzendenz.

«Dubstep ist der neue Doom Metal», schrieb die britische Kritikerin Mary Anne Hobbs nach dem Besuch eines Kode9-Sets in Bristol. Und wirklich: Über alle offenkundigen musikalischen Traditionslinien hinweg ist der nächste Verwandte dieses Sounds der bleischwere, ultralangsame Rückkopplungskrach von Sunn O))), den wir im vierten Kapitel kennengelernt haben. So wie die Krachmönche dem physischen Druck aus den Verstärkern huldigen, unterwirft sich Kode9 dem Magnetismus der Bassvibration und horcht im Äther darüber auf Geistergeräusche.

Darin wiederum unterscheidet der Dubstep nach Kode9'scher Prägung sich vom Rückkopplungs-Metal, aber auch von allen anderen bis dahin gängigen Arten der tanzbaren Bassmusik: Je schwerer und körperlicher die Bässe werden, desto mehr füllt sich der Klangraum darüber mit entkörperlichten Geräuschen, mit von fern heranwehenden Stimmen und Chören, die der Wind aber sogleich wieder auseinandertreibt. Man hört das auf dem Debütalbum von Kode9, das kurz nach dem Auftritt in Berlin, Ende 2006, auf seinem eigenen Hyperdub-Label erschien: Auf «Memories of the Future» – Erinnerungen an die Zukunft – umgibt die Sprechgesänge von The Spaceape eine Aureole unbestimmbarer Stimm- und Gesangsfetzen; und wenn die Sprechgesänge verstummen, zwitschert und schwatzt es in der Höhe über dem dunklen Bassgrund umso unbeschwerter: Fragmente künftigen Lebens, Erinnerungen, die keine sind.

Noch deutlicher spuken die Gespenster in jener Musik, die der Londoner Produzent Burial etwa zeitgleich auf dem Hyperdub-Label herausbrachte. Burial – der nicht öffentlich auftritt und in den ersten Jahren seiner Karriere vollständig anonym blieb, weswegen er anfangs für ein weiteres Alias von Steve Goodman gehalten wurde – lässt seine Bässe noch majestätischer und magnetischer brummen als Kode9. Darüber legt er einen klappernden, wie von Scherenblättern erzeugten Rhythmus und ein helles Knistern, das von leichtem Landregen kommen könnte oder von abgenutztem Vinyl; dadurch erwecken seine Lieder den Anschein, als würden sie nicht aus der Gegenwart zu uns dringen, sondern aus der Vergangenheit oder dem Gedächtnis. Oder eben aus einer Zukunft, aus der die Gegenwart als vergangene erinnert wird. Hallende Stimmfragmente erklingen wie ausgehauchte Gesänge, wie schwache Funken verglimmender Songs. Oder wie die Stimmen von Geistern, die auf unser Jetzt zurückblicken wie auf eine schöne, aber ihnen gerade darum fremd gewordene Zeit.

So charismatisch sind die Klangbilder, die Burial entwirft, dass man seine Handschrift sofort erkennt. Markant ist aber nicht nur die musikalische Oberfläche, sondern vor allem – und das ist das Entscheidende – die Weise der Produktion: die Ästhetik des Fragments, die Kunst der Andeutungen und Assoziationen. Burial montiert seine Songs aus Echos und Nachbildern, was er bei den klassischen Produzenten des Dub Reggae der sechziger und siebziger Jahre gelernt hat, bei Lee «Scratch» Perry und King Tubby. Anders als bei diesen soll der Hall bei Burial jedoch nicht bedröhnen, den Kopf füllen oder auch nur die Musik in die Länge ziehen. Aus den verklingenden Dingen baut er vielmehr gewaltige Räume – Räume, in denen die Reste des «Menschlichen», die Melodien und Gesänge umso schutzloser und darum auch tapferer wirken; Räume, deren Größe, Form und Temperatur sich stetig wandeln und deren Inszenierung doch vor allem einem Zweck dient: zu zeigen, wie klein die Musik selbst ist – und wie klein das Menschliche, dem diese Musik entspringt.

Es gibt in der Geschichte des Pop vielleicht nur einen Klangarchitekten, den man mit Burial vergleichen könnte: den 1991 früh verstorbenen Martin Hannett, den stilprägenden Produzenten des Factory-Labels und des britischen Postpunk, das kalte Genie hinter den Studioplatten «Unknown Pleasures» und «Closer» von Joy Division. Auch das war Geistermusik, doch eine, die immer noch um den barmenden Bariton eines romantischen Subjekts – Ian Curtis – konstruiert war. Bei Burial wird auch dies getilgt: Was an Gesang und menschlichen Stimmen anklingt, hat kein Gesicht, kein Geschlecht und kein Alter. Noch in einzelnen Silben und Phonemen ändert der Gesang seine Höhe, wird «weiblich» und «männlich» oder etwas dazwischen.

«Rave» heißt das letzte Stück auf Burials zweitem Album «Untrue» aus dem Jahr 2007. Das klingt nach Tanz und Euphorie, doch kann man sich kaum eine Musik vorstellen, die sich weniger dazu eignet als diese. Wenn es hier um einen Rave geht, dann um einen, der vorüber ist und nur noch in langsam schwindenden Erinnerungsbildern fortdauert und in den Körpern der dem verloschenen Beat hinterherzitternden Rave-Besucher. Burial bannt gerade dasjenige in Klänge, was im gleichen Moment aus dem Kontinuum des Hörbaren verschwindet.

Auf sonderbare Weise spiegeln sich in dieser Musik Futurismus und Nostalgie, Apokalyptik und Science-Fiction. Einerseits kann man in ihr den verblassenden Sound der Klubkultur hören, die im turbokapitalistisch gentrifizierten London der nuller Jahre unaufhörlich zurückgedrängt wurde. Die Räume, in denen man noch feiern und sich berauschen kann, sind immer enger geworden; was bleibt, ist das melancholische Wandern durch die stillen Straßen einer verödeten Stadt, in der bloß die Echos der Vergangenheit noch von Exzessen künden. Doch belässt es Burial andererseits nicht bei den Nachbildern. Er verlegt sie zugleich in die Zukunft und erschafft aus ihnen das Bild einer kommenden Gegenwart, in der das vertriebene Menschliche selbst – also alles, was sich im nicht ökonomisierbaren

Überschuss des Rausches und der Freude manifestiert – als unausrottbares Begehren unbeirrt zurück in die Welt drängt.

Darin liegt der utopische Kern dieser apokalyptischen Musik. Man kann die Hitze der Dancefloors aus der Stadt bannen. Doch lässt sich die Sehnsucht nach dieser Hitze nicht auslöschen. Aus den Geistern, die Burial beschwört, erklingt eine Subjektivität, die sich die Räume der Freude nicht dauerhaft rauben lässt und gerade in einer exzessfeindlichen Welt immer wieder Orte zu finden vermag, an denen neue Arten trotziger Souveränität gegen den nur scheinbar totalen Zwang der Ökonomie aufbegehren: «Hostile aliens, immune from dying.»

So ist Burial melancholisch, aber nicht depressiv. Er ist nicht wehmütig, sondern schafft eine Form, in der aus dem Verloschenen, Verschwundenen, aus Trümmern der Erinnerung wieder Neues entsteht und sich Utopisches zeigt.

Eine Vielzahl von Künstlern griff in den folgenden Jahren diese gleichermaßen melancholische wie verheißungsvolle Ästhetik auf und entfernte dabei die knickernden Rhythmen und die magnetischen Bässe des Dubstep immer weiter von ihrer ursprünglichen Bestimmung für den Dancefloor. Seit etwa 2009 spricht man darum auch vom «Post-Dubstep». Zu dessen ersten Protagonisten gehört das Londoner Duo Mount Kimbie; es kombiniert die komplexen Beats und die schwingenden Bässe mit improvisiertem Schlagzeugspiel, mit sanft ausgestrichenen Gitarrenflächen nach Art alter Postpunkbands wie Durutti Column oder der frühen U2 – sowie mit Geräuschen aus jener städtischen Umwelt, aus denen man diese Musik zu vertreiben versucht: Es gibt glucksende Gören in Kinderwagen zu hören, das Kreischen von Straßenbahnschienen, in Hinterhöfen zart zwitschernde Vögel. Mount Kimbies Debütalbum «Crooks & Lovers» aus dem Jahr 2010 wirkt über weite Strecken wie ein Hörspiel oder eine Klanginstallation. Das Musikalische und das Geräuschhafte, das bei Burial in eins fällt, wird bei ihnen wieder entzerrt und gedehnt.

Das aus Manchester stammende Trio Darkstar entschleunigt dann die rasanten Synkopen des Genres und legt darüber einen gold glitzernden, melancholischen Pop; der 2008 von London nach Berlin übergesiedelte Produzent Shackleton verbindet auf seinen «Skull Disco»-Platten die Dubstep-Motive mit repetitiven Vergänglichkeits-Beats, die klingen, als seien sie mit klappernden Knochen erzeugt. Den einstweilen größten Erfolg beim Publikum feierte 2009 das Londoner Trio The XX mit einer Verbindung aus verschachtelten Rhythmen, dürrem Postpunk-Gitarrenspiel und R-'n'-B-beeinflussten Gesängen. Das Debüt «The XX» bietet einen musikalisch und auch sonst komplett eingekapselten Pop mit solipstisch aneinander vorbeigesungenen Duetten und gespenstisch verhallten Sounds. Auf dem Nachfolgewerk «Coexist» aus dem Jahr 2012 erscheint die Musik sogar noch reduzierter, als hätte die Band sich darum bemüht, auch die allerletzten zusammenhangstiftenden Elemente aus ihrer Musik zu tilgen. Noch die letzten zaghaft klickernden Beat-Überbleibsel werden zerdehnt, gedämpft und gedimmt, bis bloß ein paar getupfte Gitarrentöne übrig bleiben und ein benommen brummender Bass; über der großen Leere lässt Bandleader Jamie Smith ein paar fahl leuchtende Klangwolken schweben.

Das erstaunlichste und wegweisendste Werk, das man in dieser Schule der Post-Dubstep-Protagonisten findet, erschien im Herbst 2010. Es ist eine aus nur vier Liedern bestehende EP mit dem Titel «Klavierwerke» und stammt von dem damals gerade einmal zweiundzwanzigjährigen Londoner Pianisten, Sänger und Produzenten James Blake. Dieser war zuvor ein Teilzeitmitglied von Mount Kimbie; seine Fähigkeiten hatte Blake im klassischen Klavierunterricht und als DJ in den Londoner Klubs erworben. Beim ersten Hören ähnelt «Klavierwerke» stark den Klangbildern und Kompositionen von Burial. Zu weichen Bässen und stolpernden Rhythmen hört man kleine Gesangsfetzen, meist in Form schwebender Soundschlieren: unheimlich, dräuend und konturlos.

Doch gibt es einen wesentlichen Unterschied zwischen den beiden ästhetischen Formen. Wo Burial seine Stimmen und Melodien ausschließlich sampelt – oft von Gospelplatten oder aus der Tonspur von Kinofilmen –, singt, spricht und haucht James Blake auf «Klavierwerke» durchweg selbst und macht seine Stimme dann zum Material. Er fügt winzige Silbenschnipsel zu repetitiven Motiven und schließlich Rhythmen zusammen; er verschränkt seinen Eigenklang mit den ebenfalls vielfach gefilterten Tönen von Piano und Synthesizern; er ordnet all diese von ihrem Ursprung getrennten Klänge zu irisierend-pointilistischen Bildern.

Auch bei ihm ist der funktionale Rhythmus der Tanzmusik zugleich ab- und anwesend. Freilich ist die utopische Perspektive, die sich bei Burial nur im negativen Schimmer einer aus der unerträglichen Gegenwart entstammenden Verheißung zeigt, hier zum leitenden Motiv geworden: Wo Burial verklungenen Dancefloor-Räuschen nachlauscht, lebt die Musik von Blake ganz von dem Versprechen, dass sich aus den unscharfen Konturen der Klänge und den stolpernden und stotternden Metren bald ein körperbewegender Beat entwickeln könnte – dass aus dem Nachklang des Rave also wieder ein echter Rave wird.

Auf «Klavierwerke» wird dieses Versprechen allerdings noch stets enttäuscht: Weder fügen sich die aus einer sonderbaren Binnenspannung lebenden Miniaturen in das Format des Dance-Tracks noch in die Dramaturgie des klassischen Lieds. Anders ist das auf dem Albumdebüt «James Blake», das ein paar Monate später, im Januar 2011, erschien. Zwar findet man auch darauf kaum Strophe-Refrain-Strukturen, doch ähneln die elf Lieder weit eher klassischen Songs. Vor allem hört man die Stimme James Blakes nun auch ungefiltert. Manchmal lässt er seinen Gesang bis in höchste Falsetthöhen steigen, dann wirkt dieser umso zerbrechlicher. Manchmal gewinnt er auch ein gospelhaft körperschweres Volumen, dann klingt er wie Antony Hegarty, auf den wir im achten Kapitel dieses Buchs noch zu sprechen kommen werden.

Das markanteste Stück auf der Platte ist eine Cover-Version: «Limit to Your Love», im Original von der kanadischen Liedermacherin Leslie Feist. Auch Blake beginnt das Stück wie eine Klavierballade – wenn auch in sonderbar spröder Weise dank der vielfach verfremdeten und bruchstückhaften Sounds, die drumherum flirren. Dann aber stockt genau in dem Moment, in dem die Melancholie scheinbar vollendet ist, das Klavier und schließlich auch der Gesang; einen endlosen Augenblick will schier nichts mehr geschehen. Plötzlich bricht ein gewaltiger Bass in die Stille und erschüttert den gesamten musikalischen Raum – als habe sich ein schwarzes Loch aufgetan, das alles in den Abgrund zu reißen droht, was droben noch schwingt und klingt. Doch der Gesang widersteht der Schwerkraft: Über allem beginnt Blakes sanfte Stimme nun wieder zu schweben, noch körperloser und leichter im Kontrast zu den Kräften, die malmend unter ihr walten. Aus dem harmlosen Liedchen ist nichts weniger geworden als ein Monument: eine atemberaubende Verbindung von Lied und Geräusch, von Innerlichkeit und roher Materie, digitaler Künstlichkeit und großem Gefühl.

Dieser dramatische Triumph des singenden Subjekts über die gleichmachenden Kräfte der Gravitation findet sich auch in den anderen Stücken des Albums – und wird erst recht deutlich bei dem epochalen Konzert, das Blake zur Veröffentlichung des Werks im April 2011 im Berliner Berghain spielt. Die ihn begleitende Band posiert dabei wie ein Kammertrio: Mit spitzen Fingern streichelt der Schlagzeuger seine Geräte, egal, ob er einen von den stillen neuen Songs akzentuiert oder gegen komplex gebrochene Beats aus dem Effektgerätearsenal antreten muss; der Gitarrist behandelt sein Instrument so vorsichtig, als könne es jeden Moment zerbrechen. Und dann Blake selbst! Wie ein Konservatoriumsknabe begleitet er seinen Gesang auf dem Klavier und dem Sampler, und manchmal, etwa in dem Stück «Lindisfarne I & II», orchestriert er ihn nur mit spiegelnden Splittern seiner eigenen Stimme. Doch verbirgt sich unter der Zärtlichkeit und Knabenhaftigkeit auch ein unbeirrbarer Wille: Das Finale bildet das Stück «Wilhelm Scream», in dem sich Blake mit seinem jetzt sehr festen Falsett in eine langsam aufbrandende Geräuschgischt hineinsingt; ein weißes Rauschen, ein reiner, jeder weltlichen Bezüge bereinigter Lärm, der ihn und die Hörer so lange umtost und umschließt, bis sich alle gemeinsam darin verlieren.

Mit dieser jeden Krach bezwingenden Energie bekräftigt Blake noch einmal die Souveränität seines Ichs: Wo der anonym musizierende Burial durch den Gebrauch von Filtern und anderen elektronischen Mitteln auch alle Stimmen ihrer Ursprünge und Individualitäten beraubt, belässt Blake seinem Gesang stets Wärme, Menschlichkeit und Identität – zum Zeichen dafür, dass alles, was man hier hört, letztlich aus ein und derselben Quelle entspringt: aus seinem Mund oder, wenn man so will, aus seiner Seele.

Die Musik, die man auf «James Blake» hört, ist daher auch häufig als Soul beschrieben worden. Doch ist es eben ein dialektischer Soul, der jeden Anschein seelenhafter Intimität erst technischen Mitteln und Produktionsbedingungen abzuringen hat. Selbst an den – im konservativen Sinne – liedhaftesten Stellen macht Blake seine Stimme zu etwas Fremdem; er filtert und zerteilt sie und setzt sie wieder zusammen. Er verbindet Sätze und Wörter und Silben zu Schleifen und gewinnt daraus seine Beats; er verschmilzt seine Stimme mit dem musikalischen Hintergrund und holt sie wieder daraus hervor. Er perforiert seinen Gesang, indem er winzige Unregelmäßigkeiten hineinproduziert: ein leichtes Zittern; unvermittelte, nur eine Millisekunde lang dauernde Wechsel der Tonhöhe.

Unablässig kehrt Blake sein Innenleben nach außen, tritt sich selbst gegenüber, spiegelt seine Empfindung im technischen Klang. Auch im Konzert im Berghain speist er seine Stimme derart selbstverständlich in die Schaltkreise der digitalen Sounderzeugung ein, dass man bald nicht mehr weiß, was Klang war und was Effekt ist – was er gesungen hat und was durch den Druck auf eine Keyboardtaste entstand. Die absolute Beherrschung der musikalischen Mittel und der intimste Ausdruck des Ichs im Gesang kommen zur Deckung. Vielleicht könnte man sagen: James Blake ist der erste Singer-Songwriter, der sich die Bedingungen der elektronischen Musik wahrhaft zu eigen gemacht hat; der erste Digital Native des Lieds. Ein Ingenieur des Ichs, der den «authentischen» Ausdruck im Pop auf ein ganz neues Fundament gestellt hat; ein Pop-Autor, der für sich eine Subjektivität zweiter Ordnung erschafft.

7. Hart harfende Frauen kehren zum Ursprung des Lebens zurück: Joanna Newsom, Julia Holter und die Wiederentdeckung der weiblichen Stimme

So wie James Blake das Singen und den Gebrauch der Stimme zu einem zentralen Thema in der ansonsten von Instrumentalkompositionen geprägten Gattung der elektronischen Musik erhebt – so findet man seit Mitte der nuller Jahre immer mehr Künstlerinnen und Künstler, deren Ästhetik in charismatischem Gesang gründet. Die zweifellos sonderbarste weibliche Stimme, die es im Pop dieser Zeit zu entdecken gibt, gehört der kalifornischen Komponistin und Sängerin Joanna Newsom. In herzwärmend schriller Weise singt sie lange Lieder von Vergänglichkeit, Verfall und Verrat, aber auch von unerschütterlicher, unsterblicher Liebe. Dabei klingt ihr Sopran manchmal, als hätte Newsom ihn mit einem Schlumpfmusikfilter noch höher und körperloser gemacht; dann wieder zerkaut sie die Vokale und presst die Sätze, bis sie klingen, als kämen sie aus einem Megaphon. Binnen eines Wimpernschlags wechselt sie zwischen scheinbar naivem Kleinmädchengesang und einem spitz sich in das Gehirn bohrenden Kieksen und Keckern; meist singt sie in einem moritatenhaften Sprechgesangsduktus – dicht an den harten Rhythmen der riesigen Harfe, die sie zur Begleitung spielt.

Mithin ist Joanna Newsom nicht bloß die erste Sängerin, die etwa zeitgleich mit Animal Collective und Devandra Banhart aus der von männlichen Künstlern beherrschten Schule des neuen Hippie-Folk an die Öffentlichkeit trat. Sie ist auch die erste Harfenistin; wobei dieses Instrument sich im alltäglichen Konzertgebrauch durchaus als unpraktisch erweist. Nie vergessen werde ich den Anblick, den Joanna Newsom im November 2004 bei ihrem ersten Berlin-Konzert bot. Ort der Veranstaltung war das Café Zapata, ein winziger Klub im Erdgeschoss der Tacheles-Kulturruine. Auf die noch winzigere Bühne hatte sich Newsom mit ihrer gewaltigen, zweieinhalb Meter hohen «Lyon & Healy Style 11»-Pedalharfe gequetscht, und man fragte sich, wie sie damit überhaupt durch die Tür gekommen war. Während sie ihre Moritaten harfte und sang, spuckten zwei von einer Ostberliner Punk-Künstlergruppe über dem Tresen montierte Drachenskulpturen aus rostigem Schrott und mit Benzinkanistern in den Bäuchen im Fünfminutentakt gewaltige Feuerschwalle in den Saal.

Das war ein befremdliches, aber auch schönes Bild. Und es passt nicht schlecht zur Musik von Newsom, die keineswegs in hippiehafter Zurück-zur-Natur-Seligkeit aufgeht; stets spricht daraus eine kühne und manchmal auch kühle Artifizialität. Das Harfenspielen habe sie schon als Kind gelernt, erzählte sie mir zwei Jahre später in einem Gespräch anlässlich des Erscheinens ihres zweiten Albums «Ys»; Folkmusik sei für sie aber nie eine wesentliche Inspiration gewesen. Als Jugendliche habe sie sich an der Minimal Music von Terry Riley und Pauline Oliveros orientiert und darum auch ein Studium der Neuen Musik und Komposition aufgenommen. Das gab sie dann schnell wieder auf, weil ihre Lehrer und Kommilitonen nur noch mit dem Computer arbeiten wollten: «Da saßen lauter Leute, die überhaupt kein richtiges Instrument mehr beherrschen, die keine Partituren mehr schreiben können, sondern nur noch klicken und cutten, irgendwelche Noise-Signale auf irgendwelchen Charts hin und her schieben. Das wollte ich nicht.» Stattdessen begann Newsom, selbst zu texten und zu komponieren, und suchte die Nähe der New-Weird-America-Szene. Sie trat mit Devendra Banhart und Ben Chasny auf; Will Oldham alias Bonnie «Prince» Billy vermittelte sie an das Drag-City-Label.

Dort erschien 2004 ihr Debütalbum «The Milk-Eyed Mender». Wie auf ihren ersten Konzerten hört man auch hier noch ausschließlich die Harfe und Newsoms Gesang. Für das Nachfolgewerk «Ys» ließ sie von dem Komponisten und Songschreiber Van Dyke Parks ein vollwertiges Streichorchester organisieren – um das Arrangement für die anschließende Tour gleich wieder auf ein einfaches Trio mit Banjo, Geige und Schlagzeug zu reduzieren. Im Frühjahr 2007 gastierte sie mit dieser Besetzung erstmals in Berlin, in der Volksbühne am Rosa-Luxemburg-Platz, und während sich zu ihrem ersten Konzert kaum mehr als fünfzig Leute verirrt hatten, war das Theater dieses Mal lange vorab ausverkauft. Dass in dem großen Saal kein großes Orchester spielte, tat dem Konzert keinen Abbruch, im Gegenteil: Die Intimität und die schöpferische Schroffheit der Band machten die Raffinesse des Studiowerks mehr als wett. Und deutlicher noch als auf der LP konnte man hören, worum es Joanna Newsom eigentlich geht: um ein singendes Erzählen, das sich aus Rhythmen schält; um eine Sprache, die etwas mitteilen will und sich doch immer der Faszination reiner Laute erinnert.

Selbst in den dramatischsten Momenten wird ihre Harfe kein Instrument des Gefühls; nicht umsonst verwahrte Newsom sich in unserem Gespräch dagegen, in die Tradition spiritueller Jazz-Harfenistinnen wie Alice Coltrane oder Dorothy Ashby gestellt zu werden. Bei diesen war die Harfe stets ein Medium der Jenseitigkeit; bei Newsom ist sie ein Werkzeug des Diesseits, des Formalismus, des Sich-dicht-am-Boden-Bewegens. Die Harfe ist auch ein Instrument der Mühsal und Härte, dem jeder Ton kraftvoll entrissen werden muss; dessen Rhythmik den Fluss einer Erzählung befördert und unterbricht, beschleunigt und hemmt. Beim Harfenspiel wird Newsom ganz zum singenden Körper: atemberaubend, wie sie es versteht, zu spielen und zugleich zu gestikulieren; wie ihre Arme Teil der musikalischen Darbietung und des künstlerischen Ausdrucks werden. Tief verklammert sie sich in die Saiten – und befreit sich mit jedem Satz, jeder Wendung wieder aus der Symbiose.

Man könnte sagen, dass Joanna Newsom eine der drei prägendsten Stimmen im Pop der nuller Jahre besitzt – die anderen beiden gehören Amy Winehouse und Antony Hegarty. Auf Antony komme ich im folgenden Kapitel zurück; interessant ist einstweilen der Vergleich mit Winehouse. Newsom und Winehouse begannen ihre Karriere fast zeitgleich in einer traditionsverhafteten musikalischen Gattung, in einem Genre der – um noch einmal Simon Reynolds zu zitieren – Retromania. So wie Joanna Newsom zum ersten Mal im Zusammenhang des Hippie-Revivals die Bühne betrat, so lässt Amy Winehouse sich jenem Retro-Genre zuordnen, das die klassische Soulmusik der sechziger Jahre und den Jazzgesang der vierziger und fünfziger Jahre wiederbelebt hat.

Doch geht Winehouse an keiner Stelle über den von der Tradition vorgegebenen Gebrauch der Stimme hinaus: Sie singt, tremoliert, seufzt und schmettert gerade so, wie es ihre Vorbilder ihr vorgemacht haben. Anfangs begleitete sie ihren Gesang noch mit der Gitarre, aber sie entwickelte keine besondere Zwiesprache mit dem Instrument und legte es, als sich mit dem wachsenden Erfolg die Möglichkeit dazu bot, schnell wieder beiseite. Ihr Durchbruchsalbum «Back to Black» ließ sie nicht nur von dem Nostalgie-Pop-Experten Mark Ronson produzieren, sondern mietete sich mit den Dap-Kings aus New York auch noch eine Begleitband dazu, die für ihren deftigen, aber durchweg epigonalen R-'n'-B- und Soulklang bekannt ist.

Bis zum tragischen Ende ihrer Karriere blieb so der Eindruck bestehen, den ich im zweiten Kapitel beschrieben habe: Jede Art des Extemporierens, der Überschreitung und des Exzesses lag ihr – anders als im öffentlichen und privaten Leben – in ihren Gesangsweisen fern. Selbst wenn sie existenzielles Leid beschwor, wagte sie sich nicht über das von der Tradition abgesteckte musikalische Terrain hinaus; sie ließ sich weder durch ein Instrument noch durch ihre Begleitmusiker herausfordern oder gar über die eigenen Grenzen treiben; das Rohe, Schmutzige, Unangepasste, das seit «Back to Black» wesentlich ihr Image bestimmte, spiegelte sich in der Musik nicht wider.

Bei Joanna Newsom ist es gerade entgegengesetzt. In ihrer Selbstinszenierung spielte sie zumindest zu Beginn ihrer Karriere in offensiver Weise mit allen Zeichen der Unschuld und der Naivität des Hippiemädchens. Sie trat in wallenden weißen Gewändern auf und manchmal barfuß; sie ließ sich mit Blumen im Haar fotografieren oder – wie auf dem Cover von «Ys» – im Stil eines Albrecht-Dürer-Selbstporträts malen. Hier sitzt sie mit einem Blumenkranz auf dem Kopf und einer Sichel und einem Schmetterlingsbild in der Hand vor einem Fenster, das den Blick auf weite Landschaften freigibt; im Fensterrahmen ist gerade ein Rabe gelandet, der eine Kirsche im Schnabel trägt.

Newsoms musikalischer Eklektizismus und ihr Experimentierwillen stehen in krassem Gegensatz zu diesem historisierenden Naivitätskitsch. Sie fürchtet sich nicht vor Modernismen und Missklängen, fordert diese sogar immer wieder heraus; stets scheint sie die Stimme über ihre Grenzen treiben zu wollen. Auch die Harmoniefolgen sind überaus unkonventionell und erschließen sich dem Hörer nicht immer sofort. So hat man manchmal den Eindruck, Newsom suche noch mitten im Lied nach Orientierung, nach einem angemessenen Ziel für den musikalischen Weg, den sie eingeschlagen hat. Das Artifizielle und das Authentische kommen zur Deckung, ebenso der Gesang als Ausdruck von «Seele» und Intimität und die singende Reflexion der Sprache als Material.

Noch interessanter und reifer wirkt diese Ästhetik, wenn man sie mit den Stilen jener jungen Folk-Sängerinnen vergleicht, die etwa seit 2007 als Nachhut der New-Weird-America-Avantgardisten auf die Konzertbühnen strömen. Es hat sich ein neuer Folk-Konservatismus ausgebreitet, der mädchenhafte Frühlingsfrische mit schlicht gezupften Wandergitarren verbindet. So zum Beispiel bei der aus Nevada City stammenden Alela Diane, die auf ihrer Platte «To Be Still» aus dem Jahr 2009 den Gesangsstil von Newsom immer wieder kopiert. Gelegentlich verfällt ihre Stimme in kehliges Glucksen, manchmal formt sich der Gesang zu einem drollig hinterwäldlerischen Jodeln; doch lässt Diane – das ist der wesentliche Unterschied zum Original – immer nur so viel Dissonanz und Unreinheit zu, dass die mädchenhafte Anmutung im Ganzen nicht gefährdet wird. Man kann sich sicher sein, dass hier nichts geschieht, was nicht zugleich niedlich wäre.

Ähnlich ist es mit der aus Washington, D.C., stammenden Marissa Nadler, die sich auf Künstlerbildern gern in Quäkerkleidern präsentiert. Auf dem ebenfalls 2009 erschienenen Album «Little Hells» verbindet sie ihren schläfrig-verhuschten Gesang zwar auch mit Folkuntypischen Instrumenten wie einem Synthesizer, einem Theremin und einem Wurlitzer-Piano. Doch dürfen sich die Überlagerungen, die dabei entstehen, niemals zu echten Vibrationen auswachsen – ebenso wenig wie Nadler sich an irgendeiner Stelle des Albums traut, die vielfach beschriebenen Schmerzen auch einmal tatsächlich kundzutun: den Gesang gegen die Instrumentierung zu stellen, sich über stimmliche Grenzen hinwegzuwagen.

Weder Diane noch Nadler verbinden den Traditionalismus mit klanglicher Modernität. «Folk» steht bei beiden gerade nicht für die Freiheit, nach der Newsom ebenso sucht wie die improvisierenden Kollektive, die im dritten Kapitel das Thema waren – die Freiheit im Zusammenspiel, aber auch in der Vermischung von Epochen und Stilen. Es herrscht vielmehr eine verzagte Selbstbeschränkung auf das Schlichte, Pseudo-Naturbelassene, auf die schrebergartenhafte Umhegtheit einer gut überschaubaren Singer-Songwriter-Tradition und eines zutiefst regressiven Frauen- und Künstlerinnenbilds.

Erst Anfang der zehner Jahre betraten Künstlerinnen die Bühne, die den Geist des New Weird America und die musikalische und stimmliche Experimentierlust von Joanna Newsom aufnahmen; zum

Beispiel Ramona Gonzalez alias Nite Jewel, die folkhafte Techniken und Melodien mit dem ausgiebigen Einsatz von Vocoder-Gesang paart. Noch deutlicher wird diese Verbindung bei der kalifornischen Produzentin und Sängerin Julia Holter, deren Debütalbum «Tragedy» 2011 erschien. Wie bei Newsom findet man einen formal streng gewirkten Avantgardismus und ein Interesse für musikalische Herkunftslinien – die hier aber viel weiter in die Vergangenheit reichen als die Traditionen des Folk und der Neuen Musik. Sogar mittelalterliche Choräle und das Theater der griechischen Antike spielen eine Rolle; auf «Tragedy» versucht Holter sich beispielsweise an einer Vertonung der Euripides-Tragödie «Der bekränzte Hippolytos» aus dem Jahr 428 vor Christus. Während sie die grausame Vernichtung des untreuen Titelhelden durch die zornige Göttin Aphrodite besingt, hört man schwebende, schlingernde und stürzende Streicher, gesampelte Umwelt- und Alltagsgeräusche, dunkel grollendes Industrial-Gedengel und gregorianische Chöre – aber auch den süßesten, schroffsten und überhaupt wandlungsreichsten Gesang.

In der Rolle der empörten Wutgöttin brilliert Holter ebenso wie als trauernde Exfreundin Phaedra. Von metallischen Vocoder-Effekten verfremdet, singt sie in dem Stück «Goddess Eyes» dem zerfetzten Geliebten die Totenklage: «I can see you, but my eyes are not allowed to cry», ich kann dich sehen, aber meinen Augen ist es verboten zu weinen. Was nicht zuletzt deswegen herzzerreißend zu hören ist, weil Holter den roboterhaften Klang des Vocoders dialektisch einsetzt: Gerade dort, wo die Klage der Göttin am künstlichsten klingt, erscheint sie zugleich besonders menschlich.

Dabei habe sie eigentlich nie singen wollen, erzählte Holter mir im Gespräch über die Platte: «Ich habe mich immer als Komponistin betrachtet, als jemand, der Musik schreibt, die von anderen Leuten aufgeführt wird, und selbst dabei im Hintergrund bleibt.» Schon als Kind habe sie angefangen, Klavier zu spielen, an der High School habe sie dann Musiktheorie und Kompositionsklassen belegt. Ihre Stimme entdeckte sie erst am Ende ihrer Collegezeit, als sie mit Home Recording experimentierte: Hier konnte sie «ohne Angst» die Möglichkeiten des eigenen Gesangs erkunden. «In Los Angeles, wo ich damals am California Arts Institute studierte, wimmelte es nur so vor Leuten, die sich mit Self-Recording befassten, das war eine sehr wichtige Inspiration für mich.» Der fundamentalen Abneigung Joanna Newsoms gegen Computer und elektronische Produktionsmittel ist Holters künstlerische Selbstfindung also gewissermaßen entgegengesetzt. Doch ähneln beide sich in der Art und Weise, wie sie ihren Gesang in der Auseinandersetzung mit ein und demselben Instrument entwickeln, nur dass es bei Holter nicht die Harfe, sondern der Laptop ist.

Newsom brachte nach «Ys» noch zwei weitere Platten heraus, das voluminöse Triple-Album «Have One On Me» (2010) und das musikalisch reichere, aber konzentriertere «Divers» (2015). Als Künstlerin bleibt sie eine singuläre Erscheinung. Julia Holter kann man hingegen als exemplarischen Fall in einer schnell größer werdenden Schule von Sängerinnen betrachten, die seit Anfang der zehner Jahre ihre eigenen Stimmen zum Material machen; von diesen Voice Processing Girls wie Holly Herndon und Grimes wird im Folgenden noch die Rede sein. Bis auf Holter kommen sie alle jedoch nicht aus dem Folk, sondern aus musikalischen Traditionen, die von vornherein von elektronischen Produktionsmitteln bestimmt sind, etwa aus dem Techno oder dem R 'n' B. Daher zeigen sie auch wenig Neigung, sich doch wieder konventionellen Instrumenten oder dem Zusammenspiel mit anderen Musikern zuzuwenden.

Anders bei Holter. Das auf «Tragedy» folgende Album «Ekstasis» produzierte sie 2012 noch komplett allein: mit künstlich erzeugten Spinett- und Harmoniumklängen; mit einem Rhythmus aus wiederum Vocoder-verfremdeten Schnipseln ihrer eigenen Stimme und darübergelegten Chören aus von ihr selbst gesungenen Melodien – mal gefiltert, mal schneller, mal langsamer abgespielt. Doch nutzt Holter ihren wachsenden Erfolg dazu, auf der anschließenden Tour mit einem kleinen Ensemble von Musikern aufzutreten und ihre Kompositionen für Gitarre, Bass, Schlagzeug und diverse Blasinstrumente neu zu arrangieren.

Ihre dritte Platte, «Loud City Song», verbindet 2013 die von ihr bekannten Synth-Melodien dann mit sachter Live-Musik wie von einem Bar-Lounge-Orchester und mit Trompeten- und Saxophonsoli wie von einer betrübten Softrockkapelle. Außerdem gibt es Vogelgezwitscher und raschelndes Laub zu hören, rauschende Wellen und schreiende Möwen, eine sonderbare eklektische Mischung aus scheinbar spontanen Bandimprovisationen, Naturaufnahmen und elektronischen Sounds, zu denen Julia Holter mit mal staunend hauchender, mal kindlich kühler Stimme die Selbstwidersprüche der Welt kommentiert.

«Loud City Song» kann man als die Quintessenz aus ihrer bisherigen Arbeit betrachten; ein Popalbum, das experimentelle Techniken der Klangerzeugung mit unmittelbar eingängigen Melodien kombiniert. Und das eine Geschichte erzählt, ohne sich zugleich in eine konzeptuell vorgegebene Struktur zu fügen. Inspiriert von Colettes Roman «Gigi» und dessen Verfilmung von Vincente Minelli, handelt die Erzählung von einem Mädchen, das von den Menschen, von der Stadt, von der Gesellschaft enttäuscht ist und das nicht weiß, ob es weglaufen und sich in der Wildnis verstecken soll – oder ob es besser ist, den Kampf mit der Gesellschaft aufzunehmen. «Am Ende», sagte Holter dazu im Gespräch, «male ich ein apokalyptisches Bild, ein Sturm zieht auf und verwüstet die Stadt, und alles versinkt wieder im Naturzustand.»

Mit einer hoch eklektischen Mischung aus «künstlichen» und «natürlichen» Klängen erzeugt Holter eine Musik, die in vollendeter Weise der Natur huldigt. Vielleicht könnte man sagen, dass das Folk-Revival der nuller Jahre mit ihr in den zehner Jahren zu einem Abschluss gekommen ist oder eine nächsthöhere Ebene erreicht hat. Die Natur, die Julia Holter beschwört, ist erkennbar eine Natur zweiter Ordnung: eine Natur, die keinen ursprünglichen Zustand der Welt mehr darstellt, sondern nur als Phantasie kulturell überforderter Menschen zu verstehen ist und als ein Sehnsuchtsort, den man sich mit den modernsten technischen Mitteln errichtet.

Oder als eine Spiegelung des eigenen Ichs: «Have You In My Wilderness» – ich habe dich in meiner Wildnis – heißt das Album, auf dem Holter im Herbst 2015 die Themen von «Loud City Song» noch einmal variiert, diesmal in Form von gefälligen, klassisch instrumentierten Popsongs. In der ersten Single-Auskopplung «Sea Calls Me Home» beschwört sie eine radikale Rückkehr zu den Ursprüngen des Lebens: Sie fühle sich von der See nach Hause gerufen, also zurück in jene ozeanischen Tiefen, in denen die Evolution einst begann. Allerdings wird die Rückkehr schon dadurch vereitelt, dass Holter nicht schwimmen kann: «I can't swim. It's lucidity. So clear!» In dem dazugehörigen Videoclip tanzt sie stattdessen an einem Strand und schießt Selfies vor dem Hintergrund träge schwappenden Wassers.

8. Wenn du mich liebst, schlag mich fester: Antony and the Johnsons und die Wonnen des Masochismus

Die dritte prägende Stimme im Pop der nuller Jahre gehört dem singenden Geschlechtswandler Antony Hegarty. Wenn im wohlgerundeten Timbre von Amy Winehouse sich die nostalgische Sehnsucht nach einer «heileren» Vergangenheit zeigt und in der rauen Stimme von Joanna Newsom die Sehnsucht nach Zukunft und nach einer Modernisierung der Tradition aufscheint, dann steht Antony für die melancholische Rettung verschwindender Dinge in eine bedrohte Zukunft hinein; für Masochismus und unaufhebbare Ambivalenz; für einen Gesang, dessen Schönheit eben darin begründet liegt.

Wenn man Antony zum ersten Mal singen hört, vermag man nicht zu erkennen, wer da singt: eine Frau oder ein Mann, ein junger oder ein reifer Mensch, eine wuchtige Soulsängerin aus einem Gospelchor oder ein fragiler Knabe aus einem Konservatorium. So schmerzhaft leidend und doch sanft in sich ruhend schwingt diese Stimme, dass sie sich unaufhörlich zu wandeln scheint; dabei ist das, worüber Antony am liebsten singt, das Ende allen Werdens, der Tod. «Hope there's someone who'll take care of me / when I die», lauten die ersten Zeilen auf dem Album «I Am A Bird Now», mit dem er 2005 einem breiteren Publikum bekannt wurde; ich hoffe, dass jemand für mich da sein wird, wenn ich sterbe.

Zehn dunkel orchestrierte und doch ganz auf die Stimme von Antony konzentrierte Lieder gibt es darauf zu hören; sie handeln von den ersten und den letzten Dingen, vom Leben, Sterben und von der Liebe, von der Vergänglichkeit des Körpers und vom Glück der körperlichen Vereinigung, sie handeln von dem Wunsch, zu einem anderen zu werden und sich im Anderswerden selbst zu finden: «One day I'll grow up, I'll be a beautiful woman / but for today I am a child, for today I am a boy», singt Antony in dem dritten Stück der Platte – eines Tages, wenn ich erwachsen bin, werde ich eine schöne Frau sein, aber heute bin ich noch ein Kind, heute bin ich ein Junge.

Zum ersten Mal auf einer Berliner Bühne war Antony im Jahr 2003 zu sehen. Als Gast bei einem Konzert von Lou Reed im Schillertheater sang er «Candy Says», das stille und traurige Velvet-Underground-Stück über den später an Leukämie gestorbenen Warhol-Superstar-Transvestiten Candy Darling. Auf dem Cover der «I Am A Bird Now»-Platte sieht man Peter Hujars berühmte Fotografie des Sterbenden im Krankenbett aus dem Jahr 1974: Candy Darling, sehnend dahingestreckt und schön geschminkt, mit einer Rose vor sich auf dem kunstvoll zerfalteten Laken, ein Bild, in dem sich Melancholie und die Angst vor dem Tod finden, aus dem aber auch Würde und Zärtlichkeit sprechen und das Glück zu wissen, dass man in den letzten Momenten seines Lebens nicht allein sein wird: «Hope there's someone who'll take care of me».

Die Furcht vor Einsamkeit und Tod ist also das eine Leitmotiv des Albums. Das andere findet sich im Titel «I Am A Bird Now», ich bin jetzt ein Vogel: Es geht darum, sich über den Zwang zur eindeutigen Bestimmbarkeit zu erheben, um die queere, transsexuelle, travestitische Überwindung vorgefertigter sexueller Identitäten, um eine Feier des Andersseins und Anderswerdens. Beide Leitmotive treffen zusammen in der Sehnsucht nach einer «Familie», die auf Liebe, Fürsorge und Vertrauen gründet – nicht aber auf dem Wunsch, dass jedes Familienmitglied einem vorab festgelegten Bild folgt.

Gegen Ende der nuller Jahre traf ich Antony zweimal zu langen Gesprächen über seine Lebensgeschichte und seine Musik. Wenn man mit ihm redet, versteht man bald noch besser, woher diese Mischung aus Melancholie und emanzipatorischem Gestus rührt, aus Todesfurcht und der lebensbejahenden Feier des Werdens. Antony ist ein kräftiger Mensch mit gewaltigen Unterarmen, einem zarten Kindergesicht mit großen Augen und einem auch im unmittelbaren Gegenüber unbestimmbaren Geschlecht. Dass er ein «Transgender Kid» ist, habe er schon immer gewusst, sagte er; selbst als Kind sei er nicht ohne Make-up in die Schule gegangen. Was in der kalifornischen Vorstadt, in der Antony seine Jugend verbrachte, ausgesprochen beschwerlich war; wenn er sich so anzog, wie er sich anziehen wollte, bewarfen ihn die anderen Kinder mit Steinen. «Ich band dann so kleine Schleifchen um die Steine und sagte: ‹Hach, wie süß, danke schön für das Halskettchen.› Ich war damals ziemlich hart drauf.»

Als Teenager begann Antony sich der Gothic- und Batcave-Szene zuzuwenden, er spielte in einer Death-Rock-Band, trug schwarze Kleidung und Kreuze und all die anderen dazugehörigen Accessoires. Fasziniert habe ihn dabei besonders die Verbindung von femininen und kriegerischen Elementen: «Einerseits war Goth androgyn, hier wurde die Tradition des Dandytums fortgesetzt, die man vorher im Glam und im New Romanticism fand. Andererseits hatte Goth diesen kriegerischen Aspekt, ähnlich wie Punk: Man bemalte sich das Gesicht, weil man in den Krieg zog. Und es herrschte Krieg damals, auf der Straße, in den Schulen. Und wenn ich das sage, dann meine ich wirklich: Krieg. Als ich vierzehn war, herrschte der Wahnsinn.»

Um dem Krieg zu entkommen und seine wahre Familie zu finden, ging Antony mit neunzehn nach New York. Angeregt dazu hatte ihn vor allem der Film «Mondo New York», in dem die dortige Underground-Szene der achtziger Jahre porträtiert wird. «Da konnte man zum Beispiel Joey Arias sehen, die große Drag Queen, wie sie als Billie Holiday verkleidet ‹A Hard Day's Night› von den Beatles singt – großartig, diese offensive Feminität, diese Mischung aus süßester Schönheit und Hardcore.» Doch als Antony den Ort seiner Sehnsüchte endlich erreichte, waren viele von seinen Idolen gerade gestorben; Anfang der neunziger Jahre hatte Aids seine verheerende Wirkung voll entfaltet. «New York war damals wie ein Sternenhimmel, an dem plötzlich alle Sterne erlöschen.»

Antony begann ein Studium des Experimentellen Theaters, bei dem er sich vor allem mit den queeren Performance-Gruppen der sechziger und siebziger Jahre befasste wie mit dem «Ridiculous Theatre» von Charles Ludlam, das frühe Glam-Rock-Gruppen wie die New York Dolls ebenso inspiriert hat wie die stilprägende Transgender-Disco-Diva Sylvester. Auch viele von den Protagonisten dieser Kultur waren inzwischen an Aids gestorben, und niemand kümmerte sich um ihr Erbe; so erzählte Antony etwa, wie er eines Tages den gesamten Nachlass des queeren Film- und Theaterpioniers Jack Smith auf einer Müllhalde am Hudson River entdeckte. Im Grunde, sagte er, habe er nichts anderes getan als die Vertreter des Folk-Revivals und die Ethnologen der sechziger Jahre; auch denen ging es ja darum, die Musik einer verschwindenden Kultur für die Nachwelt zu konservieren. «Wir studierten die Arbeit der queeren Performer und Filmemacher, der Drag Queens und Musiker auch deshalb, weil wir sie bewahren, archivieren, in Erinnerung zu halten wollten.»

Zeitgleich gründete Antony eine Kabarettgruppe, die sich in Anlehnung an die Bloolips, ein britisches Performance-Ensemble der achtziger Jahre, The Blacklips nannte – «ein Haufen Perverser, Drag Queens und Punkfrauen», sagte Antony, die zum Beispiel surrealistische Stücke über adoptierte Hermaphroditen auf der Suche nach ihren leiblichen Eltern aufführten. «Unsere Theaterstücke endeten immer damit, dass sich auf der Bühne ein riesiger Leichenberg türmte.» Nachdem die Blacklips sich aufgelöst hatten, rief Antony die Johnsons ins Leben: ein zehnköpfiges Ensemble mit Klavier, Geigen und Cello und einer promovierten hermaphroditischen Experimentalballerina. Man spielte auf Vernissagen, in Off-Theaterprojekten und später auch in etablierten Jazz-Etablissements wie der Knitting Factory oder Joe's Pub: kammerorchestral arrangierte Kantaten über die Liebe und die Lust, zurückgewiesen zu werden; Trauerlieder für die Legion der Aidstoten; Lobpreisungen der sexuellen Ambivalenz.

Benannt sind die Johnsons nach Marsha P. Johnson, einer afroamerikanischen Transgender-Aktivistin, die – so jedenfalls die Legende – 1969 den ersten Stein bei den Stonewall Riots warf, jener Urszene des kollektiven Aufbegehrens der New Yorker Transvestiten und Schwulen gegen die staatliche Diskriminierung. «In den Siebzigern», erzählte Antony, «arbeitete sie als Prostituierte, und von dem Geld, das sie dabei verdiente, mietete sie Wohnungen für die obdachlosen Transgender-Kids. 1992 wurde sie tot aus dem Hudson River gezogen.» Die Johnsons entwickelten sich zu einer richtigen Band, in der bald die transsexuelle Harfenistin Baby Dee spielte und die Kontrabassistin Joan Wasser, die später als Solokünstlerin unter dem Namen Joan As Police Woman zu einiger Berühmtheit gelangte. Ende der Neunziger vermittelte der New Yorker Minimal-Music-Komponist William Basinski den Kontakt zu dem englischen Durtro-Label, das von David Tibet betrieben wurde – diesen wiederum kann man mit seiner Gruppe Current 93, die sich in den achtziger Jahren von finsteren Industrial-Klängen zu einer Folkmusik mit apokalyptischen Untertönen hinbewegte, als einen der Urahnen des Hippie-Revivals der nuller Jahre betrachten.

Das erste Stück von Antony and the Johnsons, das Tibet auf Durtro herausbrachte, erschien im Frühjahr 2000 als B-Seite der Current-93-Single «Immortal Bird»; es trägt den Titel «Cripple and the Starfish» und handelt von den Wonnen masochistischen Begehrens. «It's true I always wanted love to be / hurtful», es stimmt, ich wollte immer, dass Liebe weh tut, singt Antony im Refrain, «filled with pain and bruises», voll von Schmerz und Blutergüssen. Das Stück findet sich auch auf dem wenig später veröffentlichten Debütalbum «Antony and the Johnsons», auf dessen Cover Antony als weiß geschminktes androgynes Wesen in einem durchsichtigen Kleid und mit einem Heiligenschein um den kahlrasierten Kopf posiert.

Zwar sei die Platte zunächst nicht sonderlich oft verkauft worden, sagte er, doch habe sie dabei geholfen, mehr Konzerte in New York zu spielen und «von den Late Night Shows zu den Evening Shows» aufzusteigen. Vor allem aber führte sie zu der zweiten, folgenreicheren Entdeckung der Band durch Laurie Anderson und Lou Reed. Besonders Anderson war sofort begeistert: «So muss es gewesen sein, als man die Stimme von Elvis zum ersten Mal hörte», erinnerte sie sich später. Reed lud Antony zur Mitarbeit an seinem Edgar-Allan-Poe-Projekt «The Raven» ein, womit dieses – darauf komme ich in Kapitel zwölf zurück – ansonsten rundum misslungene Werk immerhin einen positiven Effekt zeitigte. Außerdem vermittelte Reed einen Vertrag für das nächste Album «I Am A Bird Now», nachdem es von allen anderen Plattenfirmen abgelehnt worden war: «Sie fanden meine Musik zu schwul, sie fanden mich zu extrem, zu viel Sex in der Sache.» Und das trotz all der Gastsänger, die Antony auf dem Album versammelt wie jene Familie, nach der er schon immer gesucht hat: Er duettiert mit Rufus Wainwright, Devendra Banhart und Boy George; mit Lou Reed singt er das Stück «Fistful of Love», das man gleichermaßen als romantische Ode wie als Bekenntnis zu besonders zupackenden Arten des sexuellen Verkehrs verstehen kann.

«I Am A Bird Now» wurde überraschend zu einem großen Erfolg. Aus dem queeren Underground stieg Antony zum Liebling der Massen auf, in Berlin spielte er eine Reihe von Konzerten in immer größeren, immer ausverkauften Theatern, und bald schon konnte er seine Musik mit stattlicher Orchesterbesetzung aufführen. Ein paar Jahre lang war seine Stimme dann fast omnipräsent: So sang er nicht nur euphorische Lieder über die Männerliebe im Altertum in dem Disco-Ensemble Hercules and Love Affair; er duettierte auch mit Björk und Marianne Faithfull, mit Marc Almond und im Jahr 2008 sogar mit Herbert Grönemeyer («Will I Ever Learn»).

Während die Duettpartner offenkundig vor allem Antonys dramatischen Gesang schätzten, wurde seine eigene Musik immer weniger theatralisch, immer weniger exaltiert. Die auf «I Am A Bird Now» folgenden EPs «The Snow Abides» und «Another World» vermieden bereits die ganz großen Gesten; und so tat es auch das Album «The Crying Light», das im Januar 2009 erschien. Hier hört man eher kammerorchestral arrangierte Kunstlieder: eine stille Menschheitsklage über den Abschied von der Natur, über ihre sterbende Vielfalt und verblassende Blüte. Auch diese Wende zum Ökologischen, sagte Antony, habe mit seiner Biographie zu tun. Wenn er sich heute das Schicksal der Erde vor Augen führe, ergreife ihn das gleiche Gefühl wie Anfang der neunziger Jahre, als er in die New Yorker Schwulenszene kam. «Alles verschwindet, alles fällt auseinander, und zwar so schnell, dass du kaum eine Chance hast, noch irgendetwas zu retten. Es gibt diese Wissenschaftler, die Genmaterial von aussterbenden oder schon ausgestorbenen Pflanzen archivieren, um sie vielleicht eines Tages wieder irgendwo anbauen zu können. Das ist der gleiche Geist, in dem wir als Zwanzigjährige in New York herumliefen und die Überreste unserer sterbenden Kultur aufklaubten.»

Um noch einmal zu meiner These zurückzukommen, Antony sei im Pop der nuller Jahre die dritte prägende Stimme neben Amy Winehouse und Joanna Newsom: Inzwischen ist vielleicht deutlich geworden, wie die in diesen Stimmen zur Erscheinung kommenden ästhetischen Weltbilder sich zueinander verhalten. Während man Winehouses epigonalen, virtuos in sich gerundeten Soulgesang als exemplarisch für den neuen Konservatismus der Retromania verstehen kann, steht Joanna Newsoms raue, schrille, sich zwischen

Singen und Sprechen bewegende und dabei unaufhörlich selbst überfordernde Stimme für eine Modernität, die überkommene musikalische Techniken fortführen und transformieren will. Antony erscheint wie die Verschränkung dieser beiden Ästhetiken. Wo sich im Gesang von Winehouse die Sehnsucht nach Vergangenem zeigt und im Gesang von Newsom das Vorwärtsstreben in die Zukunft, versetzt Antony Zukunft und Vergangenheit, Futurismus und Nostalgie in den eigentümlichen Zustand der Unentscheidbarkeit: als falte sein Gesang die Zeit in sich selbst zurück und erschaffe damit eine eigene Temporalität.

So wie Antonys Stimme zwischen dem «Schwarzen» und dem «Weißen», dem «Männlichen» und dem «Weiblichen» changiert, so changiert sie auch zwischen dem Weichen und dem Harten, dem Romantischen und dem Kriegerischen; sie changiert zwischen Kitsch und Ernst, der Travestie und dem Ausdruck «authentischen» Gefühls. Insofern könnte man sagen, dass diese Stimme «queer» im eigentlichen Sinne des Wortes ist: Sie versucht nicht, die Ausdrucksweisen eines komplementären Geschlechts zu imitieren oder zu parodieren, aus dem «Männlichen» ins «Weibliche» zu wechseln oder aus dem «Weiblichen» ins «Männliche»; sie versucht vielmehr, der Herrschaft dieser Kategorien zu entkommen, indem sie in der Bewegung dazwischen verharrt, im reinen Werden. «Antony ist so queer, queerer geht es nicht», sagte seine transsexuelle Harfenistin Baby Dee passenderweise einmal zu mir.

Man kann diese Bewegung auch als Ausdruck einer Ästhetik des Masochismus verstehen. Denn das masochistische Begehren sucht die Lust ja nicht nur im Schmerz, sondern auch im Aufschub der Befriedigung: In «Cripple and the Starfish» besingt Antony neben «pain and bruises» die Wonnen des scheinbar endlosen Wartens, die Lust, die sein dominanter Sexualpartner Mr. Muscle ihm durch genussvoll-grausames Hinhalten verschafft. Auch Antonys Gesang hält uns in gewisser Weise hin und lässt uns warten: Wir möchten ihn einem – sexuell und sonst wie – eindeutig bestimmbaren Körper zuordnen, was er jedoch nie erlaubt. Wie das masochistische Begehren wird auch Antonys musikalische Ästhetik nicht vom Versprechen der Befriedigung in Gang gesetzt, sondern durch die stetige Verschiebung dieses Wunsches ohne Erfüllung, durch Spiegelung, Verdopplung, fortwährende Umwertung. Dabei entsteht eine ganz eigene Form von Zeitlichkeit, die aus der Linearität von Vergangenheit, Gegenwart und Zukunft ausbricht und in die Bewegung des Oszillierens, des Loops und der ewigen Wiederkehr eintritt.

Bemerkenswert ist das, weil diese Ästhetik jenen in sich bewegten Stillstand widerspiegelt, der auch für die Feedback-Drones von Sunn O))) charakteristisch ist, die ich im vierten Kapitel beschrieben habe. Unter den so andersartigen Klangoberflächen haben Antony und Sunn O))) also schon immer unter einer Decke gesteckt; und im Lauf seiner künstlerischen Entwicklung näherte sich Antony immer stärker dieser Ästhetik der musikalischen Oszillation an. Auf «Swanlights», seinem vierten Album aus dem Jahr 2010, singt er zwar noch einige Kunstlieder, die er mit großer Geste vorträgt. In der Mehrzahl findet man darauf aber Stücke, in denen die typischen Song-Dramaturgien nicht mehr gelten und die Arrangements löchrig geworden sind. Minutenlang verfolgt man im Eröffnungsstück «Everything Is New», wie sich der Sänger und sein Ensemble aufeinander zubewegen, wie aus wenigen, getupften Pianoklängen, einem schwebenden Streicherton und der stetig wiederholten Refrainzeile eine strahlende musikalische Einheit entsteht.

So ist die Liebe zu Melodien durch den Kontrast von Geräusch und Gesang ersetzt: droben die flüsternde, nur allmählich sich erhebende Stimme; drunten die dunkel dräuenden Drones, die monotonen, «unrein» vibrierenden Töne. «Ich liebe Drones!», sagte Antony denn auch in unserem Gespräch über die Platte: «Sie lassen den Unterschied zwischen Geräusch und Stille verschwinden; Drones entfalten sich aus dem Nichts.» Im Pop waren Drones bis dahin fast immer elektrisch: Resonanzen zwischen Gitarre und Verstärker, Vibrationen und Interferenzen von Feedbacks. Auf «Swanlights» hat Antony analoge, sinfonische Drones konstruiert: Das von seinem Arrangeur Nico Muhly dirigierte Orchester spielt farbige, glitzernde, pulsierende Sounds, die aber harmonisch keiner bestimmten Richtung zustreben.

Im selben Jahr begann Antony, mit dem New Yorker Künstler und Elektronik-Krach-Produzenten Daniel Lopatin zu musizieren, der unter dem Namen Oneohtrix Point Never auftritt. Die Zusammenarbeit gipfelte 2016 in dem Album «Hopelessness», dem ersten rein elektronisch instrumentierten Werk, das Antony – nunmehr als Künstlerin unter dem Namen Anohni – aufnahm. Lopatin spielt seine Platten schon seit Mitte der nuller Jahre mit alten, asthmatisch schnaufenden Synthesizern ein. Nicht unähnlich dem zeitgleich die Bühne betretenden Burial, konstruiert er Räume, in denen alle Geräusche und Melodien lediglich wie Echos erscheinen oder wie Nachbilder eines erloschenen Reizes. 2010 brachte Oneohtrix Point

Never ein Album mit dem Titel «Returnal» heraus, auf dem sich harsche Krachflächen ebenso finden wie schmelzende Streichquartett-Imitationen. Dazu gibt es eine gleichnamige Single, auf der Antony, von Lopatin langsam und leichthändig am Klavier begleitet, über die ewige Wiederkehr singt und die Vergeblichkeit aller Versuche, zu jemand anderem zu werden. Je mehr man sich zu verwandeln versuche, desto klarer erkenne man, dass man zu jemandem wird, der man immer schon war.

«You've never left / You've been here the whole time», heißt es in den letzten Zeilen des Songs: Du bist niemals fort gewesen, du warst die ganze Zeit hier. Was auch ein gutes Motto für die Musik von Antony und Anohni abgibt: Am Ende der Geschichte – am Ende des Weges – stellt man fest, dass man sich in Wahrheit nie fortbewegt hat. Schöner und gedanklich geschickter kann man kaum auf den Begriff bringen, wie in dieser Kunst sich das Gedächtnis für die Geschichte und die Offenheit für alles Kommende, die Sorge um das Vergangene und der Sinn für das Werden verbinden.

9. Musizieren und tanzen? Das macht bei uns das Gesinde: Beyoncé, Rihanna, Lady Gaga und die frivole Faulheit der neuen Diven

Wenn in diesem Buch bislang von Konzerterlebnissen die Rede war, dann fast durchweg im Ton der Begeisterung oder des Staunens, der Verblüffung oder des erkenntnisfördernden Befremdens. Es soll jedoch nicht der Eindruck entstehen, Konzertbesuche würden mich immer in den Zustand der Verzückung versetzen oder mich zumindest neugierig machen. Vieles von dem, was man auf den Bühnen zu sehen bekommt, ist einfach nur uninteressant und öde. Mit einem exemplarisch öden Konzert habe ich mich im zweiten Kapitel befasst, dem ersten Deutschland-Auftritt von Amy Winehouse; daran möchte ich mit einigen Überlegungen zu schlechten und sehr schlechten Konzerten anschließen.

Schlechte Konzerte unterscheiden sich von öden Konzerten zunächst dadurch, dass Letztere im Moment des Erlebens notwendig reizlos und uninteressant sind. Allenfalls im Rückblick können öde Konzerte interessant werden – etwa wenn man ein halbes Jahr später bemerkt, dass aus dem bedeutungslos vor sich hin gurrenden Retro-Soul-Sternchen, mit dem man sich ein zu langes Stündchen auf einem Plattenfirmen-Showcase gelangweilt hat, plötzlich der größte Popstar der westlichen Welt geworden ist.

Unter den schlechten Konzerten findet man hingegen ebenso

viele unmittelbar interessante wie uninteressante. Uninteressant sind schlechte Konzerte vor allem, wenn die Künstlerinnen und Künstler ihre Instrumente nicht beherrschen oder das Nichtbeherrschen der Instrumente in uninteressanter Weise inszenieren; wenn sie nicht in der Lage sind, ihre im Studio ausgetüftelten Lieder in adäquater Form in eine Live-Situation zu übersetzen; oder wenn sie – das ist der am weitesten verbreitete Fall – überhaupt keine reizvollen Lieder besitzen, die sie in irgendetwas übersetzen könnten.

Andererseits war eines der zweifellos schlechtesten Konzerte, die ich den letzten anderthalb Jahrzehnten gesehen habe, auch eines der interessantesten. Es fand im Sommer 2009 auf der Berliner Waldbühne statt und wurde von der kanadischen Sängerin Céline Dion gegeben, die unter anderem als Interpretin von «My Heart Will Go On» bekannt ist, dem Erkennungslied aus dem Hollywoodfilm «Titanic». Ihr Auftritt war schon deswegen interessant, weil sich weltweit ein gewaltiges Publikum für die Musik dieser Sängerin begeistert. Céline Dion ist eine der großen Pop-Diven der Gegenwart, und an ihrer paradigmatischen Beknacktheit ist einiges über die sich wandelnde Selbstinszenierung massenbegeisternder Popstars in den nuller und frühen zehner Jahren abzulesen.

Wer Céline Dion wohlmeinend begegnen will, hebt an ihrer Musik und insbesondere an ihren Konzerten deren dialektischen Charakter hervor: die perverse, aber gerade deshalb auch lusterzeugende Mischung aus ihrer sirenenartigen, von der eigenen Ausdruckskraft selbst immer wieder überrascht scheinenden Stimme und einer makellosen Inszenierung; die Verbindung der klebrigen Schlichtheit ihrer Musik mit der glamourösen Perfektion der Darbietung. In einem vieldiskutierten, im Jahr 2007 erschienenen Buch – «Let's Talk About Love: A Journey to The End of Taste» – hat der kanadische Kritiker Carl Wilson versucht, den weltweiten Erfolg von Dion aus dieser Dialektik zu erklären. Der meinungsbeherrschenden Popkritik warf er zugleich vor, berufsbedingt borniert gegen alles Perfekte, Hochglanzpolierte, kulturindustriell kompetent Konstruierte zu sein und daher die Qualität der Dion'schen Auftritte nicht erkennen und würdigen zu können.

Popkritiker, so Wilsons These, besäßen eine Neigung zum kalkuliert Unperfekten, zum Disharmonischen und zum Krach, also gerade zu solchen Arten der Popmusik, die für das breitere Publikum zu sperrig, spröde oder düster sind. Die Auseinandersetzung mit dieser Musik diene vor allem dazu, sich von der Masse abzuheben. Da ist zweifellos etwas dran. Wer sich beruflich oder sonst wie regelmäßig und kritisch mit Pop befasst, sucht üblicherweise eher nach Musik, die sich nicht umstandslos ins Ohr schmeichelt. In dieser Hinsicht wird man bei Céline Dion nicht fündig, da hat Carl Wilson zweifellos recht.

Andererseits – und insofern führt sein Argument doch in die Irre – begegnet man bei ihr gerade auch keiner faszinierenden Perfektion; jedenfalls nicht in ihren Konzerten. Der Berliner Auftritt erweckt im Gegenteil den überwältigenden Eindruck einer bizarren Billigkeit: hier die blechernen Sounds aus den Keyboards; dort die Lieblosigkeit, mit der ganze Kinderchöre und Geigenorchester aus dem Sampler hinzugespielt werden; schließlich das schlampig choreographierte Gehampel der Tänzer, die nicht wie die angekündigte Showtruppe aus Las Vegas wirken, sondern eher wie das MDR-Fernsehballett an einem nicht ganz so straffen Tag. Dazwischen bewegt sich Céline Dion kalt und leblos wie ein Showroboter, der noch dazu schlecht angezogen ist, und spult ihr tausendmal aufgeführtes Programm herunter. In endlosen Ansagen versucht sie, das Publikum für sich zu gewinnen; was ihr an musikalischen Variationen nicht gelingt, sollen Kostümwechsel wettmachen: In hundert Minuten zieht sie sich etwa zehnmal um, bis sie das Konzert in einer schwarzen Glockenhose beendet, auf der mit silbrig glitzernden Strass-Steinen die Form ihrer Gebärmutter nachempfunden ist.

An diesem Abend hat Céline Dion nichts Divenhaftes, kein Charisma, keinen Glamour. Sie bemüht sich gar nicht erst, die Verlogenheit ihrer Musik und der darin simulierten Gefühle in irgendeiner Form zu überspielen: Noch wenn sie scheinbar dramatisch auf die Knie fällt oder sich – wie am Ende des Songs «My Love» – mit professionellem Timing etwas Flüssigkeit aus der Tränendrüse drückt, wirkt sie mechanisch, beliebig, gelangweilt. Wann immer Dion einen ihrer berüchtigten Ich-kann-diesen-Ton-länger-als-eine-Minute-halten-Vokalstunts absolviert hat, schlägt sie sich stolz auf den Kehlkopf wie Tarzan auf die Brust und reißt den angewinkelten linken Arm nach unten wie ein Bauarbeiter, der eine Toilettenspülung betätigt.

Und das sind nicht einmal die schlechtesten Momente des Abends. Später versucht sich Céline Dion noch an einer Cover-Version der beiden Queen-Stücke «We Will Rock You» und «The Show Must Go On», wobei sie zum Gitarrensolo am Ende auf ihren Brüsten Luftgitarre spielt. Im weißen Babydoll-Kleid singt sie James Browns «It's A Man's Man's Man's World», für das sich die Tänzer mit schwarzen Hosen, weißen Jacketts und Bowlerhüten wie die Vergewaltiger aus dem Film «A Clockwork Orange» verkleiden. Bei dem «Duett», das Dion mit dem italienischen Tenor Andrea Bocelli anstimmt, erscheint ihr Partner lediglich in bewegten Digitalbildern auf der Leinwand über der Bühne, als verfolgten die sechzehntausend Waldbühnenzuschauer eine Karaoke-Show in der Eckkneipe; oder als habe Céline Dion sich in die Rolle des – ältere Leser werden sich erinnern – Siebziger-Jahre-Showmasters Wim Thoelke begeben, der am Ende seiner Sendung «Der Große Preis» stets mit den Zeichentrickfiguren Wum und Wendelin zu parlieren pflegte.

Wenn ich dieses sehr schlechte Konzert von Céline Dion mit anderen sehr schlechten Konzerten vergleiche, die ich in den letzten zehn Jahren gesehen habe, fällt mir auf, dass sich in vielen davon derartige Duett-Simulationen finden, oder sagen wir allgemeiner: Simulationen der Live-Präsenz von abwesenden Musikern. Dank des technischen Fortschritts erfreuen sich im Moment auch Hologramme einer wachsenden Beliebtheit. So wurde die sensationell schäbige Wiederaufführung der Siebziger-Jahre-Rockoper «War of the Worlds», der ich in der Londoner Wembley Arena beiwohnen durfte, von einem Hologramm des Schauspielers Liam Neeson moderiert; der R-'n'-B-Sänger und Ausdruckstänzer Justin Timberlake holte sich bei seiner 2007er-Tournee ein ganzes Streichorchester samt Gospelchor als Hologramm auf die Bühne; und die J-Pop-Band X Japan, von der im fünften Kapitel dieses Buchs die Rede war, spielte die ersten Reunion-Konzerte im Jahr 2008 mit einem Hologramm ihres verstorbenen Gitarristen Hide.

Ähnlich interessant wie diese holographische Wiederbelebung ist in psychoanalytischer wie auch phänomenologischer Hinsicht jenes reinkarnierende Duett, dass der aus den sechziger und siebziger Jahren bekannte Folkmusiker Art Garfunkel 2008 bei seinem Auftritt im Berliner Tempodrom anstimmt. Das Konzert von Garfunkel gleicht in vielem dem von Céline Dion, auch er bietet seine großen Hits zu befremdlich schlecht programmierten Geigen- und Chorgeräuschen aus dem Sample-Keyboard dar, mehr noch: Selbst das Panflötensolo aus «El Condor Pasa» spielt nicht etwa ein Gastpanflötist – wie man ihn in der Fußgängerzone jeder größeren Stadt finden und für einen Abend mieten könnte –, sondern ein schlechtfrisierter Keyboarder auf einem Podest.

Im Unterschied zum Repertoire von Céline Dion besteht jenes von Art Garfunkel sogar zu wesentlichen Teilen aus Duetten: Das sind jene, die er einst mit seinem Partner Paul Simon geschrieben und gesungen hat. Simon verweigert seit Jahrzehnten die Zusammenarbeit mit ihm, weil er ihn musikalisch zu uninspiriert und rückwärtsgewandt findet, und steht wohl auch für die Produktion von Andrea-Bocelli-Wum-und-Wendelin-Einspielern nicht zur Verfügung. Daher lässt Art Garfunkel die schönsten Duett-Einsätze bei seinem Berliner Konzert durch einen selbstproduzierten Paul-Simon-Ersatz intonieren: seinen Sohn. James Garfunkel sieht damals, etwa zwanzig Jahre alt, mit seiner explodierten Frisur ganz genauso aus wie der Alte und klingt auch so. Nun ersetzt er im Konzert jenen Mann, der mit seinem Vater in etwa schon so lange nicht mehr auftreten mag, wie er selbst auf der Welt ist; weswegen man das Garfunkel-&-Garfunkel-Duo auch als invertierte Ödipuskonstellation bezeichnen könnte.

Was mich zu einem weiteren virtuellen Duett bringt, das im Rahmen eines sehr schlechten Konzerts zu sehen war und sich vielleicht als Inversion der Inversion der ödipalen Konstellation beschreiben ließe. Es handelt sich um das Stück «Crazy in Love» der US-amerikanischen R-'n'-B-Superstar-Diva Beyoncé Knowles, das diese zu Beginn ihres «Beyoncé: I am»-Konzerts 2009 in der Berliner Mehrzweckhalle am Ostbahnhof gemeinsam mit ihrem persönlich abwesenden Ehemann und Manager Shawn Carter alias Jay Z darbietet. Der wird nun weder durch einen Jay-Z-Darsteller ersetzt noch durch ein Jay-Z-Hologramm oder ein Bewegtbild auf einer Videoleinwand; vielmehr erklingt seine Stimme ganz unbebildert und entkörperlicht aus dem Off. Man hört sie bereits, als seine Ehefrau erstmals die Bühne betritt, und so wirkt es, als spräche aus dem Bühnenhimmel ein gottgleicher Schöpfer zum Publikum, der seine Kreation präsentiert und beschützt. Während Art Garfunkel also einen gefügigen Duettpartner aus Fleisch und Blut gezeugt hat, um mit ihm seine alten Lieder auf die Bühne zu bringen, versetzt Jay Z sich in die Rolle des väterlichen Schöpfers seiner eigenen Frau – und einer Duettpartnerin, die ihm den körperlichen Auftritt auf der Bühne erspart.

Auch Beyoncé scheint es indes eher als Last zu empfinden, die Melodien im Konzert persönlich anstimmen zu müssen – was sie wiederum von Céline Dion und Art Garfunkel unterscheidet, die bei aller Surrogathaftigkeit ihrer musikalischen Begleitung immerhin selbst singen. Die Stimme von Beyoncé wird zumeist aus der Playback-Konserve hinzugespielt, was sie auch gar nicht durch synchrone Posen und Lippenbewegungen zu übertünchen versucht. Im Gegenteil, zu ihren Melodielinien steuert sie wohldosiert langgezogene «Huch»-, «Ach»- und «Uff»-Laute bei und macht sich so zu ihrer eigenen Karaoke-Partnerin. Gesanglich mehr zu leisten ist kaum möglich, schließlich ist Beyoncé vollauf damit beschäftigt, mit drohendem Blick im Kreis herumzustolzieren und ihre Haare vor den überall angebrachten Windmaschinen wehen zu lassen. Außerdem muss sie sich unentwegt umziehen und tanzen: Zu dem Stück «Get Me Bodied» führt sie beispielsweise mit ihren Tänzern eine Polonaise auf, bei der sich alle in einer Reihe auf den Bühnenboden setzen, um dann mit einem angewinkelten Bein und einem heruntergedrückten Knie geradeaus zu rutschen, was einerseits an den Kosaken- und andererseits an den Ententanz erinnert.

Wenigstens werden die Lieder, die Beyoncé in der Mehrzweckhalle am Ostbahnhof darbietet, allesamt ganz ausgespielt. Anders verhält es sich bei dem Auftritt, den die zweite US-amerikanische R-’n’-B-Superstar-Diva, Rihanna, wenig später am selben Ort absolviert. Sie bringt es fertig, in den knapp neunzig Minuten ihres Konzerts fast dreißig Stücke aufzuführen – was freilich daran liegt, dass sie die meisten davon zu Medleys zusammenfasst und jedes Lied darin nur minutenweise anspielt. Insbesondere in der zweiten Hälfte des Abends singt Rihanna von jedem Song nur noch ein oder zwei Strophen, bevor sie zum nächsten übergeht.

Vom Genre des glamourösen Pop-Großkonzerts, in dem schöne Menschen in teuren Gewändern beeindruckend tanzen und perfekte Melodien singen, ist bei Beyoncé und Rihanna lediglich das Skelett übrig geblieben: auftreten, herumstolzieren, tanzen, «Huch» und «Ach» machen, sich bewundern lassen und wieder abtreten. In sonderbarer Weise paart sich hier das ausgiebige Ausstellen materiellen Reichtums mit dem arbeitsverweigernden Minimalismus der Diva, die sich für alles, aber auch wirklich alles, zu schade ist – frei nach dem Motto: Arbeiten, tanzen, schöne Melodien singen, das sollen gefälligst andere machen, in meinem Fall muss es reichen, dass ich überhaupt da bin. Man könnte Beyoncé und Rihanna also als die Strukturalistinnen unter den Diven bezeichnen. Sie reduzieren das Genre aufs Nötigste und tilgen dabei alles, was über bloße Strukturen hinausgeht, insbesondere Subjektivität.

Dass sie nicht singen und nicht komponieren können, dass sie kein Charisma und keine Bühnenpräsenz haben, schadet ihrem Erfolg mitnichten. Wichtiger ist die Effizienz, mit der sie den universellen Mangel verwalten: Bei ihren Konzerten kann man lernen, wie weit man heute kommen kann, ohne ein «Ich» zu besitzen. Die erfolgreichste Schülerin dieser neuen Mangelverwaltungsschule ist natürlich Lady Gaga. Sie spiegelt die Entsubjektivierung nicht nur in den lustigsten und buntesten Bildern. Auch unterbricht sie ihre Konzerte mit kurzen Momenten einer geradezu quälend intimen Authentizität, durch die der universell entfremdete Rest noch totalitärer wirkt. Wenn Beyoncé und Rihanna also Strukturalistinnen sind, dann ist Lady Gaga die erste Poststrukturalistin des Divenwesens.

Nehmen wir das Konzert, das auf dem bisherigen Höhepunkt ihres Ruhms im Jahr 2012 ebenfalls in der Mehrzweckhalle am Berliner Ostbahnhof stattfand. Es beginnt damit, dass Lady Gaga vollständig verschleiert auf einem schwarz eingekleideten Einhorn auf die Bühne reitet, die wiederum von einem Pappmaschee-Gruselschloss beherrscht wird, dessen Flügel nach Bedarf auf- und zugeklappt werden können. Interessant ist der Effekt, der dabei entsteht: Denn zu dem flotten Uptempo-Rhythmus des Stücks passt der gemächliche Einhorntrab nicht im Geringsten; und da man wegen des Schleiers nicht sehen kann, ob und wie Lady Gaga singt, lässt sich in den ersten Minuten des Abends keinerlei Zusammenhang zwischen den Bildern und der Musik herstellen.

Das Einhorn verschwindet nach dem Ende des Stücks im Gruselschloss und hat den Rest des Abends frei, während Lady Gaga zum nächsten Song «Government Hooker» erst einmal allein die Umgebung des Gebäudes sondiert. Dabei stößt sie auf einen von Bodennebel umwaberten Schreibtisch, an dem ein fünffach gehörnter Teufel mit Lackledermaske soeben seine Steuererklärung zu machen scheint. Sie beginnt sich in aufreizenden Posen vor dem Teufel auf dem Schreibtisch zu räkeln, doch als dieser sich sexuell animiert zeigt und den Papierkram beiseitelegt, erschießt sie ihn kurzerhand mit einer Pistole. Der tote Teufel verschwindet im Bühnenboden, während Lady Gaga im dritten Stück «Born This Way» aus dem Körper eines überdimensionierten Aufblasbrathuhns in einem eigelben Latexanzug neu geboren wird.

Musiziert wird übrigens auch an diesem Abend, interessant ist dabei aber vor allem, dass man zu keinem Zeitpunkt des Konzerts sagen kann, was davon live ist, von wem es gespielt wird und in welchem Verhältnis diese Passagen zum dominanten Playback stehen. Erst zum vierten Stück «Black Jesus † Amen Fashion» ist auf der Bühne etwas zu erkennen, was man im landläufigen Sinne als Rockband bezeichnen könnte. In vier guckkastenartigen Kammern an der Stirnseite des Schlosses sieht man einen Gitarristen, einen Bassisten, einen Schlagzeuger und einen Keyboarder, der in der Mitte eines großen geschlossenen Keyboardrings steht, den er allerdings höchstens zu einem Viertel nutzt.

Im Lauf ihrer Karriere sind die Auftritte von Lady Gaga immer kalkulierter, perfekter und seelenloser geworden; in unübertroffen konsequenter Weise inszeniert sie sich selbst als ferngesteuerte Marionette ihrer eigenen Showmaschinerie. Umso deutlicher treten die Brüche hervor, in denen sie scheinbar spontan aus der vorgefertigten Inszenierung heraustritt und ihr Publikum höchst kunstfertig mit Intimität überflutet. Mehrfach steht Lady Gaga bei ihrem Berliner Auftritt, plötzlich von ihren Getreuen verlassen, mit verhangenem Blick auf der Bühne und schnappt sichtlich erschöpft nach Luft; einmal dauert es fast fünf Minuten, bis sie ihre Kräfte wieder so weit gesammelt hat, dass sie mit dem Singen und Tanzen und Geschlechtsteile-an-Gegenständen-Reiben weitermachen kann.

An Aufwand und Opulenz, Dramatik und Tempo steht ihre Ästhetik den Show-Konzepten von Beyoncé und Rihanna nicht nach. Doch während es sonst zur Inszenierung aktueller Pop-Diven gehört, dass sie bei aller Star-Größe zugleich als austauschbares Element in einer (von Männern) gesteuerten Maschinerie erscheinen, versucht Lady Gaga gerade im dramatischen Auskosten der körperlichen Erschöpfung ihre künstlerische Autonomie zu demonstrieren: Seht, hier stehe ich, dies ist meine Show, und wenn ich zu erschöpft bin, um weiterzumachen, dann müsst ihr alle mit mir eben ein paar Minuten warten. «Ich bin Lady Gaga», ruft sie mehr als einmal nach ihren Verschnaufpausen – «und ihr seid meine Familie!»

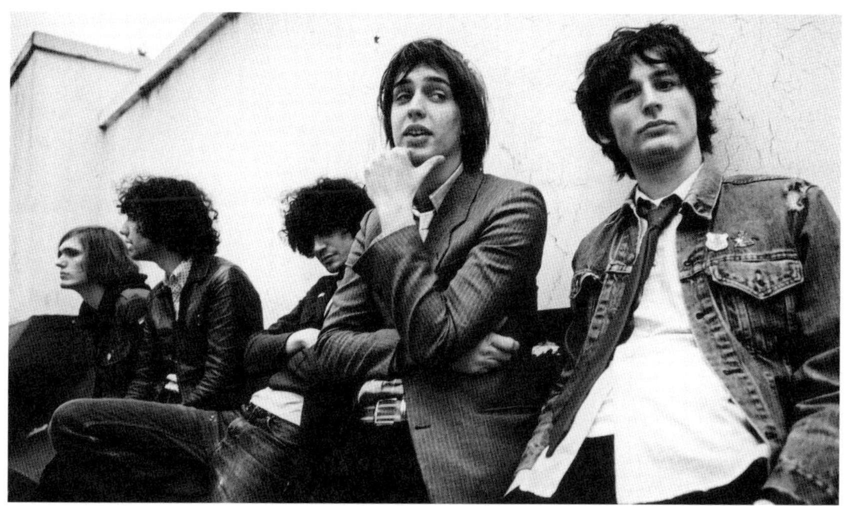

Sie entfachen das letzte Strohfeuer des heterosexuellen männlichen Gitarrenrocks, bevor das Genre endgültig in der Bedeutungslosigkeit versinkt: The Strokes im Jahr 2001 in New York.

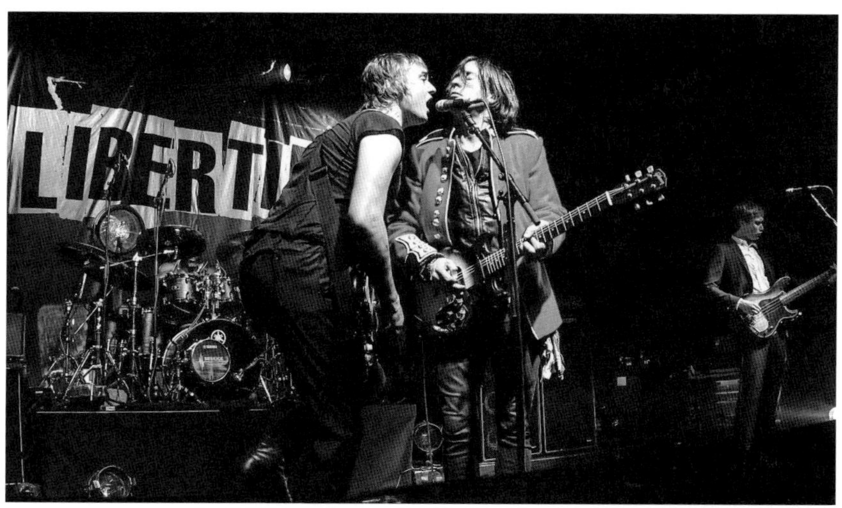

Er ist der beliebteste Selbstzerstörer der nuller Jahre: Pete Doherty (links), hier mit seiner ersten Band The Libertines, verströmt eine Erotik der Überforderung und Lebensuntüchtigkeit.

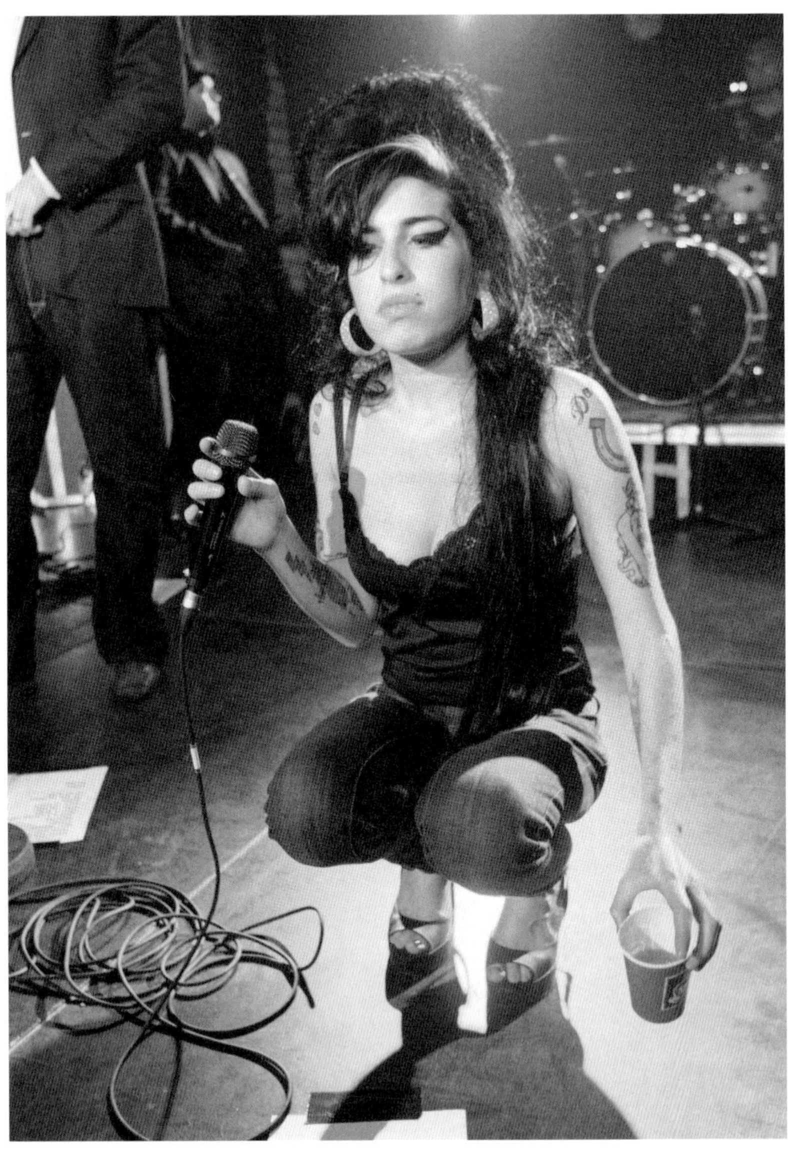

Ein exzessives Leben paart sich mit angepasster Retro-Musik: Amy Winehouse bei ihrem ersten Deutschland-Konzert in der Berliner Kalkscheune 2007.

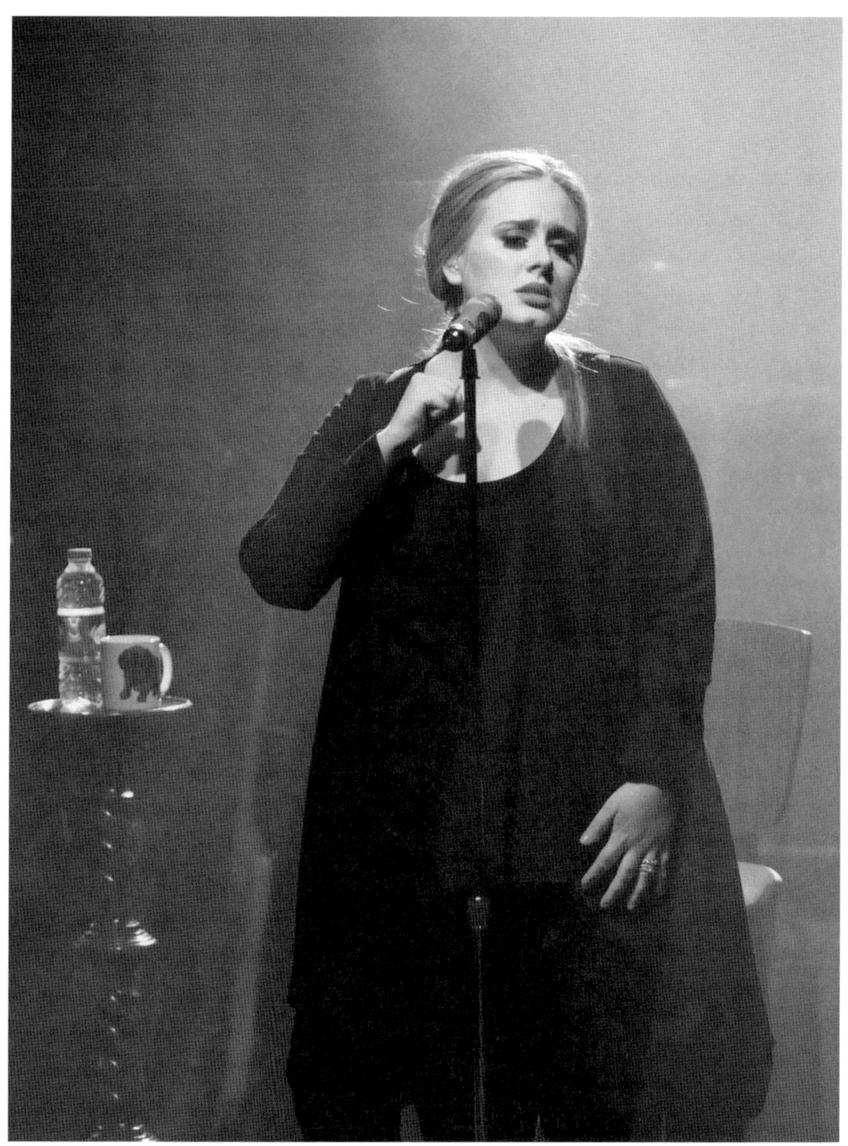

Sie ersetzt die Lust an der Selbstzerstörung durch Selbstkontrolle und Selbstoptimierung: So wird Adele Adkins zum größten Popstar der zehner Jahre.

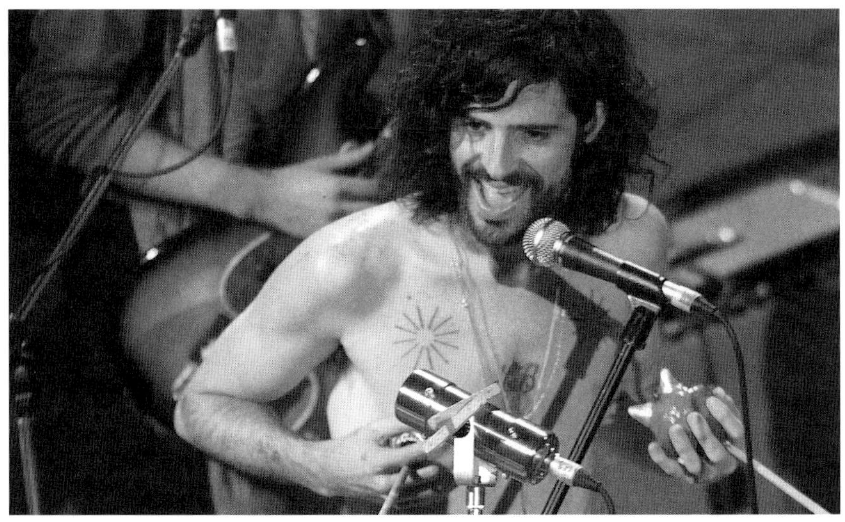

Blutjunger Bartträger mit kajalumflorten Schmachtaugen: Das Revival der Hippie-Musik und die Entdeckung der Langsamkeit mit Devendra Banhart beginnen 2004.

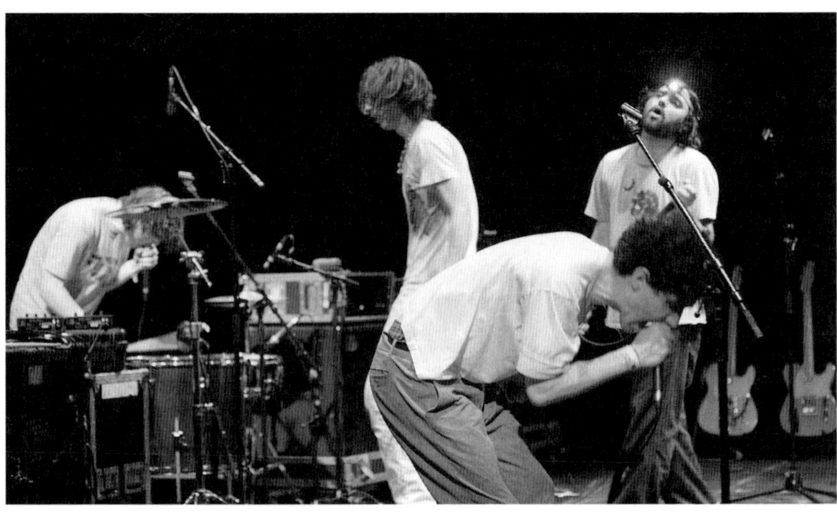

Weichheit, Passivität und lustvolles Nichtfertigwerden: Animal Collective pflegen mit ihren endlosen Kollektivimprovisationen einen reifen Masochismus des Aufschubs.

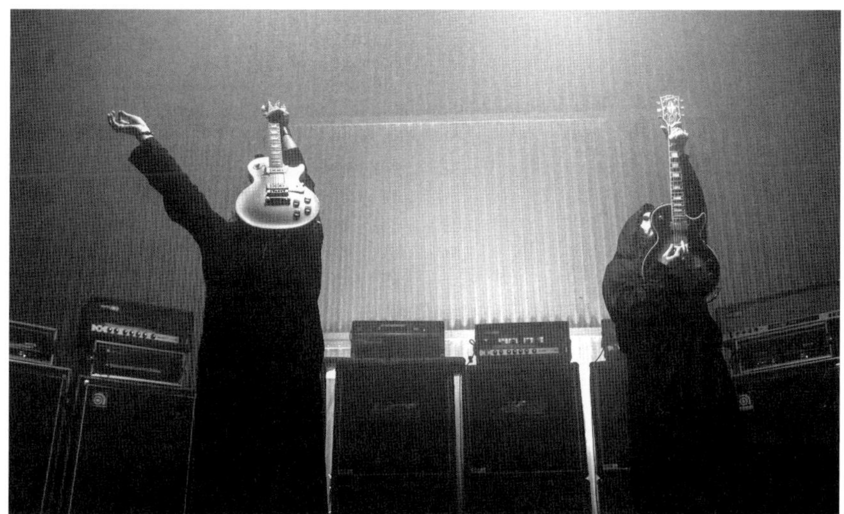

Lockige Lärmpriester in groben Mönchskutten: Sunn O))) huldigen mit ihren niederfrequenten Rückkopplungsorgien der teuflischen Kraft des melodiefreien Krachs.

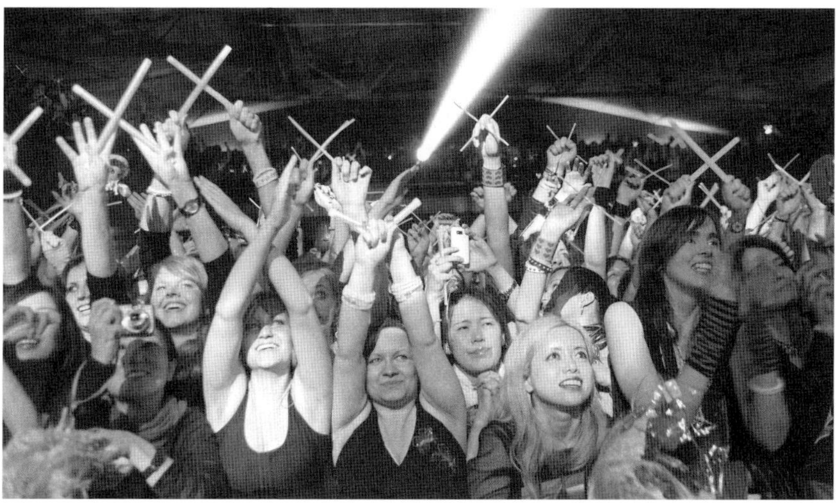

Wer ein echter Fan ist, hört diese Musik nur mit gekreuzten Armen: deutsche Verehrerinnen bei einem Konzert der japanischen Gruppe X Japan.

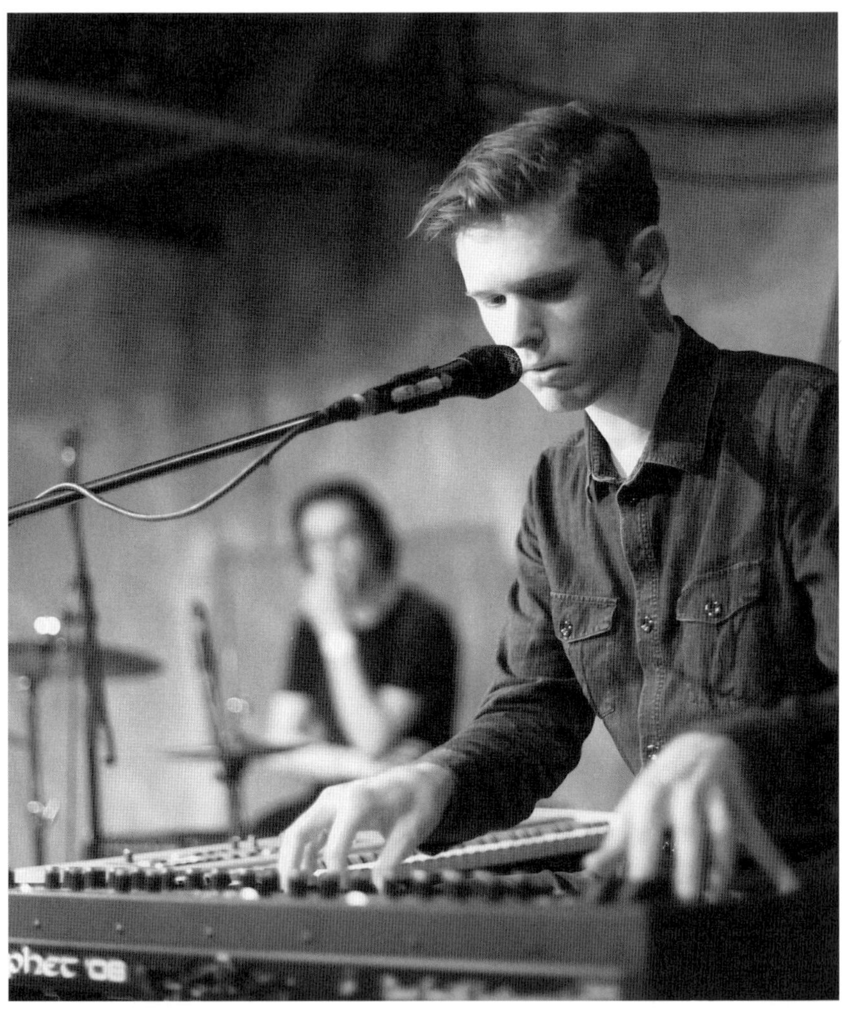

Dann setzt der Bass ein – als habe sich ein schwarzes Loch aufgetan und wolle alles in den Abgrund reißen: James Blake bei seinem epochalen Konzert 2011 im Berliner Berghain.

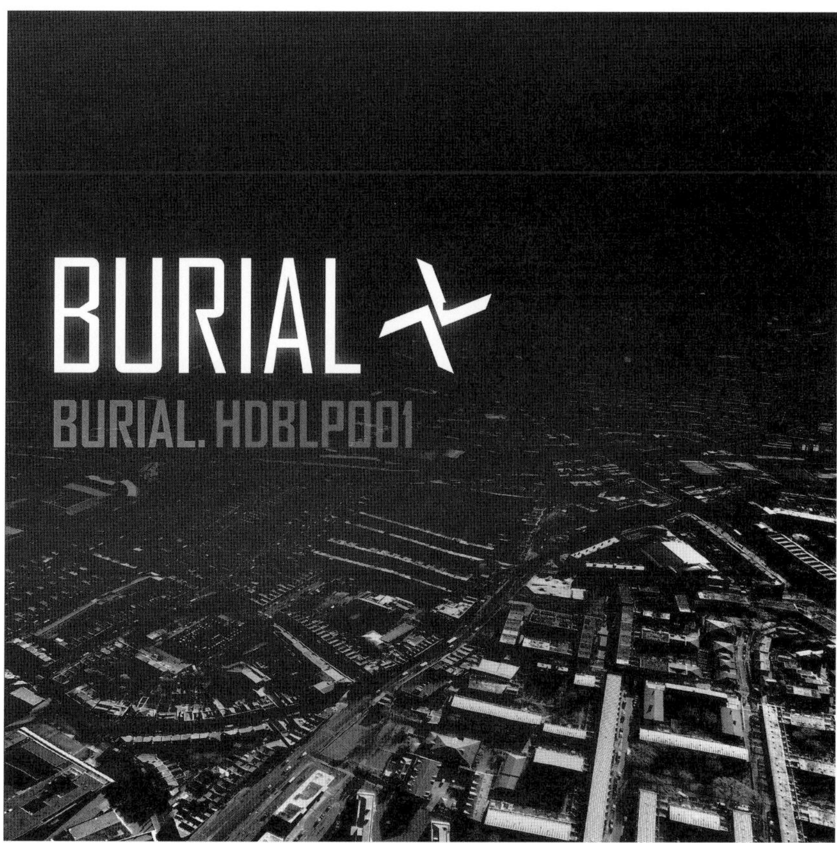

Wie der Nachhall verflogener Freuden, wie die erlöschende Erinnerung an durchtanzte Nächte: So klingt die Musik des Londoner Produzenten Burial (hier das Cover seiner ersten LP aus dem Jahr 2006).

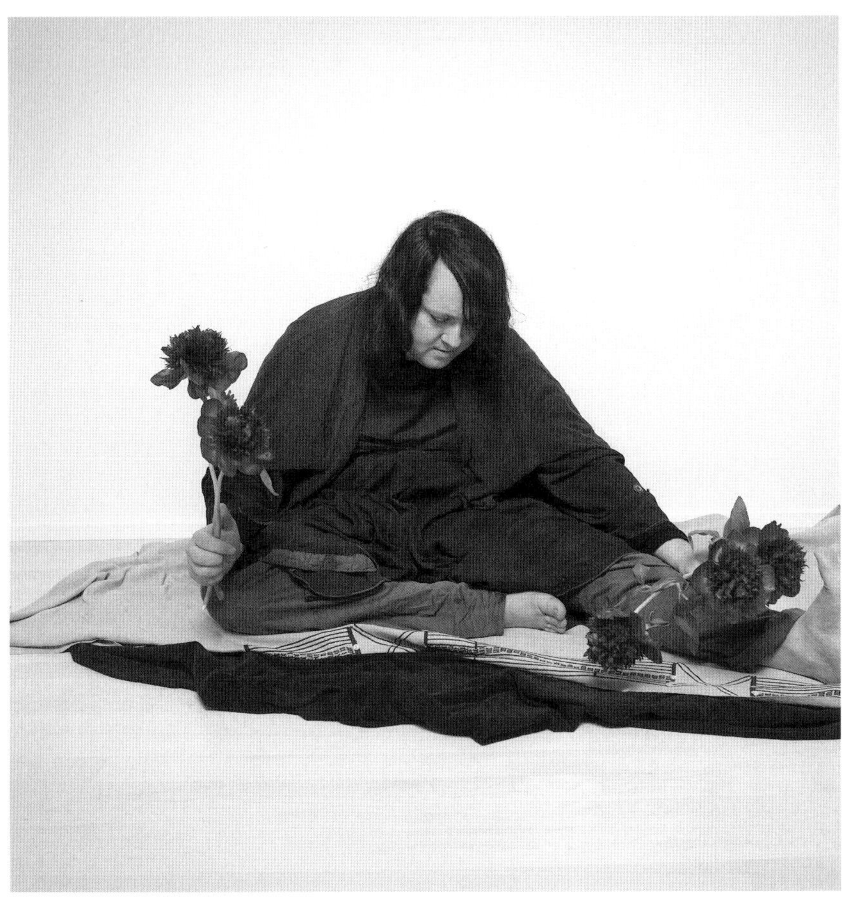

So schmerzhaft leidend und doch sanft in sich ruhend schwingt diese Stimme, dass sie unaufhörlich zu etwas anderem zu werden scheint: Antony Hegarty, der sich heute Anohni nennt.

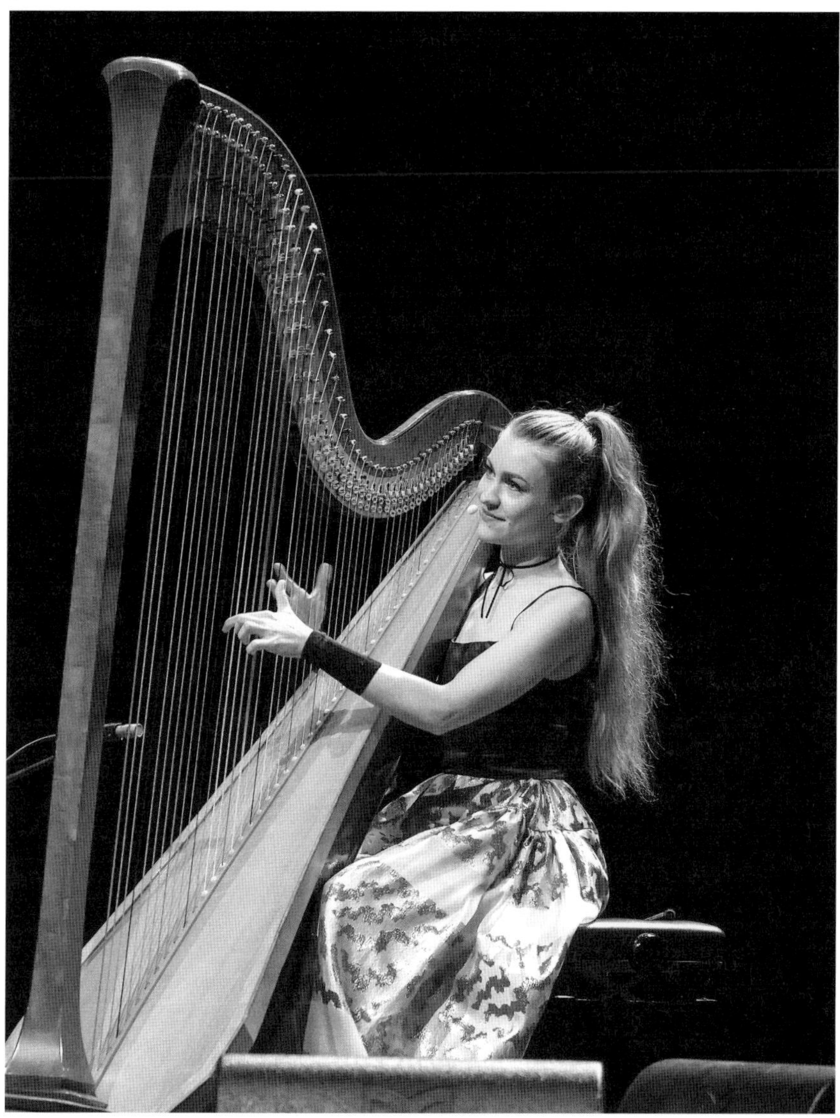

Ein singendes Erzählen, das sich aus der Rhythmik schält; eine Sprache, die nach Mitteilung strebt und sich doch immer der Faszination reiner Laute erinnert: Joanna Newsom mit ihrer «Lyon & Healy Style 11»-Pedalharfe.

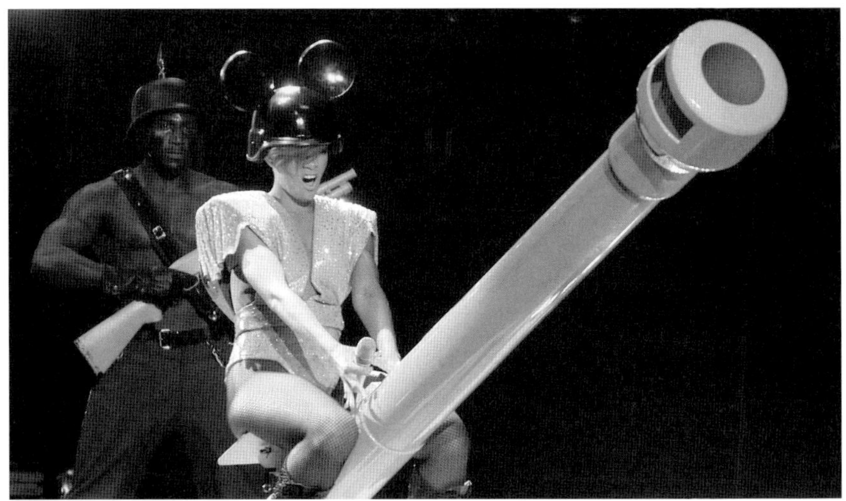

Bei ihren Konzerten lernt man, wie weit man heute kommen kann, ohne ein «Ich» zu besitzen: Rihanna ist die Strukturalistin unter den aktuellen Pop-Diven.

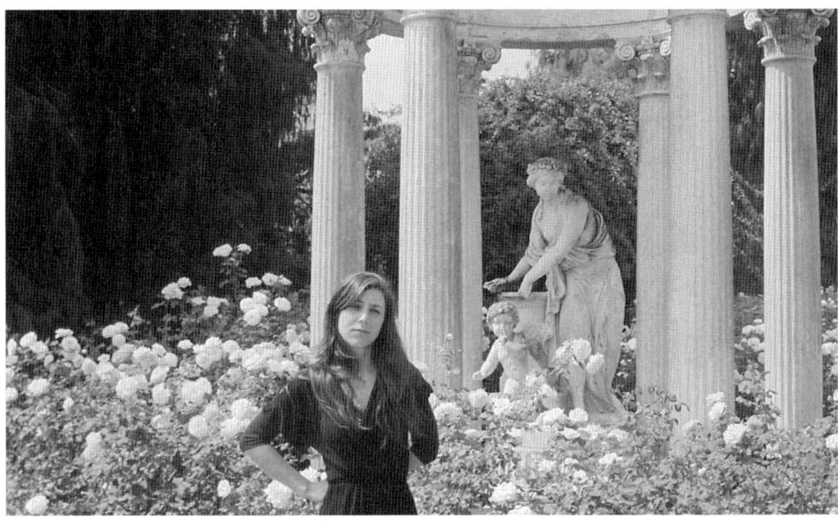

Die Retro-Ästhetik im neueren Pop treibt sie in bislang unbekannte Extreme: Auf ihrer LP «Tragedy» vertont Julia Holter eine Euripides-Tragödie aus dem Jahr 428 v. Chr.

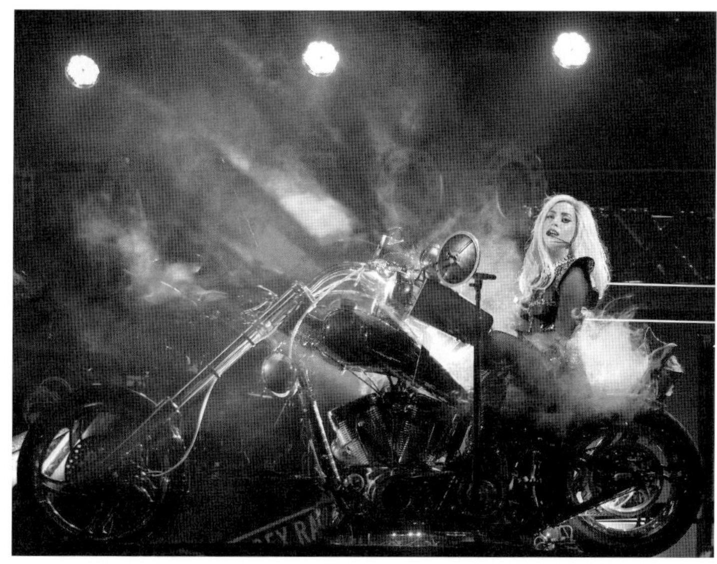

Die entsubjektivierte Ästhetik der großen Pop-Diven durchsetzt sie mit Momenten einer geradezu quälend intimen Authentizität: Lady Gaga.

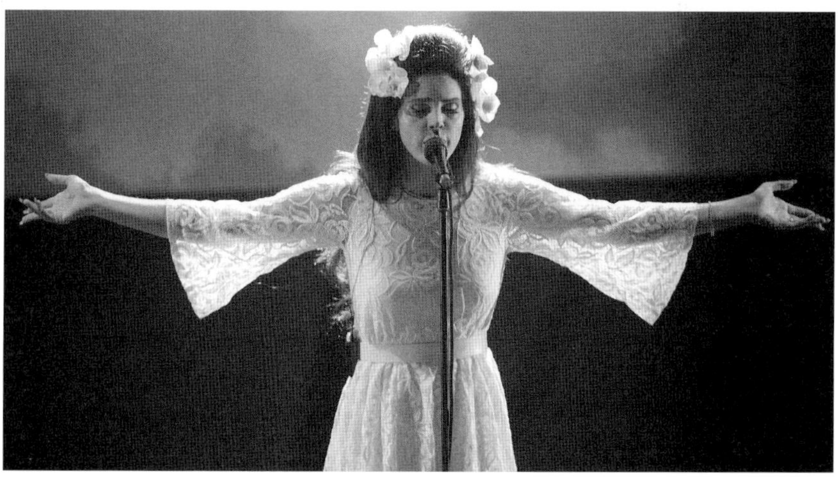

Noch den letzten Anschein künstlerischer oder sonstiger Vitalität ersetzt sie durch die Symbolsprache der Unterwerfung, der Willen- und Leblosigkeit: Lana Del Rey.

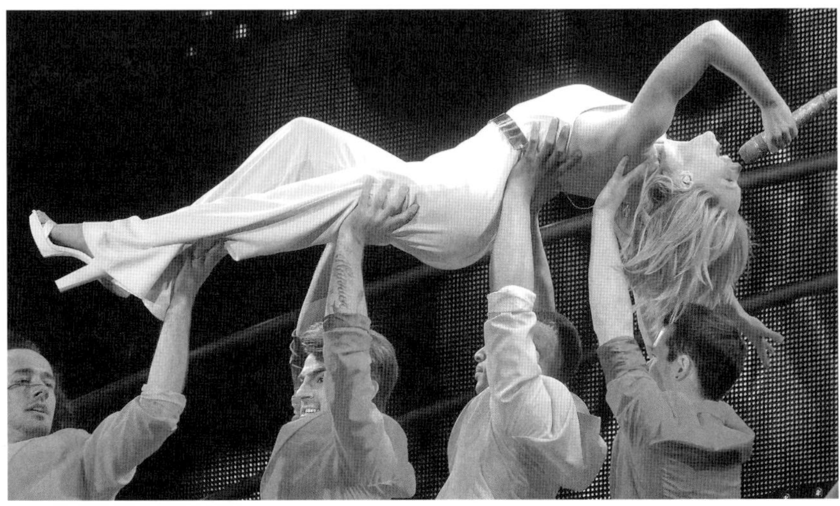

Mit den Mitteln eines nihilistischen Postfeminismus ist sie zur vollendeten Souveränin im Pop geworden: die megaeklektische Multimediakünstlerin Helene Fischer.

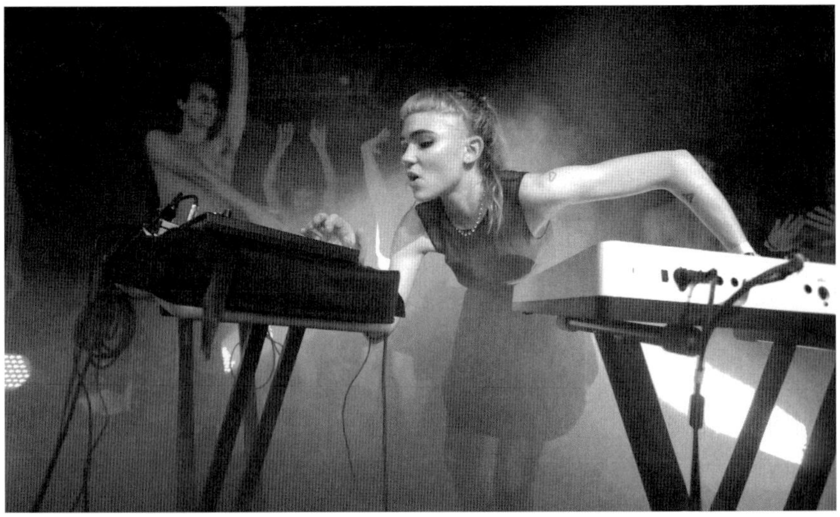

Gibt sich als Ingenieurin und hysterische Diva, als Herrin über die Produktionsmittel und als erotisch dominante Figur in endloser hektischer Intensität: Grimes.

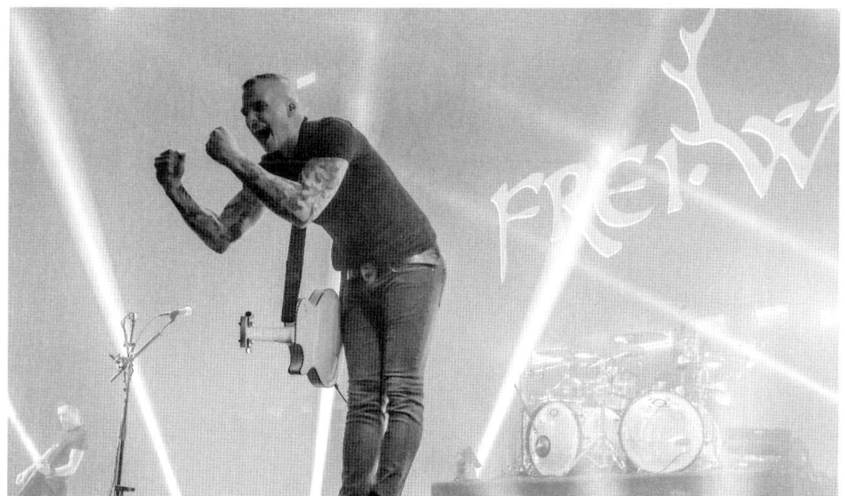

Aggressive Männlichkeit verbindet sich mit einem ausgiebigen Auskosten der eigenen Opferrolle: Die Südtiroler Band Freiwild bietet die Blaupause für identitären Pop.

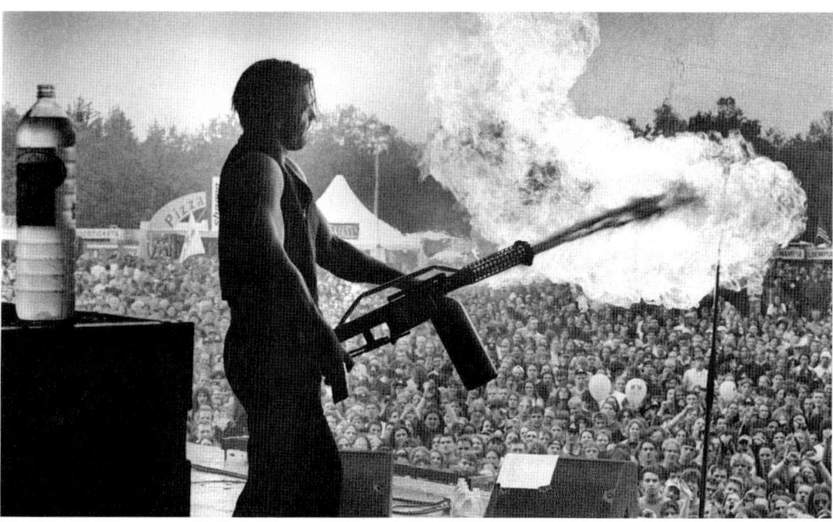

Ihr dominant-eklektisches Spiel mit sexuellen Rollenmodellen macht sie zum maskulinen Spiegelbild von Helene Fischer: Rammstein sind die weltweit erfolgreichste deutsche Band.

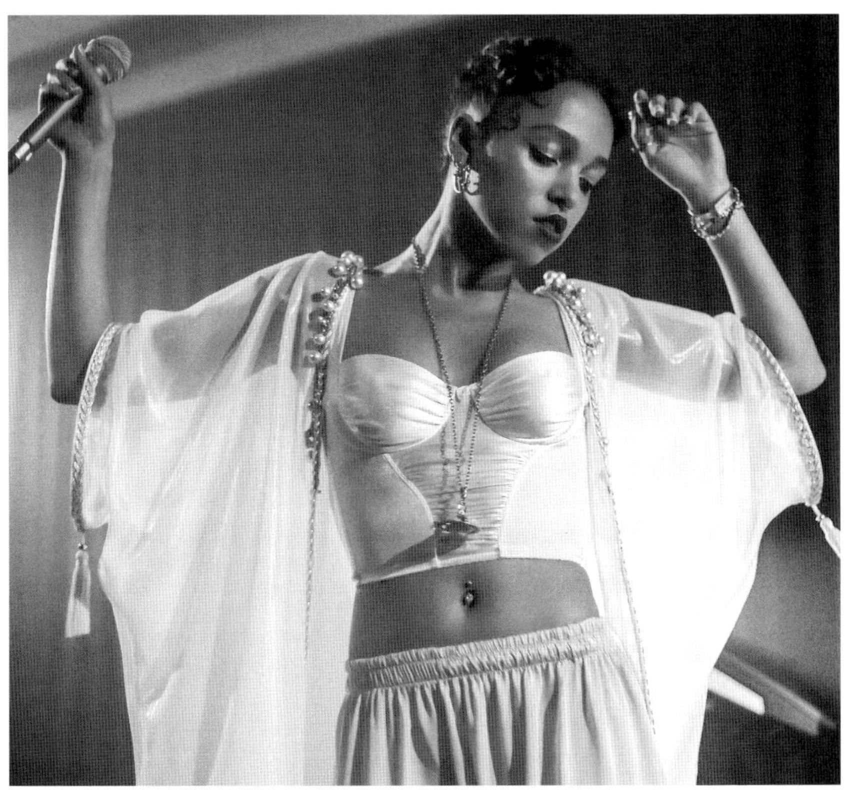

Prometheische Selbsterschaffung aus dem Geist der Versöhnung von Unterwerfung und Dominanz: FKA twigs verbindet ihren zarten Gesang mit grob klackernden Beats, grollenden Drones und schwer vibrierenden Bässen.

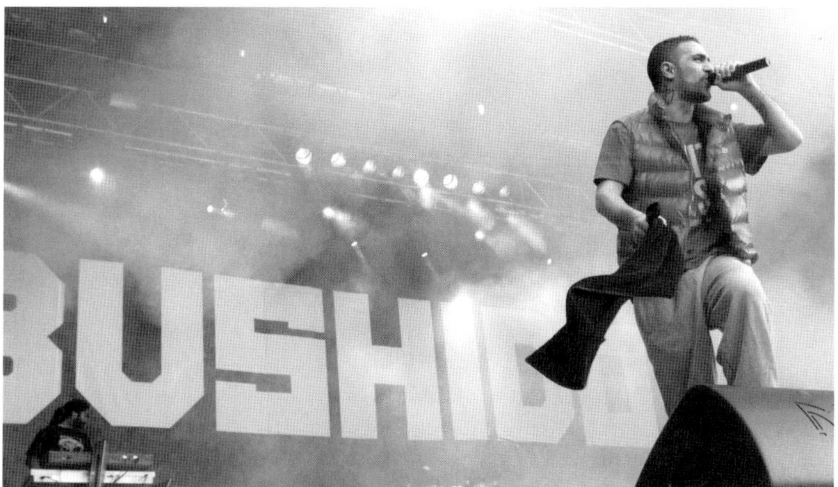

Wie Freiwild verknüpft auch er ein von heterosexueller Härte geprägtes Männlichkeitsbild mit einem Lob von Herkunft, Heimat und Identität: Bushido.

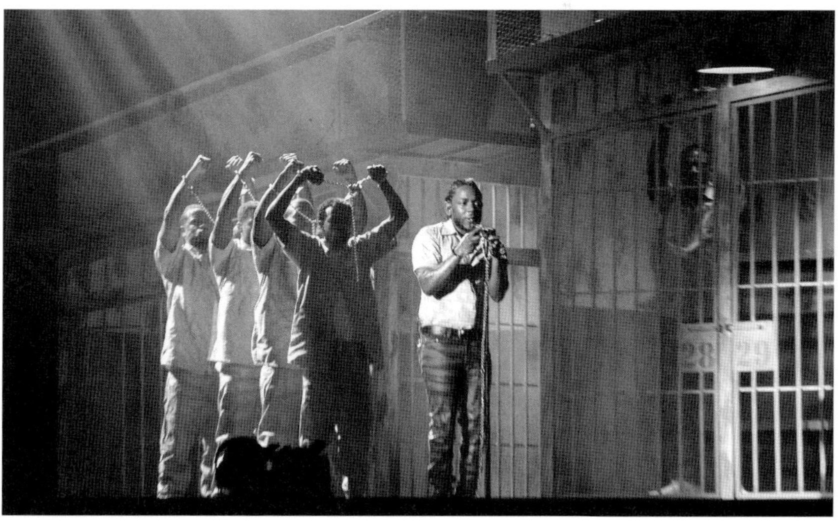

Der größte Hip-Hop-Star der USA inszeniert sich bei der Verleihung der Grammys als Sträfling in einer Chain Gang: «Ich weiß, dass ihr mich und mein Volk hasst», rappt Kendrick Lamar.

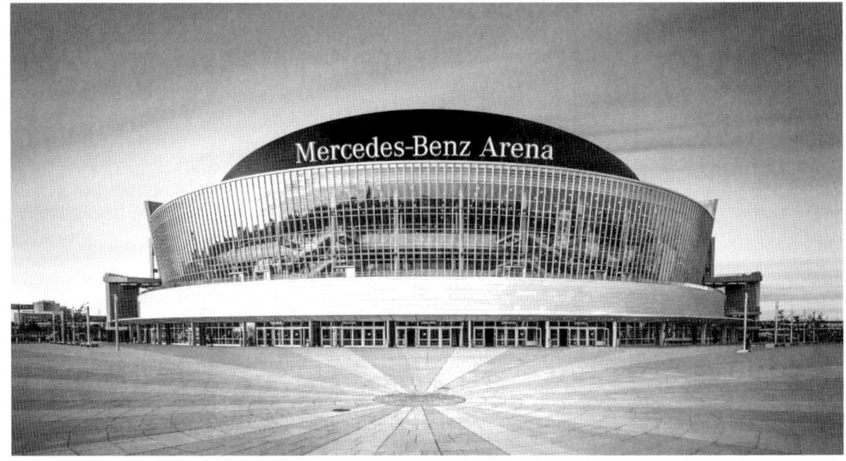

Die Popkultur ist eine Welt des alles durchdringenden Marketings und der digitalen Kontrolle. Die Mehrzweckhalle am Berliner Ostbahnhof, ein paradigmatischer Ort.

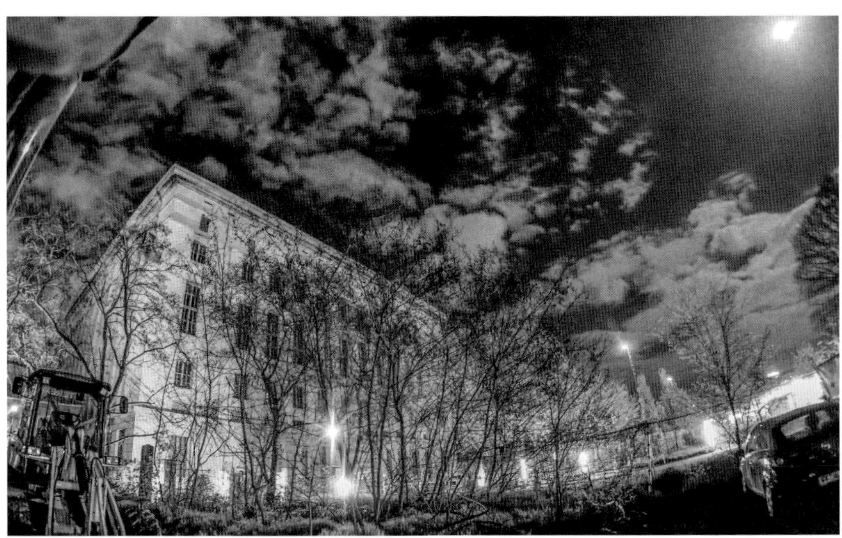

Manchmal schenkt die Popmusik aber auch Momente der Freiheit und eines zwanglosen Miteinanders: abendlicher Blick auf den Techno-Klub Berghain.

10. Perverse Exzesse im Nonnenkloster: Justin Bieber und seine ungerufenen Geister

Den von Lady Gaga vorgetragenen Familiengedanken findet man in der massenbegeisternden Popmusik der frühen zehner Jahre öfter. Sie selbst pflegt ihre Anhängerinnen und Anhänger auch als «Little Monsters» zu titulieren. In ihren Konzerten, in Facebook-Kommentaren und Twitter-Nachrichten zeigt sie ihrer Fangemeinschaft, dass man auch als offensiv sonderbar gekleideter, Aussehen und Identitäten wechselnder Freak – wie sie selbst – ein souveränes Leben führen kann. Diesem Gemeinschaftskonzept ist die zweite, ebenso bestimmende Großfamilie der Dekadenwende gerade entgegengesetzt. Die sogenannten Beliebers oder auch Bieberetten deuten schon in ihrem Namen an, dass es ihnen nicht um vielfältige Abweichung geht, sondern vielmehr um die unterschiedslos unterwürfige Verehrung eines einzelnen Künstlers: Justin Bieber.

Neben Lady Gaga war Bieber in den frühen zehner Jahren der größte Popstar der westlichen Welt, zumindest wenn man von deren acht bis sechzehn Jahre alten Bewohnern ausgeht. Als er im April 2011 sein erstes Berlin-Konzert gibt, strömen Kinder und Jugendliche in schier endloser Menge in die Mehrzweckhalle am Ostbahnhof. Wie bei Lady Gaga reisen auch hier viele mit ihren Eltern an. Allerdings bringen diese ihre Kinder nur bis zum Hallenvorplatz, um sich dann während des Auftritts an einem der eigens für sie aufgestellten Bierstände zu amüsieren oder in einem der angrenzenden Stadtviertel in Ruhe zu Abend zu essen.

Abweichendes Verhalten fällt sofort auf. Als ich vor Beginn des Konzerts mit einem Freund vor der Halle stehe und rauche, kommt ein etwa fünfzehnjähriger Fan auf uns zu und bittet uns um eine Zigarette. Während wir noch überlegen, ob wir uns strafbar machen, wenn wir ihm eine geben, fragt er uns, was wir hier überhaupt machen. «Wir wollen ins Justin-Bieber-Konzert.» – «Sie wollen sich echt Justin Bieber ansehen?», antwortet der Fünfzehnjährige. «In Ihrem Alter? Das ist ja süß!»

Vor dem Eingang kommt es unterdessen zu dramatischen Szenen. Zum einen weil die Bieberetten, die jünger als vierzehn sind, nur in Begleitung von Erziehungsberechtigten Zutritt erhalten; wer das nicht wusste, wird kalt abgewiesen, und so laufen nun Gruppen von verzweifelten unbegleiteten Mädchen die Warteschlangen auf und ab und suchen nach Adoptiveltern. Zum anderen hat das Management aus irgendeinem Grund das Mitbringen von selbstgemalten Plakaten verboten. Da aber fast jede Bieberette ein selbstgemaltes Plakat dabeihat, auf dem, verziert mit Fotocollagen, Herzchen und Blümchen, ihr Star in den Himmel gehoben wird, fließen am Eingang immer wieder Tränen, wenn diese Plakate von den Ordnern konfisziert und in große blaue Müllsäcke gestopft werden.

Justin Bieber wurde 1994 in London, Ontario, geboren und im Alter von dreizehn Jahren von dem Talentmanager Scott Braun entdeckt – dieser stieß auf einige selbstproduzierte Videofilme, in denen Bieber populäre R-'n'-B-Songs interpretierte und die von seiner ehrgeizigen Mutter auf die damals noch neue Internetseite YouTube gestellt worden waren. In den folgenden Jahren entwickelte sich YouTube zum wichtigsten Verbreitungsmedium für junge, noch unbekannte Musiker, und das Sich-selbst-Filmen beim Nachsingen bekannter Hits wurde ungemein populär. 2007 ist Justin Bieber in beiden Hinsichten aber noch ein Pionier – man könnte sagen, dass er der erste durch YouTube geprägte und ermöglichte Superstar ist.

Das äußert sich auch darin, dass für seinen Erfolg visuelle Aspekte mindestens genauso wesentlich sind wie die Musik; zu Beginn seiner Karriere war Biebers streng feminine Wuschelmobfrisur gerade unter lesbischen Teenagern stilbildend. Eine populäre Webseite mit dem Titel «lesbianswholikejustinbieber» bietet hierzu genauere Informationen sowie Bilderserien von lesbischen Bieberetten – auch die Bieberetten-Familie treibt also einen im Sinne von Lady Gaga «monströsen» Zweig der kreativen Aneignung aus.

Der Abend beginnt dann pünktlich um achtzehn Uhr dreißig mit einem Auftritt des heute längst schon wieder vergessenen Sängers Bluey Robinson, der sich lediglich von einer Akustikgitarre begleiten lässt. Schon jetzt kreischen die sechzehntausend Mädchen im Saal dermaßen laut, dass einem die Ohren sausen; Robinson spielt unbeirrt von dem nicht ihm geltenden Mädchenlärm und fragt zwischen den Stücken das Publikum: «Seid ihr auf Twitter?» – «Kreisch!» – «Dann könnt ihr mir @blueyrobinson folgen.» – «Kreisch!» – «Jetzt kommt mein nächstes Stück, checkt das auch mal auf YouTube!»

Justin Bieber kommt ebenso pünktlich um neunzehn Uhr fünfzehn in einem silberweißen Astronautenanzug auf die Bühne, gemeinsam mit Chorsängern, Tänzern und einer Band, mit der er sich in den folgenden anderthalb Stunden durch sein Repertoire spielt. Er beginnt mit «Love Me», «Bigger» und «U Smile» und entledigt sich zum vierten Stück «Runaway Love» schließlich seines Astronautenjacketts: «Kreisch!» Zu «Never Let You Go» besteigt Bieber ein herzförmiges Drahtobjekt und schwebt darin gitarrespielend zehn Meter über den Bieberetten; das Gleiche wiederholt er in dem Stück «Up» auf einem schwebenden Ei. Was die Darbietung individueller Flugkünste angeht, wird dem Publikum mithin einiges geboten – eine techno-akrobatische Praxis, die etwa zeitgleich von der zuvor als reine Schlagersängerin wirkenden Helene Fischer übernommen wird, im Zuge ihrer Verwandlung zum spartenübergreifenden Superstar. Ich komme im sechzehnten Kapitel darauf zurück.

Anders als Fischer ist Justin Bieber aber nicht nur ein hervorragender Flugkünstler, Sänger und Tänzer. Er spielt auch Schlagzeug, Klavier und Trompete. Am Ende des Abends bittet er seine Mutter auf die Bühne, um ihr zum Geburtstag eine Torte zu schenken. Passend dazu schließt das letzte Stück des Hauptteils, «One Time», mit einem langen Gitarrensolo, zu dem Porträtaufnahmen von Bieber an die große Leinwand projiziert werden. Die Bilderreihe beginnt in der Gegenwart, um sich über Teenie- und Kinderfotografien in die Vergangenheit zurückzuarbeiten bis zu einem sehr niedlichen Babyporträt.

Das erinnert einerseits an die von ihm unermüdlich verbreiteten YouTube-Filme, in denen Bieber nicht notwendig musiziert, aber in jedem Fall vorgeblich authentische Einblicke in sein Privatleben gibt: Während zeitgleich Amy Winehouse sich als passives Opfer des neuen Internet-Voyeurismus erniedrigen lässt, zeigen Bieber und sein Management zumindest in der Anfangsphase seiner Karriere, wie sich durch die professionelle Steuerung des voyeuristischen Begehrens die Simulation eines sympathischen Jungen mit einem intakten Privatleben erzeugen lässt.

Andererseits vermittelt die Bilderserie den Eindruck, man wohne einem Nachruf zu Lebzeiten bei, was bei einem Sechzehnjährigen doch etwas verfrüht erscheint. Aber tatsächlich hat Bieber kurz vor dem Berliner Konzert angekündigt, seine musikalische Karriere bald zu beenden und ersatzweise und aus Gründen der persönlichen Weiterentwicklung sowohl ins Filmgeschäft wie auch in die Parfümdesign-Branche einzusteigen – zwei Karrierepläne, aus denen, wie wir heute wissen, dann doch nichts geworden ist. Er hat lediglich für die Pariser Firma Etoile Nation eine duftende «dog tag»-Kollektion entwickelt; «dog tags» sind militärische Erkennungsmarken, die Soldaten zur leichteren Identifikation nach dem Tod um den Hals tragen. Damit man als Soldat auch im Tod noch gut riecht, hat Justin Bieber seine «dog tags» zum Beispiel mit Granatapfel-Flavor bestäubt.

Das Berliner Konzert endet pünktlich um zwanzig Uhr fünfundvierzig mit dem Stück «Baby»; und während rund um die Halle noch lange Zeit die spitzen Schreie aufgekratzter Mädchen in den Aprilhimmel schallen, mache ich mich mit meinem Begleiter auf, um in einer der kleinen Hipster-Bars nahe der Spree den Abend gepflegt fortzusetzen. Interessanterweise werden wir dort – obwohl weit und breit keine fünfzehnjährigen Mädchen zu sehen sind, sondern lediglich bärtige Männer und Frauen mit Dutt in ihren Zwanzigern – gleich wieder von einem Justin-Bieber-Song begrüßt, und zwar von der gerade zuvor gehörten Hit-Single «U Smile».

Die Version des Songs, die der Bar-DJ in einem abgedunkelten Hinterzimmer auflegt, klingt beim ersten Hinhören allerdings gar nicht nach «U Smile» oder auch nur nach Justin Bieber. Vielmehr verwandelt sich ein langsam anschwellender, geigenartiger Ton im Verlauf von Minuten in einen gewaltigen, gischtartig schäumenden, dann wieder britzelnd zerstäubenden Bass. Dazu hört man ätherisches Hauchen wie von dem Geist einer frisch verstorbenen Frau: körperlose Geistermusik aus dem Jenseits.

Denn nicht nur bei den pubertierenden Mädchen der Welt erfreute Justin Bieber sich 2011 großer Beliebtheit, sondern auch bei der Pop-Avantgarde. In gewisser Weise zumindest – den Geistermusik-Remix seiner Single «U Smile», den wir nach dem Konzert zu hören bekommen, hat Justin Bieber gar nicht selbst in Auftrag gegeben. Er stammt von dem aus Florida kommenden Produzenten Nick Pittsinger alias Shamantis, der sich auf Zeitlupenremixe populärer Chart-Erfolge spezialisiert hat. Shamantis – mit zwanzig Jahren damals immerhin vier Jahre älter als Bieber – hat den Titel um das Achtfache verlangsamt. Statt der im Radiopop üblichen drei Minuten dauert sein «U Smile 800 % Slower» nun geschlagene fünfunddreißig Minuten und achtundvierzig Sekunden.

Nachvollziehbarerweise hört das Stück sich damit auch gar nicht mehr wie ein Pop-Stück an. Aus dem dahingeträllerten R-'n'-B-Song ist eine epische Ambient-Sinfonie aus sphärischen Klängen geworden. Es wirkt nicht so, als singe ein lebendiger, körperlich anwesender Popmusiker in ein Mikrophon, sondern vielmehr als seien die Klänge – nicht unähnlich den hippieesken Kollektiv-Jam-Experimenten von Animal Collective oder den apokalyptischen Klangvisionen von Burial – ohne eigenes Zutun an das Ohr gelangt; als empfange man einen Gesang aus dem Äther, mit allen Unschärfen, die schlechte Übertragungen und prekäre Empfangssituationen mit sich bringen.

Witch House oder Ghost Drone heißt das seit 2010 erblühende Genre, dessen ersten Höhepunkt «U Smile 800 % Slower» bildete – zumal Justin Bieber diese Version seinen Fans via Twitter persönlich als «cool» und «episch» empfohlen hat (und darauf verzichtete, den Produzenten wegen Urheberrechtsverletzung zu verklagen). Schon im folgenden Herbst wimmelte es nur so vor blutjungen Künstlern aus aller Welt, die Chart-Titel durch elektronische Achthundert-Prozent-Verlangsamung in monströse Gothic-Lieder verwandelten. Aus Australien, Mexiko und den USA kamen die prominentesten Akteure; interessant ist aber auch die «Zombie Rave Version», die die Düsseldorfer Band Mater Suspiria Vision von dem Stück «Posse (I Need You On The Floor)» der Hamburger Stadion-Techno-Rave-Könige Scooter verfertigt hat. Aus deren forsch-teutonischen Techno-Beats wird eine Reihe langsamer, granatenschlagartiger Erschütterungen, zu denen Scooter-Sänger H. P. Baxxter mit leiernd tiefer, endlos zerdehnter Stimme heult und schreit, als unterziehe er sich gerade einem Exorzismus. Im dazugehörigen, wiederum über YouTube verbreiteten Videoclip sieht man die Schauspielerin Drew Barrymore in einer sich unermüdlich wiederholenden Zeitlupenaufnahme, wie sie bei einem Autounfall durch eine splitternde Windschutzscheibe bricht.

Die Technik der elektronisch erzeugten Verlangsamung lässt sich natürlich weit tiefer in die Geschichte der Popmusik zurückverfolgen; ihr erster Meister war der im November 2000 verstorbene texanische DJ und Produzent Robert Earl Davis, Jr. alias DJ Screw. Seit Mitte der neunziger Jahre remixte er populäre Hip-Hop-Stücke, indem er die Platten herunterpitchte, also mit wesentlich niedrigerer Geschwindigkeit abspielte. In seinen «chopped and screwed»-Versionen wurde die Musik zähflüssig wie Sirup – was gern als Widerspiegelung des Umstands beschrieben wird, dass zähflüssiger, codeinhaltiger Hustensaft im Texas der Zeit zu den beliebtesten Drogen gehörte. Tatsächlich ist DJ Screw, damals gerade neunundzwanzig Jahre alt, wohl auch an einer zu hohen Codeinkonzentration im Körper gestorben.

Diese ältere Tradition des dramatisch verlangsamten Hip-Hop und der dazugehörigen Beatbastelei verbindet sich im Witch House mit jener Ästhetik der Entschleunigung, die uns schon bei den Zeitlupen-Metallern von Sunn O))) begegnet ist oder bei den New-Weird-America-Künstlern der mittleren nuller Jahre; nicht umsonst meinte ein amerikanischer Rezensent anlässlich «U Smile 800% Slower»: «Justin Bieber klingt jetzt wie Animal Collective!» Bei Shamantis und Gleichgesinnten ist die Entschleunigung gewissermaßen zur Bedingung der Möglichkeit des Musizierens schlechthin geworden, zum ästhetischen Prinzip, zum ironisierenden, übersteigernden, jedenfalls: vielfältig einsetzbaren technischen Mittel.

Überdies bedient sich diese Ästhetik – das ist die dritte Traditionslinie, der eine zentrale Rolle zukommt – wiederum aus dem Symbolinventar der in tonangebenden Kreisen des Pop damals weithin vergessenen Gothic-Kultur, also jener popmusikalischen Schule, die Ende der siebziger Jahre als Reaktion auf den Punkrock entstand. Wo Punk zur Zerstörung des eigenen Körpers aufrief und ihn auf diese Weise noch einmal dialektisch ins Zentrum der Aufmerksamkeit rückte, wollten die Gothic-Musiker ganz wertherianisch bloß noch aus der Welt verschwinden, sich verwandeln, transsubstanziieren, aus ihren sterblichen Hüllen entfliehen. Stilbildende Gothic-Bands ließen sich – wie etwa The Cure auf dem Cover des Albums «Pornography» von 1982 – nur schemenhaft, verwischt, verwaschen fotografieren.

Washed Out heißt denn auch nicht zufällig eine der jungen Witch-House-Gruppen, die im weiteren Verlauf des Jahres 2011 für Furore sorgten. Typisch für das Genre ist, dass die Identität nicht nur auf der ikonographischen Ebene verwischt wird oder etwa dadurch, dass man in absoluter Dunkelheit auftritt. Die meisten Künstler geben sich – wie der aus San Francisco kommende Produzent oOoOO – unaussprechliche Namen oder gleich solche, die man mit einer normalen Tastatur nicht mehr eingeben kann: ein schwarzes Dreieck als Pyramidensymbol; auf dem Kopf stehende Christenkreuze mit einem oder mehreren Querstrichen; mathematische oder formal-logische Sonderzeichen; im Alltagsgebrauch unüblich gewordene Umlaute aus dem Altgotischen.

Das sieht nicht nur schick und geheimnisvoll aus, sondern sorgt auch dafür, dass man diese Künstler und Bands nicht mehr googeln kann. Der maximalen Sichtbarkeit im Internet entziehen sich die Witch-House-Künstler durch alle möglichen Techniken des Verschwindens – und machen sich dadurch, so funktioniert die Pop-

Dialektik, noch sichtbarer und interessanter. Das ist auch in den Videoclips so, die ihre Musik auf YouTube oder den eigenen Webseiten illustrieren. Man findet hier eine Mischung aus verwackelter und grob verpixelter Dokumentarfilmästhetik und schwer zu erkennenden gruseligen Bildern, die an Genre-Filme wie «Blair Witch Project» erinnert. Gern werden auch Schnipsel aus italienischen «Nonnen beim Exorzismus»-Horrorpornofilmen der siebziger Jahre (auch «Nunsploitation» genannt) verwendet.

Die Lo-Fi-Musik passt perfekt zu diesen Low-Budget-Videos, die wiederum perfekt zu YouTube passen – jedenfalls zum YouTube der späten nuller Jahre, als dort noch Beiträge von nichtprofessionellen Nutzern vorherrschten, Do-it-yourself-Filmchen und amateurhafte Mitschnitte von Fernsehsendungen und Kinofilmen. Einerseits entstand hier nach dem Bedeutungsverlust von MTV und vergleichbaren Sendern Anfang der nuller Jahre erstmals wieder ein Ort, an dem in nennenswertem Umfang Musikvideoclips gezeigt und angeschaut wurden. Andererseits geschah dies zunächst in einer verglichen mit dem Fernsehen optisch schlechten Qualität, die auch durch die damals noch bescheidenen Übertragungsraten bedingt war. Diese technische Minderwertigkeit wird in den Witch-House-Videos produktiv umgewertet: Gerade weil man darin so wenig erkennt, ist die Bedeutung der visuellen Ästhetik so groß wie in keinem anderen Genre seit dem Konkurs des Musikfernsehens als popkulturell prägenden Mediums.

Das Visuelle und die Musik, die Symbole und Sounds, die niedrigen Übertragungsraten im Internet und die geisterhafte Klang- und Stimmverfremdung gerade der beliebtesten Popstars der Zeit ergänzen einander zu einem multimedialen Mysterien-Trash, in dem sich das ganz Große und das ganz Kleine, die unendlichen Bedeutungsräume der Metaphysik und die winzigsten Fragmente aus der flüchtigen Popkulturgegenwart in sonderbarer Weise miteinander verschränken. Man könnte also auch sagen: Wir haben es bei diesen neuen Endlichkeitsbildern mit der ersten Ästhetik des Transzendenten zu tun, die ausschließlich durch das Internet erzeugt wird. Unter den Bedingungen der universellen medialen Verfügbarkeit suchen die fortgeschrittensten Hipster der Popkultur nach den neuesten Updates des nicht verfügbaren Rests: nach der Metaphysik 2.0.

Wie im Gothic der achtziger Jahre nach dem gottlosen Nihilismus wieder die Endlichkeitssymbolik der christlichen Kirchen in der Popmusik Einzug hielt – Friedhofsromantik und Jesuskreuze, gottesfürchtige Choräle und Orgelgewimmer –, mehrten sich mit der Witch-House-Szene nun auch wieder jene Produzenten und Bands, die ihre Musik mit gregorianischen Chören und synthetischen Kirchenorgeln garnierten. Zum Beispiel das aus Michigan stammende Trio Salem, das mit «King Night» im Herbst 2010 das erste Langspielalbum des Genres vorlegte: liebevoll arrangierter, gnadenlos übersteuerter, komplett größenwahnsinniger wagnerianischer Zeitlupenpop mit Chören, Kirchenorgel-Samples und verlangsamtem Rap-Gesang. Bei ihren Konzerten – wie bei dem ersten Berlin-Auftritt im Dezember 2010 im Festsaal Kreuzberg – stehen Salem fast regungslos auf der Bühne, mit glasigem Blick und extrem heruntergedimmten Bewegungen, als gehe sie das, was gerade passiert, eigentlich überhaupt nichts an; als sei ihr Geist gerade aus den Körpern entflogen und habe lediglich leere Hüllen zurückgelassen.

Ähnlich passiv präsentierten sich die Ectoplasm Girls, zwei schwedische Schwestern, die auf ihrer Ende 2011 erschienenen Platte «TxN» als Geisterbeschwörererinnen und beschworene Geister zugleich auftraten. Sie sangen und hauchten mit den Stimmen von Toten, die bei einer spiritistischen Sitzung zum Leben erweckt wurden, und ließen sich willig von den Dämonen fortreißen, die sie gerade noch zu bannen versucht hatten. Die kanadische Produzentin und Sängerin Grimes, von der im dreizehnten Kapitel ausführlich die Rede sein wird, zeigte sich bei Konzerten und auf den Künstlerfotos zu ihren ersten beiden Alben «Geidi Primes» und «Halfaxa» 2010 als zipfelmützentragendes Ghoul-Mädchen aus dem kalten Norden; sie kombinierte scheinbar naive Liebesgesänge mit unbehaglichem Synth-Rumpeln, Zombiegestöhn und Beats, die wirken, als seien sie auf Knochen geklopft. Die britische Produzentin Elizabeth Walling alias Gazelle Twin verband gregorianische Chöre mit sich bizarr blähenden Bigband-Arrangements. Die US-amerikanische Sängerin Zola Jesus posierte auf dem Cover ihres Albums «Conatus» in wehenden und gleichsam gefroren erscheinenden Gewändern, wie eine Wiedergängerin, eine gehauchte Erinnerung an ein längst schon verblichenes Mädchen.

Um eine Deutung zu versuchen: So wie die extreme Entschleunigung der Musik auf das immer höhere Tempo des digitalen Kapitalismus reagiert, so lässt sich die Entseelung der Musiker auf der Bühne als Verweigerung gegen den universalen Performance- und Selbstdarstellungszwang werten, der sich an der Wende zu den zehner Jahren im Internet mit den sozialen Netzwerken verfestigt. So wie im Witch House die digitale Sphäre vom Medium der universalen Sichtbarkeit und Transparenz zu einem mythischen, undurchsichtigen Bereich transformiert wird, so verwandeln die Protagonisten der neuen Geistermusik das Medium der andauernden Selbstpräsentation in eine Sphäre des Nicht-Ichs, des entseelten Außer-sich-Seins.

Womit wir wieder bei Justin Bieber anlangen, denn kein anderer Künstler eignet sich besser als Negativfolie für diese Ästhetik. Die maximal präsente Multi-Channel-Figur Bieber ist der erste Superstar der YouTube- und Social-Media-Epoche, dagegen sind die maximal nichtpräsenten Protagonisten des Witch House und der neuen Geistermusik die ersten Anti-Helden der Ära. Bieber versteht es, die neue Unübersichtlichkeit zum Medium einer heroischen Subjektivität zu machen, dem setzt der Anti-Bieberismus das Modell einer Passivität entgegen, die sich der Gegenwart offensiv verweigert.

Interessanterweise dauert es nicht lange, bis diese Ästhetik des Nicht-Ichs, der Passivität und des Verschwindens aus dem Underground in den massenbegeisternden Mainstream vordringt. Zwei der prägenden Popstars der frühen zehner Jahre lassen sich als Weiterentwicklung der anti-bieberischen Zombifizierung betrachten: Lana Del Rey und Unheilig. Um diese beiden wird es im Folgenden gehen.

11. Wer gerne stirbt, muss vorher leben: Lana Del Rey, Unheilig und die erregende Kraft des endlosen Endens

Zu einem der schlechtesten, aber auch interessantesten Konzerte, an denen ich in den letzten Jahren teilnehmen durfte, kommt es im April 2013 in dem ansonsten für Sportveranstaltungen genutzten Velodrom in Berlin. Vor ausverkauftem Haus gibt die zu diesem Zeitpunkt bereits weltweit gefeierte Sängerin Lana Del Rey das erste große Konzert in der Stadt seit der Veröffentlichung ihres Albums «Born To Die» im vorangegangenen Jahr. Anderthalb Stunden lang spielt sie sich durch die darauf zu hörenden Lieder, in denen sie zu langsamen Rhythmen und verhalten schwellenden Melodien mit schläfriger Stimme bekundet, dass sie sich als sehr schwaches Mädchen begreift mit einem Hang zu starken, dominanten und charakterlich zweifelhaft konstituierten Kerlen. Deswegen sieht Lana Del Rey sich andererseits und ergänzend auch als böses Mädchen, als «bad girl».

Um diese Bösartigkeit zu demonstrieren, beschallt sie ihr Publikum vor Beginn des Konzerts mit disharmonisch nervenzerfetzenden Streichquartettkompositionen aus der New Yorker Nachkriegsavantgarde, wodurch schon nach kurzer Zeit eine aufgeweckte, man könnte auch sagen: adrenalingesteuerte Stimmung entsteht. Erwachsene Menschen buhen und schreien, Kinder weinen – ein interessanter Kontrast zu den kalkuliert sedierend wirkenden Songs, die dann den Rest des Abends bestimmen.

Lana Del Rey erscheint in einer Mischung aus Umstands- und Babydoll-Kleid und sieht damit wie eine schwangere Jacqueline Kennedy aus. Die Bühne wird von einer überdimensionierten dreiteiligen Schminkspiegelattrappe beherrscht, auf der gelegentlich die Videoclips der Künstlerin erscheinen. In dem Film zu ihrem ersten Hit «Video Games» zeigt Lana Del Rey sich in verwackelten, verwaschenen und farbgesättigten Bildern, die einerseits an die Ästhetik des Witch House erinnern, andererseits aber auch so wirken, als stammten sie aus den fünfziger und sechziger Jahren des letzten Jahrhunderts und seien erst kürzlich in einer welligen Pappschachtel auf einem staubigen Dachboden gefunden worden; im Verein mit der Jacqueline-Kennedy-Bekleidung erweckt die Sängerin den Anschein, sie sehne sich in eine Vergangenheit zurück, die sie aufgrund ihrer späten Geburt selbst gar nicht erlebt haben kann.

In dem Film zu ihrem zweiten Hit, «Born To Die», sitzt Lana Del Rey im Inneren eines monumentalen Mausoleums. Die mithin wohl gerade verstorbene Frau blickt auf ihr irdisches Dasein zurück und auf schöne, leidenschaftliche Momente mit einem Mann, mit dem sie zeitlebens nicht dauerhaft zusammen sein konnte. Nun steht sie an der Pforte zum Jenseits und hofft, dass sie dort mit ihm vereint werden wird: «I'm hoping at the gates / they'll tell me that you're mine». In der letzten Einstellung des Films sieht man den Geliebten, wie er die blutüberströmte Leiche von Lana Del Rey aus einem brennenden Gelände fortträgt.

Zu beiden Seiten des dergestalt gleichermaßen als Vergangenheits- und Zukunftsfenster dienenden Schminkspiegels stehen zwei Löwenstatuen aus Gips, die man vor allem aus China-Restaurants in westdeutschen Fußgängerzonen kennt. Gelegentlich streicht Lana Del Rey einem der Löwen mit geschlossenen Augen über die brüllende Schnauze – wie sie ihre Lieder auch sonst am liebsten mit gesenkten Lidern darbietet, wodurch ihre langen Wimpern-Applikationen gut zur Geltung kommen. Passend dazu wie zu der eher trägen Begleitmusik pflegt sie sich beim Singen auf ihren sehr flachen Schuhen in sonderbar steifer, langsamer Weise über die Bühne zu bewegen.

Ich wäre durchaus gewillt, das als originelle Inszenierung lasziver Posterotik zu werten. Meine Begleiterin findet hingegen, es sehe so aus, als würde Lana Del Rey bald eine Gehhilfe brauchen. Hier sieht man wieder einmal, wie der männliche und der weibliche Blick sich voneinander unterscheiden können, insbesondere in Fragen der Inszenierung weiblicher Sexualität. Gegen meinen Eindruck spricht allerdings auch, dass Lana Del Rey nach der Hälfte des Abends einen Klassiker des lasziven Pop, das Lied «Blue Velvet», in gezielt gefühlloser Weise zersingt.

Auch zu dem Stück «Ride» wird der entsprechende Videoclip eingespielt. Darin verherrlicht Lana Del Rey das freie Leben motorradfahrender Männergemeinschaften wie der Hells Angels; bei einem Korso durch die Wüste hält sie ihr Haar in den Wind – natürlich auf dem Rücksitz des Gefährts, denn Frauen, wie sie hier in idealtypischer Weise verkörpert werden, haben keinen Motorradführerschein. Genauso wenig verfügen sie über einen Beruf oder ein eigenes Konto, sie haben ihre Souveränität vollständig den begehrten Männern überantwortet.

Dafür vermag Lana Del Rey im Konzert mehrfach in der Kernkompetenz der modernen Hausfrau zu glänzen: dem Multitasking. Das erste Stück, «Cola», und das letzte Stück, «National Anthem», singt sie inklusive komplexer Jodeleinsätze und Triller, während sie zugleich im Bühnengraben Bärchen und Herzen von ihren Hörern und Hörerinnen entgegennimmt und unermüdlich Autogramme auf Eintrittskarten gibt. Zu Beginn des Abends hat sie einen distanzierten und angestrengten Eindruck erweckt, im letzten Drittel fällt die Anspannung sichtlich von ihr ab. Selten habe ich auf der Bühne eine Künstlerin erleben dürfen, die sich so sehr auf das Ende ihres Konzerts zu freuen scheint wie Lana Del Rey.

Das verbindet ihre Selbstinszenierung mit jener Ästhetik der Unlust und Arbeitsverweigerung, mit der ich mich im neunten Kapitel am Beispiel anderer großer Pop-Diven der nuller und frühen zehner Jahre wie Beyoncé und Rihanna befasst habe. Anders als diese hat Lana Del Rey jedoch noch den letzten Anschein künstlerischer oder sonstiger Aktivität und Vitalität durch die Symbolsprache der Unterwerfung, der Willens- und Leblosigkeit ersetzt. Man könnte sagen: Sie rekonfiguriert die Diva-typischen Posen, indem sie diese mit der Ästhetik des Verschwindens kreuzt, die für die Witch-House-Musik so prägend ist. Nicht ohne Grund stammt der interessanteste Remix von «Video Games» im Herbst 2011 von dem Witch-House-Produzenten Balam Acab. Zugleich inszeniert Lana Del Rey ihre Passivität nicht nur als allgemeine Lebens- und Weltmüdigkeit, sondern auch als Überdruss an der Gegenwart; das verbindet sie mit der Retromanie von Amy Winehouse.

Auf der Landkarte des Pop besetzt Lana Del Rey also eine Position, die exemplarisch und hochindividuell zugleich ist; insofern ist sie eine sehr interessante Figur, auch wenn ihre Musik eher langweilig ist. Wenn sich in der Stimme von Antony Hegarty, wie ich im achten Kapitel erläutert habe, eine Art dialektische Aufhebung der Gesangsweisen von Amy Winehouse und Joanna Newsom erkennen lässt, dann kann man in der Gesamtinszenierung von Lana Del Rey eine dialektische Verschränkung der Ästhetiken von Amy Winehouse und Adele sehen. Amy Winehouse trieb die Selbstzerstörung, die bis in die nuller Jahre von männlichen Rockmusikern gepflegt wurde, bis ins letzte, katastrophale Extrem; Adele setzte das Rollenmodell der bis zur Zwanghaftigkeit souveränen, selbstkontrollierten Diva dagegen. Lana Del Rey nutzt ihre künstlerische Souveränität in vollem Umfang dazu, sich als nichtsouveräne Frau zu inszenieren; als eine Frau, die aus der Gegenwart in die Vergangenheit flieht, aus der Klarheit eines präsenten Bewusstseins in den milchigen Nebel der Nostalgie; als eine Frau, die nichts mehr begehrt, als sich stärkeren Männern zu unterwerfen.

Auch das kann man – darin besteht wiederum eine Parallele zu Antony – als Masochismus beschreiben. Der Reiz liegt hier allerdings nicht im lustvollen Hinhalten und Hingehaltenwerden, sondern in einer Passivität, die von einer Nahtoderfahrung oder einer postkatastrophischen Existenz herrühren mag. Lana Del Rey erweckt nicht den Anschein, als empfinde sie beim Musizieren Lust oder gar Befriedigung. In ihren Liedern und Videofilmen und auf ihren Konzerten wirkt sie derart verlangsamt und verstrahlt, das man meinen könnte, sie stehe unter dem Einfluss willenlos machender Substanzen oder es handle sich bei ihr – darin liegt eine weitere Parallele zum Witch

House – um einen zwar latent funktionsfähigen, aber jeglichen Bewusstseins beraubten Körper: um einen Zombie.

Schon die Jenseits-Ästhetik von «Born To Die» verweist auf diese Zombifizierung. Am stärksten zeigt sie sich auf Lana Del Reys dritter Platte «Honeymoon» aus dem Herbst 2015. Hier lassen sämtliche Stücke in kunstvoller Weise noch die letzte Dynamik und Lebenskraft vermissen; so konsequent sind sie in mittlerer Geschwindigkeit, im mittleren Frequenzspektrum und mit einem alle Konturen auswaschenden Hall produziert, dass es klingt, als raffe sich eine erlöschende Seele noch einmal zum Musizieren auf. Der dann beinahe schon bewusstlose Leib dient allenfalls noch als Projektionsfläche für Wünsche aller Art sowie im Besonderen für den tabuisierten Wunsch eines sadistisch veranlagten Mannes nach einer gefügigen Frau, mit der er machen kann, was er will.

In dieser Verschränkung von Souveränität und Nicht-Souveränität, von Dominanz und Masochismus, von passivem Genuss und einer Opferrolle, die offensiv eingenommen und damit sogleich wieder aufgehoben wird, ähnelt Lana Del Rey jenen Künstlerinnen und Künstlern wie 18+, Kelela und FKA twigs, die seit etwa 2013 die Ästhetik des Masochismus unter den Bedingungen der Digital-Native-Kultur variieren. Davon wird im vierzehnten Kapitel noch die Rede sein – vorher möchte ich auf einen Künstler verweisen, der ebenfalls mit Lana Del Rey unter einer Decke steckt, auch wenn der Zusammenhang nicht so offenkundig ist.

«Born To Die» heißt das erste Album von Lana Del Rey – «Geboren um zu leben» heißt ein Lied des deutschen Gothic-Pop-Sängers Der

Graf und seines musikalischen Projekts Unheilig. Zwei Jahre vor dem Durchbruch von Lana Del Rey, im Winter 2009/10, war es das meistgehörte und meistverkaufte Lied der deutschen Popszene.

Während «Born To Die» die Wiedervereinigung mit einem geliebten Mann im Moment des Todes beschwört und damit einerseits die Unmöglichkeit des Glücklichseins im Diesseits betrauert sowie andererseits den Übergang in das Jenseits als hoffnungsstiftende Utopie feiert, besingt der Graf in «Geboren um zu leben» die Erfahrung des Todes eines geliebten Menschens als Geschenk für den Trauernden. Denn zeigt sich nicht in der Melancholie für die unwiederbringlichen Momente mit dem verlorenen Menschen die kostbare Unwiederbringlichkeit jener Momente, die der Überlebende noch erleben darf? «Ich sehe einen Sinn / seitdem du nicht mehr bist», singt der Graf, «denn du hast mir gezeigt / wie wertvoll mein Leben ist. / Wir war'n geboren um zu leben ...»

Lana Del Rey kann sich ein glückliches Leben nur nach dem Ende des Lebens vorstellen, mit anderen Worten: als Zombie; sie findet im Diesseits keinen Trost mehr. Der Graf von Unheilig ist hingegen gekommen, um Trost zu spenden. Er variiert die todessehnsüchtige Ästhetik der älteren Gothic-Musik dergestalt, dass nunmehr die Überwindung der Furcht vor dem Tod im Zentrum steht. Zu der Zombiefizierung von Lana Del Rey verhält sich das spiegelbildlich: Bevor der Graf mit dieser lebensbejahenden Wende den Durchbruch beim Massenpublikum erreichte, hatte er sich in seiner Musik und auf der Bühne selbst gern als Zombie inszeniert. In seiner ersten Single «Sage Ja!» aus dem Jahr 2000 pries er noch die «Schattenwelt, in der das Dunkle sich erhebt». Auf dem Cover des dazugehörigen

Albums «Phosophor» zeigte er sich als gierig nach dem Betrachter greifender Gruftbewohner; auf dem Cover des zweiten Albums «Das 2. Gebot» aus dem Jahr 2003 wurde ein nächtlicher Friedhof als sein natürliches Habitat präsentiert. In dieser Zeit trug der Graf bei seinen Konzerten weiße Kontaktlinsen, die seinem Gesichtsausdruck einen untoten, zombiehaften Anschein verliehen.

Diese Maskierung legte er erst ab, als er sich vom Underground-verhafteten Gothic-Sänger in einen massenbegeisternden Trostspender verwandelte. So könnte man sagen, dass er, um den Menschen die Angst vor dem Tod zu nehmen, vom Zombie wieder zum Menschen geworden ist. Mit Erfolg, und das nicht nur in kommerzieller Hinsicht: Seither und bis zur Niederschrift dieses Buchs rangiert «Geboren um zu leben» auf Platz eins der Hitliste der am häufigsten bei Beerdigungen gespielten Songs. Damit wurde der Graf, wie er es 2012 in einem Gespräch mit mir formulierte, zu einer öffentlichen Spiegelfläche des Auf-Wiedersehen-Sagens, zu einer Person, «von der sich ungeheuer viele Leute verabschieden wollen, obwohl sie mich gar nicht kennen». Er habe darin seine wahre Bestimmung als Künstler gefunden: «Wir wurden von Krankenhäusern angeschrieben, ob wir nicht vielleicht ein Pianokonzert auf einer Kinderkrebsstation spielen können. Wir sind von Menschen in Hospizen angeschrieben worden, die mich persönlich noch mal treffen wollten, bevor sie sterben, weil meine Musik ihnen auf dem Weg, den sie jetzt gehen, hilft. Und ich habe mich darum bemüht, von diesen Wünschen so viele wie möglich zu erfüllen.»

Auch auf der Bühne gab sich der Graf nun, bis in die Details der Körpersprache hinein, als Wünsche erfüllender Tröster. Während

Lana Del Rey noch die intimsten Zuwendungen zum Publikum im Gestus der geistig abwesenden Diva vollzieht, befindet sich der wieder zum Menschen gewordene Zombie in unaufhörlicher Zwiesprache mit seinen Hörern. Immer wieder bedankt er sich bei ihnen dafür, dass sie diesen Abend mit ihm verbringen: «Danke schön!» Und verlässlich antworten sie ihm zu Tausenden aus einer Kehle: «Bitte schön!» Wenn der Jubel am größten ist, greift der Graf sich verlegen ans Kinn und bewegt den Kopf abrupt hin und her, als wolle er den auf ihn gerichteten Blicken ausweichen oder das Publikum scheu von der Seite ansehen, was sich, wenn man auf dem massenumtosten Steg einer Open-Air-Bühne steht, indes als aussichtslos erweist.

In dieser Selbstinszenierung mischt sich die Stadionrock-typische Zeichensprache des Massenaufputschens mit Gesten der Demut und Höflichkeit. Wenn der Graf mit respektvoll geneigter Glatze über den Bühnensteg rennt und dabei mit aufwärtsrudernden Armen die Stimmung anzuheizen versucht, dann befiehlt und gehorcht er in ein und derselben Bewegung. Und das Publikum unterwirft sich ihm glücklich und umschließt ihn zugleich zart, wenn er von Ewigkeit und Sehnsucht, Trost und Trauer singt.

Zwei weitere Platten brachte Unheilig nach «Große Freiheit» noch heraus. «Lichter der Stadt» kann man als Seitenwerk ansehen, das sich vor allem mit den Erfahrungen befasst, die der Graf nach dem Erfolg der Vorgängerplatte machte. Als im Herbst 2014 das Album «Gipfelstürmer» angekündigt wurde, gab man zugleich bekannt, dass es das letzte sein werde. In einem «Offenen Brief» schrieb der Graf an seine Anhängerinnen und Anhänger, dass er auf dem «Gipfel des Erfolgs» seine Karriere zu beenden gedenke. Allerdings werde es noch hinreichend Gelegenheit geben, von ihm Abschied zu nehmen, da seine letzte Tournee «mindestens zwei Jahre» dauern werde.

Als ich den Grafen kurz danach ein zweites Mal zu einem Gespräch traf, fragte ich ihn unter anderem, ob zwei Jahre nicht eine recht lange Zeit seien, um auf Wiedersehen zu sagen. «Aber nein!», antwortete er mit geradezu begeistertem Blick: «Ich will noch einmal in jede Stadt, in der ich je war; ich möchte jedes Radiokonzert noch einmal erleben; ich möchte jeden Wegbegleiter noch einmal treffen, der für mich wichtig war.» Aber lähmt so viel Abschied nicht die künstlerische Entwicklung? «Lähmen? Warum? Denk doch mal, wie cool das ist! Du kannst das letzte Mal in Berlin auf die Bühne gehen. Du kannst das letzte Mal in Hamburg auf die Bühne gehen. So kann ich überall wieder Momente schaffen, an die man sich erinnern kann.»

So wie Lana Del Rey bei ihrem Berliner Konzert den Eindruck erweckt, dass die schönsten Momente für sie jene sind, in denen sich das Ende des Auftritts abzeichnet – so scheinen die schönsten Momente für den Grafen jene zu sein, in denen er seine Karriere in angemessen pathetisch-existenzialistischer, und das heißt: in nicht enden wollender Weise beendet. Und auch seinen Anhängern, die den «Offenen Brief» im Internet tausendfach kommentierten, gefiel die Aussicht darauf sehr gut. Denn viel besser als ein ewig weitermusizierender Graf ist für seine Fans einer, um den man noch zu Lebzeiten ausgiebig trauern kann.

Schon immer war das, wovon der Gothic-Pop kündet, ja durchweg vom Ende her gedacht, vom Vergehen allen Lebens und vom Tod. In der dramatisch übersteigerten Geste des endlosen Abschiednehmens kommt das Genre zu einem nicht mehr zu überbietenden Abschluss. Die Lust an der Vergänglichkeit wird sich gewissermaßen ihrer eigenen Vergänglichkeit inne: In dieser selbstreferenziellen Spiegelung der eigenen Produktions- und Daseinsbedingungen scheint mir die Ästhetik des Grafen der Zombiekunst von Lana Del Rey klar überlegen zu sein.

12. Unzufriedene Mittelschichtsbürger streben nach höheren Weihen: Sting, Rufus Wainwright, Lou Reed und der Statuspanikpop

Wer von Zombies spricht, darf natürlich von Sting nicht schweigen; auch wenn man sich um eine Phänomenologie sehr schlechter Konzerte bemüht, kann ein Blick auf sein Wirken zu interessanten Erkenntnissen verhelfen. Seit Beginn seiner Solokarriere im Jahr 1983 und der endgültigen Auflösung seiner Gruppe The Police drei Jahre später hat der als Gordon Matthew Sumner geborene Bassist und Sänger einige der scheußlichsten Schallplatten der Popgeschichte aufgenommen – unübertroffen in ihrer Mischung aus mittelmäßiger Musikalität und gespreiztem Hochkulturgestus, klebriger Easy-Listening-Lulligkeit und den allseits angebrachten Symbolen besonders «anspruchsvoller» Musik. Schon auf der ersten Soloplatte «The Dream of the Blue Turtles» begnügte Sting sich nicht mit dem Komponieren lauwarmer Balladen in lahm schlurfendem Tempo, er musste diese klanglichen Gebilde auch noch mit sämigen Jazzmotiven beschmieren, eingespielt von Bebop-Traditionalisten aus der Begleitband von Wynton Marsalis; zuletzt, im Jahr 2009, knödelte er auf der Platte «Songs from the Labyrinth» zu gequältem Lautenspiel Lieder des elisabethanischen Komponisten John Dowland.

Möchte man Stings musikalische Darbietungen im Feld der in diesem Buch bislang behandelten schlechten Konzerte verorten, ergibt sich eine Schwierigkeit: Ob es sich um interessante schlechte Konzerte handelt oder um uninteressante schlechte Konzerte, ist hier nicht klar zu entscheiden. Denn während die im neunten Kapitel beschriebenen sehr schlechten Auftritte von Beyoncé, Rihanna und Céline Dion dank des auf der Bühne veranstalteten Budenzaubers immerhin noch Aspekte von Unterhaltsamkeit aufwiesen, kommt beim Besuch und bei der Bewertung der Konzerte von Sting erschwerend hinzu, dass sie ausgesprochen langweilig sind.

Andererseits lässt sich auch an ihnen etwas über die künstlerische Subjektivität in der Gegenwart ablesen. Die für Sting typische Inszenierung als Superpopstar verhält sich zur Inszenierung der aktuellen Superstar-Diven gewissermaßen komplementär. Wo insbesondere Beyoncé und Rihanna die arrogante Arbeitsverweigerung, das neoaristokratische Nichtstun ins Zentrum ihrer Performance stellen, zeigt sich in den verspannten Hochkulturambitionen von Sting die hypernervöse Hektik des Mittelschichtsbürgers, der trotz seines schon erreichten materiellen Wohlstands nicht aufhören kann, sich um sein Ansehen und seinen Status zu sorgen. Er muss immer noch mehr arbeiten und immer noch mehr in die Selbstoptimierung investieren. Sting kann sich nicht damit zufriedengeben, ein berühmter Popstar zu sein, er muss seine Kunst mit überkommenen, noch angeseheneren – jedoch keineswegs experimentellen oder irgendwie avantgardistischen – ästhetischen Traditionen wie dem klassischen Jazz und der Renaissancemusik verbinden, um Bildung und einen weiten Horizont zu beweisen. In diesem angestrengten Übererfüllungswillen spiegelt sich die Nervosität jener wider, die es schon zu etwas gebracht haben, sich aber nicht darauf ausruhen können; daher lässt sich die Musik von Sting auch als Statuspanikpop beschreiben.

Als bisherigen Höhepunkt dieses Legitimationsstrebens kann man die «Symphonistic»-Tournee ansehen, mit der Sting im Jahr 2010 in der Berliner Mehrzweckhalle am Ostbahnhof gastierte. Insgesamt sechsundzwanzig Lieder aus sämtlichen Schaffensperioden werden zur Aufführung gebracht, von The-Police-Stücken wie «Roxanne» und «Every Breath You Take» über frühe Soloarbeiten wie das den Kalten Krieg kritisierende Protestlied «Russians» bis zu neueren Kompositionen wie «You Will Be My Ain True Love» aus dem Soundtrack zu dem Film «Cold Mountain». Für diese Lebenswerk-Retrospektive hat Sting sich nun aber nicht einfach eine Rockband in nachlässiger Straßenbekleidung zusammengestellt; vielmehr bietet er seine Lieder in selbstverfassten neuen Arrangements gemeinsam mit ein paar Dutzend anständig ausgebildeten und angezogenen Orchestermusikern und einem Dirigenten dar; dabei handelt es sich um Mitglieder des Royal Philharmonic Orchestra aus London.

Dem gediegenen Anblick dieses Ensembles entspricht der drucklose, gefällige Sound. Den Orchesterversionen fehlen weitgehend die Bässe und das Volumen der originalen Songs. Der Schwung der alten The-Police-Lieder wird durch weihevolles Schwelgen ersetzt, die sowieso schwunglosen neueren Soloversuche erscheinen wie in das dynamische Spektrum eines Autoradios gepresst. Über dem in sich zwar schön differenzierten, jedoch insgesamt zu leisen und zu dünnen Orchesterklang gleitet Sting mit seiner noch dünneren, aber durch Lautstärke hervorgehobenen Stimme wie auf Schmierseife dahin; passend dazu wird das Bühnengeschehen auf drei großen Monitoren unter der Decke der Konzerthalle in Schwarzweiß wiedergegeben, später auch in Leichengrün.

Doch so leichengrünlich die Musik auch wirkt, so lebendig und hyperaktiv benimmt das Orchester sich auf der Bühne. Wenn es etwas Flotteres zu spielen gibt und die Geigerinnen beherzt ihre Pizzicati aus den Saiten zu zupfen beginnen, hopst der Dirigent seinerseits auf und ab, als würde ihn etwas in der Hose zwicken; am Ende von «Englishman in New York» springen die Instrumentalisten von den Stühlen auf, um das vor ihnen sitzende Publikum zum stimmungsvollen Mitklatschen zu animieren.

Auf diese Weise soll die Verbindung von «Klassik» und «Pop» für beide Seiten Profit abwerfen: So wie Sting mit dem Engagement eines echten Orchesters den Anspruch markiert, dass seine Musik zu den zeitlosen Künsten gehört, so will das befrackte Ensemble mit seinen betont lockeren Verhaltensformen den eher popmusikalisch geprägten Sting-Hörern zeigen, dass sie keine Angst vor der ernsten Musik haben müssen: dass nämlich auch klassisch ausgebildete Orchestermusiker heutzutage gar nicht mehr so steif und verkrampft auf der Bühne herumsitzen, wie man sich das vorstellt. Sting sagt: Ich bin gar nicht mehr Pop! Das Orchester sagt: Wir sind gar nicht mehr Klassik! Beide treffen sich in der Mitte: also im Nichts.

Nach einer Stunde und zwanzig Minuten gehen Sting und sein Orchester, wie es sich für einen zeitlosen Konzertabend gehört, in eine halbstündige Pause. Der Konzertteil danach beginnt dann in unerwartet weihefreier Weise; für einen kurzen Moment erscheinen die Orchesterarrangements dermaßen dick aufgetragen und ironisch überhöht, dass man glauben könnte, Sting würde insgeheim selbst über den Unfug kichern, den er da treibt. Es gibt lustig neben der Spur laufende Gitarrensoli zu hören, und auch die bezaubernde, asymmetrisch frisierte Background-Sängerin mit den Tropfenohrringen, über die man sich schon den ganzen Abend so freut, hängt sich nun eine Ukulele vors Abendkleid, auf der sie dann allerdings nicht spielt.

Leider ist es schon zwei Stücke später, bei dem mit einem wimmernden Theremin angereicherten «Moon Over Bourbon Street», wieder vorbei mit der heiteren Leichtigkeit. Am Ende des Hauptteils, nach zweieinhalb Stunden, kann auch der vorurteilsloseste Betrachter nicht mehr umhin, vor dem Grauen des hier vollzogenen Classic Rock zu erzittern. Ausgerechnet dem The-Police-Klassiker «Every Breath You Take» wird mit winselnden Geigen und quakenden Bläsern die Luft aus dem Leib gequetscht: Was bleibt, ist ein kläglich sterbender Song, der sich röchelnd durch eine postapokalyptische Popklassikwelt schleppt. Man kann förmlich zusehen, wie diesem einst so rosigen Lied die Haare dünner werden und dann ergrauen, wie die Haut faltig wird und das Fleisch von den Knochen fällt, wie schwärende Furunkel und eiternde Wunden den Organismus zerstören. Was müssen das für entsetzliche Schmerzen sein? Furcht und Mitleid sind die Gefühle, mit denen man an diesem Abend die Konzerthalle verlässt.

Noch deprimierter und geradezu existenziell verstört war ich in den letzten zehn Jahren eigentlich nur nach dem Besuch eines Konzerts von Rufus Wainwright gewesen – was insofern nicht unpassend ist, als

Wainwright sein Berliner Bühnendebüt, im Jahr 2004 auf der Waldbühne, im Vorprogramm von Sting absolviert hat. Auf seinen ersten Platten fügte er klagende Folkgitarren, jubelndes Orchester, barocke Spinette und herrlich romantisierende Opernchöre zusammen und sang dazu mit einer vielleicht nicht sonderlich klangvollen, aber in wandlungsreicher Weise blasierten Stimme beispielsweise über den «Gay Messiah», den schwulen Messias, der uns dereinst von unseren Sünden erlösen wird. Auf seinem Album «Want Two» aus dem Jahr 2005, das ihm den Durchbruch brachte, duettierte er mit Devendra Banhart und Antony Hegarty; hier verband er gewissermaßen die ambivalent-eklektizistische Ästhetik des New Weird America mit dem sexuell-transgressiven Kammerpop von Antony.

Freilich fragte man sich schon bald, ob in Wainwrights exaltierttheatralischem Auftreten und in der ihm eigenen Mischung aus offensivem Kitsch und übergroßem Ernst bei der Selbstinszenierung als unaufhörlich sein Herz ausschüttender, überaus authentischer Künstler sich nicht auch eine ungute, überspannte und darin an Sting erinnernde Seite verbirgt. Das letzte gute Konzert, das ich von ihm sah, spielte er im Mai 2005 in der Berliner Passionskirche; es begann mit einem sachgerecht auf Latein vorgetragenen «Agnus Dei» – und endete damit, dass Wainwright, nun nur noch mit einem schiefsitzenden String-Tanga und einer Schärpe bekleidet, dem schwulen Messias huldigte, indem er mit einem funkensprühenden Zauberstab den Altar der Kirche bestäubte. Interessant daran war, wie er die bewusst übertriebenen Anteile seiner queeren Ästhetik im Zaum zu halten verstand. Seine Mischung aus Ironie und Ernst, aus Travestie und heiliger Feier verhöhnte nichts und machte nichts verächtlich;

mit schrillen Mitteln entstand vielmehr etwas, das man ernsten Glamour nennen könnte.

Leider nur nahm in den folgenden Jahren eine Seite dieser ästhetischen Dialektik, die theatralische Ernsthaftigkeit, schnell Überhand. Das war wohl wesentlich auch dem Umstand geschuldet, dass Wainwright durch eine Verkettung unglücklicher Umstände in die Fänge des staatlichen Theaterbetriebs und insbesondere des berüchtigten Zeitlupenregisseurs und Kunstquarkgroßmeisters Robert Wilson geriet. Schon seit Ende der achtziger Jahre hatte Wilson für seine mit Symbolkitsch überfrachteten Musical-Inszenierungen immer wieder auf Beiträge solcher Popmusiker zurückgegriffen, die ähnlich wie Wainwright einen Hang zum theatralischen Großkünstlertum besaßen; wie einem Mephistopheles der Crossover-Kunstszene gelang es Wilson immer wieder, aus diesen Musikern das Schlechte und Verblasene, die Sting-hafte Hochkulturprätention herauszukitzeln.

Nicht wenige hat er auf diese Weise dauerhaft ruiniert. Tom Waits etwa hat nach der 1990 gemeinsam mit Wilson am Hamburger Thalia Theater inszenierten Musical-Variante des Freischütz, «Black Rider», nie wieder einen guten Song schreiben können und führt seither eine traurige Rest-Existenz im Schattenreich des Klangkleinkunstgewerbes. Und auch in der wechselvollen Karriere Lou Reeds markieren die Arbeiten mit Robert Wilson historische Tiefpunkte. Das gilt schon für das gemeinsam inszenierte Musical «Time Rocker» aus dem Jahr 1996 und mehr noch für das 2003 wiederum am Hamburger Thalia Theater uraufgeführte, schon wegen seines Titels unerträgliche Theaterstück «POEtry» über Edgar Allan Poe und dessen Werke. Unter dem erträglicheren Titel «The Raven» brachte

Reed 2003 eine leider ebenso unerträgliche Albumversion heraus, in der sich pseudoshakespeareanisch geflüsterte Poe-Rezitationen vor gotisch dahinflirrenden Geräuschhintergründen mit Siebziger-Jahre-Schweinerockstücken abwechselten, die nicht nur auf jedem vierten Takt einen Bläsereinsatz hatten, sondern auch noch Texte wie: «These are the stories of Edgar Allan Poe / yeah yeah».

Rufus Wainwright hätte also gewarnt sein können. Von alledem unerschrocken, ließ er sich gleichwohl im Jahr 2009 darauf ein, mit Wilson im Berliner Ensemble einen Abend mit Shakespeare-Sonetten anzurichten. Eine Idee, die so spießig kulturbeflissen und auf langweilige Weise größenwahnsinnig war, dass vorher nur Sting – er hat im Verlauf seines Schaffens des Öfteren solche Sonette zitiert – darauf kommen konnte; dementsprechend parvenühaft, nach irgendwie Höherem strebend und künstlerisch mittelmäßig bis peinlich sah das Ergebnis auch aus. Immerhin erhielt Rufus Wainwright bei der Premierenparty die Gelegenheit, vor dem versammelten Berliner Kulturbürgertum mit stolzgeschwellter Brust auf und ab zu paradieren. Da schämte man sich zum ersten Mal für ihn. Und es war noch nicht das Ende.

Die nächste Platte, die er nach der Zusammenarbeit mit Robert Wilson aufnahm, trägt den Titel «All Days are Nights: Songs for Lulu» und handelt einerseits vom Tod seiner Mutter Kate McGarrigle und andererseits von dem Monster im Inneren von Rufus Wainwright, das nach der gleichnamigen Tragödie des Theaterdichters Frank Wedekind auf den Namen Lulu getauft wird. Drei Shakespeare-Sonette sind auf der Platte natürlich auch wieder zu hören.

Im Mai 2010 stellte Wainwright bei einem Konzert in der Berliner

Volksbühne die zwölf neuen Songs vor, ein Ereignis, das mit dem Begriff «Desaster» nur unzureichend beschrieben ist. Das liegt zunächst an der Musik: Im Unterschied zu früheren Werken begleitet Wainwright sich nunmehr allein, wodurch offen zutage tritt, dass er kein besonders begabter Songschreiber ist; seine Stärken liegen eher in den orchestralen Arrangements. Solo am Flügel fällt ihm wenig mehr ein, als unermüdlich die Oktaven hinauf- und hinunterzuklimpern und sich dazu mit seiner variationsarmen Stimme auf gepresste Weise zu exaltieren. In Kombination mit den schluchzenden Streichern und quakenden Klarinetten seiner früheren Ensembles wirkte diese Art des Gesangs auf charmante Weise verpeilt. Im weihevollen Gestus des Kammersängers vorgetragen, ist sie nur nervig und arm.

Noch schlimmer ist jedoch, dass die verschwundene queere Camp-Ironie und der mit ihr verlorengegangene dialektische Glamour durch ein Übermaß an aufgeblasenem Rumgewese kompensiert werden sollen. So handelt es sich bei den zwölf neuen Liedern laut Wainwright nicht einfach um zwölf neue Lieder, sondern um einen Liederzyklus in der Tradition von Franz Schubert und Hugo Wolf. Deswegen darf weder vor noch nach der Aufführung der Stücke geklatscht oder irgendein Mucks gemacht werden – wie eine Assistentin vorab in einer kleinen Ansprache erklärt. Das Publikum hält sich, statt über den Quatsch zu lachen, in kunstweiheverliebtem Duckmäusertum sklavisch an die Vorgabe.

Gelacht wird nicht einmal, als Wainwright zu Beginn im Zeitlupentempo stumm auf die Bühne schwankt. Er hat sich in eine schwarze Robe mit schwarzem Federkragen und einer endlosen Schleppe gewandet und sieht dadurch aus wie Draculas Sohn. Während er dann im folgenden Stündchen seinen Liederzyklus deklamiert, sieht man auf einer Leinwand über seinem Kopf sein tränenfeuchtes und später auch weinendes Auge in einer Zeitlupenaufnahme, die wiederum an Robert Wilson erinnert. Mal wird das Auge etwas kleiner, mal etwas größer, und gegen Ende des Auftritts blicken dann betont viele Augen in unterschiedlichen Größen ganz langsam zwinkernd ins Publikum, wodurch sich der Eindruck eines überdimensionierten Bildschirmschoners ergibt.

Das diesem Elend zugrundeliegende Stück von Frank Wedekind wurde dann übrigens im selben Jahr von – man ahnt es schon – Lou Reed und Robert Wilson in einer Pop und Klassik versöhnen wollenden Version auf die Bühne des Berliner Ensembles gebracht; eine Erfahrung, die Lou Reed dazu animierte, im Herbst 2011 eine ganze Platte mit «Lulu»- und Wedekind-inspirierten Liedern zu veröffentlichen. Wobei, und damit endet diese Betrachtung vielleicht doch auf einer versöhnlichen Note, Reeds «Lulu» bei weitem nicht so scheußlich ist, wie man es befürchten musste. Von den mit Wilson für das Theaterstück komponierten Stücken hat es nämlich nur ein einziges auf das Album geschafft: In «Brandenburg Gate» ergeht Reed sich denn auch noch einmal in jenen klischeehaften kulturgeschichtlichen Assoziationen, wie man sie von den Reed-Wilson-Arbeiten gewohnt ist, und lässt von Klaus Kinski bis Nosferatu alle möglichen Lebewesen über den Pariser Platz flanieren, die ihm, warum auch immer, als irgendwie typisch berlinisch erscheinen.

Ansonsten aber nuschelt und quengelt sich Reed mit der schön schmutzigen Stimme eines Lustgreises durch einen bunten Strauß sexueller Aberrationsphantasien: Es wird onaniert, kopuliert, erbrochen und erniedrigt – und zwar sowohl sich selbst als auch andere. Daneben wird ausgiebig mit allen möglichen vielstimmigst an die Bewusstseinsoberfläche drängenden Dämonen gekämpft, während die begleitende Metal-Gruppe Metallica sich dazu in schweren Riff-Schleifen verfängt und den sich und andere quälenden Rezitationsduktus von Reed – «I cry icicles in my stein» – in einem Minimal-Quengel-Metal überhöht.

«Diese Platte ist zweifelsohne das Beste, was jemals von irgendjemandem aufgenommen wurde», rezensierte sich Reed seinerzeit in einem Interview selbst. Diese Einschätzung muss man nicht unbedingt teilen, um doch festzustellen, dass man sich mit der Renitenz eines störrischen Rockrentners wieder aus dem mephistophelischen Pakt mit der Hochkultur befreien kann. Lou Reed ist das also kurz vor seinem Tod im Jahr 2013 gelungen – daraus könnte man folgern, dass es auch bei Rufus Wainwright noch Anlass zur Hoffnung gibt. Dass sein bislang letztes Album aus dem April 2016 jedoch ausgerechnet Shakespeare-Sonette unter Mitarbeit des Captain-Kirk-Darstellers William Shatner versammelt, deutet nicht unbedingt in diese Richtung.

13. Elektrische Schafe träumen von Céline Dion: Grimes, Holly Herndon und die Tücken des Digitalfeminismus

Irgendwann ging die Nacht der Geister und Zombies zu Ende, und ein neuer Tag begann mild funkelnd zu grauen. Als die entschleunigte Musik ganz stillzustehen drohte und die tief murmelnden Stimmen entleibter Seelen in einem endgültig nicht mehr differenzierbaren Gebrumm verschwunden waren – da stiegen die Geschwindigkeit und die Temperatur wieder, im Äther fing es leise zu klickern und klackern an, und der Klangraum füllte sich mit immer schneller abgespielten und immer höheren Stimmen.

Die hellsten davon fand man im Frühjahr 2012 auf einem Album mit dem sachgerecht in die Zukunft weisenden Titel «Visions». Als hätten sie Helium eingeatmet, singen darauf Geister mit gleißenden Stimmen «Hihi» und «Hoho» und stimmen kichernd in heiter hallende Chöre ein; im Hintergrund werden kecke Mauslieder gequiekt; weit drunten grummelt ein Damenbass in rhythmischer Weise «bahuba-bahuba».

Wer da singt, ist beim ersten Hören nicht auszumachen – das verbindet diese Musik mit der von Antony. Während dessen Gesang sich zwischen dem «Männlichen» und dem «Weiblichen» bewegt, dabei aber stets erkennbar menschlich bleibt, wird auf «Visions» gerade die Trennung zwischen dem Menschlichen und dem Nicht-Menschlichen verwischt, zwischen der belebten und der unbelebten Welt; zwischen Mensch und Tier, organischem Wesen und Android, der Individualität eines Künstler-Ichs und musikalischer Mannigfaltigkeit. So schnarrend und bruchstückhaft klingen die Stimmbilder bisweilen, dass sie auch von einem kleinen Roboterchor stammen könnten. Dann aber schält sich ein laszives Hitparadenhauchen heraus, eine R-'n'-B-Stimme trillert und wird dabei, wie es im Hitparadenpop der frühen zehner Jahre die Regel ist, mit einem Autotune-Filter in den Tonhöhen begradigt oder – wie es eher nicht üblich ist – in den Tonhöhen aufgeraut und verwirbelt. Manchmal meint man, es mähen und blöken zu hören: Elektrische Schafe träumen von einem Auftritt mit Céline Dion.

Claire Boucher heißt die kanadische Sängerin und Produzentin, die unter dem Namen Grimes musiziert und mit diesem, ihrem dritten Album aus dem Jahr 2012 einem größeren Publikum bekannt wurde: einer tanzbaren und lustigen Zuckerpopplatte mit einigen tief drunten rumorenden unheimlichen Vibrationen. Ihre Karriere begann Grimes, wie schon im zehnten Kapitel erwähnt, um das Jahr 2010 als dunkel-melancholische Witch-House-Prinzessin. Auf ihren ersten beiden Platten «Geidi Primes» und «Halfaxa» lässt sie hemmungslos die Gespenster heulen und die frischgemeuchelten Jungfrauen ächzen, nicht unähnlich dem mystischen Zeitlupenpop von Salem oder oOoOO. Auf «Visions» überwindet sie hingegen diese inzwischen längst formelhaft gewordene Ästhetik. Zwar gibt es auch hier gelegentlich noch mystifizierenden Hall zu hören; doch fügen sich solche Sounds der Entkörperlichung nun in eine farbige Vielfalt von

Beats und Stilen, die vom Gothic über den J-Pop bis zum R'n' B reichen. Vor allem werden sie dabei vom Zeitmaß der Entschleunigung entkoppelt: In dem hyperaktiven Zitatpop von Grimes unterwirft das Sphärische und Unscharfe sich dem rasenden Takt jener digitalen Turbomoderne, von der die Ästhetik der Langsamkeit und des Verschwindens zumindest vorübergehende Erlösung versprach. Auch der Körper und das körperliche Begehren kehren zurück in die Welt. «Be A Body» heißt nicht umsonst eines der markantesten Lieder auf der «Visions»-LP.

Insofern liefert Grimes einen Gegenentwurf zu Lana Del Rey, die ihren ersten Erfolg ja ebenfalls 2012 mit einer Anverwandlung des Witch House und der dazugehörigen Entschleunigungsästhetik feierte. Während Lana Del Rey die körperlose Trägheit des Genres als eine Erotik der Sediertheit und der sexuellen Unterwerfung variiert und sich dabei, wie wir gesehen haben, in souveräner Weise als nichtsouveränes Subjekt inszeniert, schöpft Grimes – gerade im Gegenteil – aus der scheinbar paradoxen Verschränkung von Be- und Entschleunigungsästhetik eine neue Form der künstlerischen Autonomie. In rasendem Tempo wechselt sie zwischen Referenzen und Inspirationen, als versuche sie, einen unaufhörlich auf sie einströmenden Fluss aus Musik und Zeichen zu kanalisieren und zu bändigen. Beats und Disco-Zitate, leiernde Keyboardmelodien und kosmisch glitzernde Arpeggien fügt sie dabei als gleichberechtigte Elemente bar jeden historischen oder sonstigen Eigensinns ineinander. Bei Grimes geht es nicht um Eklektizismus, sondern um eine neue Form der Virtuosität.

Ihre ersten drei Alben hat sie denn auch vollständig allein eingespielt, mit Hilfe einfacher und massenhaft verfügbarer, auf vielen Computern vorinstallierter Musik-Software. Bemerkenswert daran ist vor allem die Kunstfertigkeit, mit der sie ihren Gesang zum ästhetischen Material macht und mit anderen artifiziellen Klängen verschränkt. Vieles von dem, was man auf «Visions» hört – das Hauchen, die Schafe, das Helium und das Schnarren –, hat Grimes selbst eingesungen, bearbeitet, moduliert und montiert. Sie nutzt ihre Stimme als Rhythmusgeber und als Rohstoff für gesampelte Melodien; sie zerstößt einzelne Silben zu glitzerndem Silbenstaub und wirft diesen über ihre Songs, die sich sogleich im Ohr verhaken. Vor allem aber singt sie mit sich selbst im Chor und in Chören – was man als Fortführung des Gothic-typischen Hangs zu ätherisch-dramatischer Mehrstimmigkeit sehen kann. Entscheidend dabei ist, dass diese Chöre stets als Modulation und Vervielfachung der eigenen Stimme zu erkennen sind, und das heißt: als klangliche Variationen des Selbst. Während das Diesseits und das Jenseits, das Ich und das Andere sich in der Gothic-Ästhetik unvereinbar gegenüberstehen, sind diese Gegensätze bei Grimes dialektisch verschränkt: Was im Witch House das Symbol des unverfügbaren metaphysischen Rests ist, ist bei ihr eine endlose Spiegelung des individuellen Ausdrucks.

Dieser individuelle Ausdruck wird allerdings technisch derart intensiv bearbeitet, dass zwischen Keyboard- und klassischen Synth-Sounds, zwischen gesampelten Geräuschen und der manipulierten, zerhackten, gefilterten Stimme oft kein Unterschied mehr zu hören ist. Der Künstlerin geht es selbst nicht anders; das erzählte sie mir jedenfalls, als ich sie vor ihrem ersten Berliner Konzert im Mai 2012 in den Schmink- und Ankleideräumen des Berliner Berghain zum Gespräch traf. Claire Boucher ist eine hektische, dauerhaft unter Strom stehende, dabei aber äußerst konzentrierte Person. «Manchmal», sagt sie, «weiß ich hinterher nicht mehr, ob ein bestimmter Sound aus meinem Mund kam oder von woandersher. Manchmal singe ich etwas und packe dann so viel Hall und so viel Verzerrer drauf und pitche es dann so weit runter, dass es sich überhaupt nicht mehr nach einer menschlichen Stimme anhört. Uhu-huhu-hu! Und dann schichte ich, sagen wir mal, acht verschiedene Stimmaufnahmen so dicht übereinander, dass sie sich wie ein Chor anhören.»

Auf der Bühne des Berghain ist Grimes dann zugleich als Ingenieurin und hysterische Diva zu sehen, als Herrin über die Produktionsmittel und als erotisch dominante Figur. «Ein Live-Konzert muss spontan und aggressiv sein», sagte sie mir vorher, darum rufe sie ihre Klänge – anders als die meisten männlichen Produzenten auf der Bühne – nicht einfach aus einem Laptop ab, sondern aus einer ganzen Batterie von Geräten, aus Samplern, Keyboards und Pedaleffekten für die Manipulation der Stimme. Beim Singen, Tastendrücken und Knöpfchendrehen windet sie sich im Konzert dann gebückt an zwei Geräten, die etwas zu weit auseinanderstehen; sie trägt eine Pferdeschwanzfrisur mit rasierten Schläfen und dazu ein Netzkleid mit aufgenähtem Korsett. Ab dem dritten Stück füllt sich die Bühne mit unterwürfigen, beinahe nackten männlichen Tänzern. Sie wimmeln wie ein Wurf Welpen um ihre Herrin herum und tanzen dabei nicht nur zu ihrem Gesang; sie tanzen auch zu den Schwingungen aus der Echokammer und den zerkleinerten und anschließend wieder zum Beat zusammengebastelten Samples. Noch der kleinste Klangbrocken, den die Herrin ihnen hinwirft, wird gierig geschnappt und in die Choreographie aufgenommen. Einerseits wirkt das alles äußerst spontan, andererseits sitzt jede Bewegung, jede Geste der Dominanz oder der lustvollen Hörigkeit.

Gegen die Ästhetik der Unterwerfung, die ich am Beispiel von Lana Del Rey beschrieben habe, setzt Grimes eine Ästhetik der in sich gebrochenen Dominanz. Aus der Ästhetik des Minimalismus, des Aufschubs und der Entschleunigung ist bei ihr eine Ästhetik des Maximalismus, der Unmittelbarkeit und der Beschleunigung geworden. Das verbindet Grimes mit der hyperaktiven Klangraserei von Künstlern wie Sophie und Hannah Diamond, auf die ich im übernächsten Kapitel zurückkommen werde. Zunächst aber ist sie mit einer Vielzahl von Künstlerinnen verschwistert, die ebenfalls im Jahr 2012 damit begannen, die eigene Stimme zum Material und wichtigsten Instrument zu machen: etwa mit Julia Holter, von der schon in Kapitel sieben die Rede war, oder mit Channy Leaneagh, die ähnlich wie Holter aus einer Tradition der Folkmusik kommt, dann aber in der 2011 gegründeten Gruppe Poliça ihre Stimme mit Autotune-Effekten zum Rhythmusinstrument umfunktionierte. Auf dem ersten Poliça-Album «Give You The Ghost» aus dem Sommer 2012 bringt Leaneagh ihren Gesang elektronisch zum Stottern oder begradigt ihn künstlich, wo er sonst in ein Vibrato fallen würde – mal harmonierend, mal kontrastierend, aber stets perfekt verflochten mit den Texturen ihrer Band, die aus zwei Schlagzeugern und einem Bassisten besteht.

Auch die New Yorker Laptop-Produzentin Laurel Halo, die ihre Karriere Ende der nuller Jahre mit rein instrumentalen Techno-Tracks begonnen hat, gehört zu den Protagonistinnen dieser neuen Voice-Processing-Schule. Auf ihrem Langspieldebüt «Quarantine», ebenfalls aus dem Sommer 2012, singt sie zu minimalistischen Beats in den verschiedensten Stilen und Koloraturen, vom kühn die Oktaven auf und ab kletternden Duktus der frühen Björk bis zum rauen folk-modernistischen Meckern von Joanna Newsom. Vor allem aber versieht sie ihre Stimme derart mit Knister-, Rausch- und Halleffekten, dass sie sich bruchlos in die Beats und Klangbilder fügt. In dem Song «Years» legt sie ihren leicht Vocoder-verfremdeten Gesang über stotternde Klaviersamples, deren rhythmische Logik sich erst nach einiger Zeit erschließt; am Ende singt Laurel Halo dann mit sich selbst in einem windschiefen Chor. Und je schiefer sie singt, desto bruchloser verbindet sich ihre Stimme mit dem harmonischen Ensemble der Sounds drumherum: «Sensual ugliness» nennt sie diesen Effekt.

Am Ende des Jahres 2012 erschien schließlich «Movement», das Debütalbum der in San Francisco lebenden Produzentin Holly Herndon. Hier laufen in konzeptuell klarer Weise die verschiedenen ästhetischen Stränge zusammen, die sich bei Grimes, Poliça und Laurel Halo finden. Auch auf «Movement» ist die Stimme das wichtigste Instrument, und wie Grimes hat auch Holly Herndon fast alles, was zu hören ist, aus Gesangsschnipseln, gesprochenen Worten und Atemgeräuschen erzeugt. Dabei entfernt sie sich allerdings noch weiter vom Format des klassischen Popsongs; von Melodien und Strophe-Refrain-Strukturen sind nur noch Spuren geblieben. Wesentlich geprägt ist «Movement» dagegen von der konzeptuellen Strenge der akademisch geprägten, elektroakustischen Kunstmusik wie von der körpererschütternden Wiederholungsästhetik des Techno.

Holly Herndon kommt aus Tennessee, ihr Vater war Pfarrer, ihre musikalische Karriere begann sie im Chor. Als junge Erwachsene zog sie nach Berlin und tauchte in die dortige Klubkultur ein. Sie tanzte zu Dubstep und Techno, «aber so befreiend und inspirierend ich die Klubs fand, die Räume und das Gemeinschaftsgefühl», erzählte sie mir 2015 in einem Gespräch über ihre künstlerische Laufbahn, «so stark war bald das Bedürfnis, meinen musikalischen Horizont zu erweitern». Herndon kehrte zurück in die USA und studierte – wie vor ihr Julia Holter und Joanna Newsom – Neue Musik und Komposition.

Auf «Movement» verbindet sie das Abstrakte mit dem Tanzbaren. Man hört untertourig Industrial-artiges Gerumpel, rhythmisch zerfetztes und wieder vernähtes Geschrei, aber auch rhythmisch konventionelle Techno-Tracks. Dass all diese Geräusche aus Stimm-Samples entspringen, ist manchmal nicht einmal mehr zu erahnen. Doch auch an den Stellen, wo ihre Stimme als solche noch zu erkennen ist, moduliert Herndon sie dergestalt, dass sie weder natürlich noch artifiziell klingt – am eindrucksvollsten in dem Stück «Breathe», in dem sie ihre Atemgeräusche zum Schnarren eines Cyborgs verfremdet und dieses dann mit romantischem Weichzeichner filtert.

In ihren ersten Konzerten, etwa bei ihrem Auftritt im Berghain im Februar 2013, inszenierte Herndon sich ähnlich wie Grimes als souveräne Herrin über die Produktionsmittel und spielte dabei freilich noch stärker mit dem scheinbaren Gegensatz zwischen «weiblicher» Schwäche und Natürlichkeit und der «männlichen» Härte des Technikgebrauchs. Gern säuselt und summt sie sacht in ihr Mikro hinein, um die Samples dann live, vor den Augen und Ohren des Publikums, zu einem gewaltigen Krachsturm anschwellen zu lassen; mit beiläufigen Bewegungen ihrer Hand entfacht sie die wildesten Wellen aus Sounds. Am Ende des Auftritts verbinden die Stimmfetzen sich sogar zu einem heiter und tanzbar emporstrebenden Techno-Track – über dessen Beats Holly Herndon dann zarte, weit ausholende Melodiebögen singt, von einem Vocoder leicht granuliert.

Die Autonomie, die durch die elektronischen Produktionsmittel ermöglicht wird, betrachtet Herndon als besonderen emanzipatorischen Fortschritt. «Zum ersten Mal», erläuterte sie im Gespräch, «sind wir Frauen in großem Maßstab in die Lage versetzt worden, eigene Musik mit eigenen Mitteln zu machen, ohne dass wir uns einem männlichen Ingenieur überantworten müssen.»

Tatsächlich waren die Geschlechterrollen im elektronischen Pop seit den frühen achtziger Jahren durchweg hierarchisch verteilt. Auf der einen Seite gab es den männlichen Klangingenieur, der auf der Konzertbühne meist unbewegt hinter seinem Keyboard oder – später – Laptop zu stehen pflegte. Auf der anderen Seite gab es die Sängerin, die sich zu den elektronischen Klängen in romantisch-dramatischer Pose am Mikrophon verausgabte. Das Urbild dieses Modells ist das Duo Yazoo, das Anfang der Achtziger von dem früheren Depeche-Mode-Mitglied Vince Clarke und der Soulsängerin Alison Moyet gegründet wurde. In den unterschiedlichsten Variationen wird es noch heute gepflegt, selbst bei emanzipatorisch bewussten und ästhetisch reflektierten Popkünstlerinnen wie Kelela und FKA twigs, um die es im folgenden Kapitel gehen wird: Auch sie lassen sich ihre Beats weiterhin vorwiegend von männlichen Produzenten zusammenbasteln. Eben darum, sagte Herndon, sei es ihr so wichtig gewesen, die Geräusche ihrer eigenen Stimme, ihres Gesangs und

Atems zum musikalischen Rohstoff zu machen: um die Dichotomie zwischen weiblicher Natürlichkeit und männlicher Technikbeherrschung zu reflektieren und zu überwinden.

Wie keine andere von den Produzentinnen elektronischer Musik, die um 2012 die Bühne betraten, hat Holly Herndon die emanzipatorischen Möglichkeiten ihres Mediums hervorgehoben. Sie war wenig später jedoch auch die Erste, die sich nach den Enthüllungen über die US-amerikanische Datenspionagebehörde NSA mit der Kehrseite dieser künstlerischen Befreiung befasste – also mit dem Umstand, dass dieselben Produktionsmittel, die ihr eine neue Verfügungsgewalt über den eigenen Ausdruck gestatteten, ihrerseits von Herrschaftsstrukturen geprägt waren, die jede subjektive Autonomie grundlegend in Frage stellten.

Das erste Lied, das Herndon im Frühjahr 2015 als Auskopplung aus ihrer zweiten Platte «Platform» der Öffentlichkeit vorstellte, handelt genau von dieser Ambivalenz: Es heißt «Home» und ist ein Liebeslied an die NSA.

«Wer bist du? Warum bin ich für dich ausgesucht worden?», heißt es darin. «Ich spüre dich in meinem Zuhause. Ich weiß, dass du mehr über mich weißt, als ich über mich weiß. Ich weiß nicht mehr, welches Ich ich noch sein soll. Gefällt dir, was ich für dich gemacht habe?» Auch diesmal singt Herndon mit sich selbst im digital erzeugten Duett und lässt einen Chor aus vor- und rückwärtslaufenden, herauf- und heruntergepitchten Fragmenten ihrer Stimme drumherum murmeln und tirilieren. Doch zweieinhalb Jahre nach ihrem Debüt hat diese Verdopplung und Spaltung des eigenen Selbst einen unbehaglichen Unterton erhalten. Das Andere ist nun nicht mehr als bloße Verdopplung des Ichs zu hören, sondern als Fremdes, das ihr in der technischen Spiegelung des eigenen Selbst als unheimlich gewordenes Eigenes entgegentritt – in den Klängen, die sie erzeugt, wie in den romantischen Gefühlen, von denen sie singt.

«Home» handelt von der Liebe zu einem unsichtbaren Anderen, der sie ausforscht, ihre Kunst und ihr Leben erkundet und dabei so tief in ihr Innerstes kriecht, dass er zu einem Teil des Selbst wird – und das heißt: zu jemanden, den sie lieben muss, wenn sie sich nicht selbst fremd werden will. «I know that you know me better / than I know me»: Der dunkle Voyeur, dem Herndon hier ihre unterwürfig-masochistischen Gefühle gesteht, ist kein Mann und keine Frau und überhaupt kein einzelner Mensch, sondern das imaginäre Ich der unentrinnbaren Digitalüberwachung. Und das Zuhause, in dem sie nicht mehr alleine ist – «I don't know how to be on my own» –, ist der Laptop, mit dem sie ihre Musik komponiert.

Ihr gesamtes künstlerisches Werk, sagte Herndon zu mir, habe sie in Zwiesprache mit dem Laptop entwickelt; das Instrument sei für sie niemals ein «Gegenüber» oder gar ein Symbol der Entfremdung gewesen, sondern eine Prothese des Ichs, unabdingbar für ihre Musik und ihr Werden und ihre Vorstellung von Emanzipation. Darum war der Bruch so traumatisch, den der NSA-Skandal erzeugte, «wie eine enttäuschte Teenager-Liebe». Als nicht mehr zu verdrängen war, dass jede Art der digitalen Entäußerung unaufhörlich erfasst und dokumentiert wird, wurde auch klar, dass es in der digitalen Kunst keine unbeaufsichtigten Räume mehr gibt: Elektronische Musik ist immer schon und in jeder Entstehungsphase dem Blick einer anonymen Öffentlichkeit ausgesetzt. Das kann man beklagen. In

«Home» überlässt Herndon sich lieber dem masochistischen Reiz des Ausgeforschtwerdens; der exhibitionistischen Erotik des Umstands, dass die NSA nun auch ihr erster Kritiker ist: «Do you like what I made for you?»

«Platform» lässt sich als Fortsetzung und Variation der Ästhetik von «Movement» begreifen. Doch wo im Jahr 2012 die Mensch-Maschine-Verschränkung noch in futuristischer Kühnheit beschworen wurde, leuchten die Lieder des Jahres 2015 eher aus ihren inneren Rissen. Dennoch hört man keine apokalyptischen Töne, sondern eher eine erotische Subjektivierung der Krise. Während andere noch über ihre Traumata klagen, hat Holly Herndon schon mit dem Durcharbeiten und der Therapie begonnen. Hier können wir in reich schillernden Farben verfolgen, wie sich das Ich in unserer restlos digitalisierten Kultur verliert und immer wieder neu entsteht.

14. Wenn man jederzeit Sex haben kann, ist das auch verwirrend: 18+, Kelela, FKA twigs und die erotischen Probleme der Digital Natives

Kann man Holly Herndons «Home» als eines der beiden emblematischen Liebeslieder im elektronisch geprägten Pop der beginnenden zehner Jahre betrachten, so ist das andere «Drawl» von dem US-amerikanischen Duo 18+. Es tauchte mit dem dazugehörigen Videoclip erstmals 2012 aus den Weiten des Internet auf. In dem Film sieht man ein Mädchen in knappem Badezweiteiler, das an einem Strand vor einer golden untergehenden Sonne im flachen Wasser tanzt; heiter spiegelt das Licht sich in den funkelnden und glitzernden Wellen. Das Mädchen hat einen perfekten Körper mit runden festen Brüsten und erkennbar epiliertem Genitalbereich und bewegt sich geschmeidig zu den dahinschleichenden Beats. Ein weicher, sehr tiefer Bass bildet das Fundament, darüber klappert es keck, und eine Frauenstimme singt, beinahe hechelnd, mit unterdrückter Erregung von ihren Kopulationsphantasien.

Sie würde gern ihren Freund dominieren, dann wiederum will sie sich ihm unterwerfen. Aber auch das Spucken und Schwitzen, der Vater des Freunds und dessen Schoß spielen in diesem Zusammenhang eine Rolle. Feucht, feucht, feucht ist am Ende jedenfalls alles: «wet, wet, wet». Nur das tanzende Wesen im Abendmeer nicht. Denn es ist ja nur ein computergeneriertes Avatarmädchen: gegen die datenreduzierte Darstellung des Wassers so perfekt imprägniert wie gegen jeden begehrenden Blick auf ihren Leib.

18+ spielen die sexuellste Musik, die man sich vorstellen kann, eine Art ultraverlangsamten und überdies mit allerlei klanglichen Schlieren verschleierten R'n'B, zu dem wahlweise sinnlich oder sediert gesungen, gerappt oder gestöhnt wird. Doch soviel Paarungswilligkeit und Begehren aus den Liedern des Duos auch spricht, verströmen sie zugleich Einsamkeit und eisige Kälte; jedes laszive Locken verbindet sich mit Versagung und Abwehr; jeder warme Ton wird von metallisch klirrenden Echos umkränzt, von einer lebensabweisenden Aura.

Das ist in den Videos nicht anders: So künstlich übertrieben sind die aufreizenden Körper darin, dass jede echte Körperlichkeit und Erotik wieder getilgt erscheint. Und so vielgestaltig pervers die Phantasien auch sind, von denen 18+ singen, so konventionell heterosexistisch sind die dazu tanzenden Figuren gezeichnet: Die bunte Authentizität individuellen Begehrens bricht sich fortwährend an den Bildern einer durch Werbung, Mode und Celebrities global konfektionierten Körper- und Sexkultur.

Am Anfang nannten die Mitglieder des Duos sich «Bro» und «Sis», als seien sie Geschwister, später behaupteten sie, dass sie Justin und Samia heißen und hauptberuflich als Bildende Künstler arbeiten, er kommt angeblich aus Los Angeles, sie von Hawaii. Ob das stimmt, ist schwer zu überprüfen. Andererseits ist es nicht entscheidend: Erkennen und Verkennen, Entblößen und Verbergen sind bei 18+ ebenso konsequent ineinander verschränkt wie sexuelle Drastik und symbolistische Rätsel. Dazu passt natürlich auch der Name: Wenn man ihn in eine Suchmaschine eingibt, stößt man nicht auf die Musik oder die Videofilme des Duos, sondern auf sexuell stimulierende Erwachsenenunterhaltung. Das erste Langspielwerk, «Trust», erschien Ende 2014; zwar finden sich darauf viele Stücke, die schon vorher ins Netz gestellt worden waren. Doch steigert die Dramaturgie, in die sie eingefügt werden, noch die Spannung zwischen dem Klang des imaginären Begehrens und der realen Isolation. Sie hätten die Songs ganz bewusst in doppelter Einsamkeit aufgenommen, sagten 18+: Er saß in New York vor dem Rechner, sie in Los Angeles.

Und vielleicht ist das auch der Schlüssel zu dieser sonderbaren Ästhetik: Man kann sich beim Hören keine Paare vorstellen, die einander bezirzen und körperlich erregen; man stellt sich Menschen vor Notebookbildschirmen vor, die fremde Menschen mit simulierter Körperlichkeit und übertrieben intimen Geständnissen für sich zu interessieren versuchen. Wobei der Sound der Entfremdung – und das ist das Bemerkenswerte an dieser Musik – nie die Oberhand über den Sound des Begehrens gewinnt, es bleibt beim Changieren, beim Wechselspiel. Denn auch wenn man seine intimen Geständnisse mit Hilfe von Avataren übermittelt, bleiben es ja doch Geständnisse der Intimität. Es handelt sich um eine neue Art der Intimität, die wir mit unseren althergebrachten Begriffen für das menschliche Miteinander noch nicht zu fassen bekommen. 18+ sind keine kulturpessimistische Band, eher künden sie von der Neubestimmung der Erotik und des Sozialen unter den Bedingungen der digitalen Kommunikation.

Die Verschränkung zwischen dem Ich und seiner digital erzeugten Erscheinung, die man beim Digital-Native-Songwriting von James

Blake ebenso findet wie in der Voice-Processing-Schule von Grimes und der frühen Holly Herndon, ist bei 18+ gleichermaßen zerrissen wie auf eine neue, scheinbar schiefe Weise wieder zusammengefügt. Dass die Musik so zerrissen wirkt, rührt auch daher, dass das Spiegelverhältnis zwischen dem Ich und dem Anderen gegenüber der frühen Herndon und Blake in doppelter Weise verkompliziert wird. Das «Digitale» tritt nicht nur als musikalisches, sondern – wie auf Herndons «Platform»-Album – auch als soziopolitisches Produktionsmittel auf: als Medium der Vergesellschaftung und sogar als Bedingung der Möglichkeit von Subjektivität im digitalen Zeitalter überhaupt mit allen darin waltenden Macht- und Entfremdungsstrukturen. Und anders als bei Blake erscheint digitale Intimität nicht als Ausdruck einer – wie auch immer medial vermittelten – individuellen Authentizität, sondern als der Versuch zweier Menschen, sich füreinander zu öffnen und zu einer Einheit zu werden. Es gilt dabei, Wünsche und Begehren derart in Einklang zu bringen, dass es zu einer für beide Seiten gleichermaßen befriedigenden sexuellen Beziehung kommt.

Dazu braucht es aber eben nicht nur zwei Menschen, die bereit sind, ihre Wünsche aufeinander abzustimmen; sie müssen, jeder für sich, diese Wünsche erst einmal kennen. Auch darüber lässt sich bei 18+ keine Klarheit gewinnen, unablässig changieren die Texte, die Stimmung, die Spannung der Lieder zwischen Drang und Zurückhaltung, Öffnung und Abwehr, Begehren und Zurückweisung. Die Kälte, die sie verströmen, hat nicht nur damit zu tun, dass zwischen den paarungswilligen Partnern sich zwei Bildschirme und das Internet befinden, also eine räumliche Distanz. Die hyperrealistisch konfektionierte Erotik der Videofilme verweist außerdem darauf, dass sich im Internet eine unendliche Fülle an Möglichkeiten eröffnet, die jedes denkbare Objekt des Begehrens und jede Art des Begehrens – das Dominante, Submissive, Hetero-, Homo-, Transsexuelle – jederzeit als austauschbar und flüchtig erscheinen lässt.

18+ variieren in ihrem Sound der Verlangsamung die für den Witch House typische Ästhetik des Verschwindens und die antisoziale Entschleunigung des New Weird America. Allerdings wird hier die Überforderung durch die Welt, als deren Gegenmittel sich beide Genres verstehen, zugleich in R-'n'-B-typischer Art sexuell aufgeladen und konkretisiert. Es ist das Dilemma der Dating-Plattform-Benutzer, die der andauernden Erregung, der unendlichen Aussicht auf die Erfüllung der Wünsche und der endlosen Produktion neuer Wünsche müde geworden sind.

Für die Liebeslieder der Digital-Native-Generation kann man dies als prägendes Charakteristikum ansehen: Vor die Sehnsuchtsbekundung und den Herzschmerz überkommener Popsong-Formate ist hier stets die rätselhafte Fremdheit des eigenen Herzens wie der eigenen Wünsche und die Ambivalenz der damit verbundenen Schmerzen gesetzt. Wenn es um Liebe geht, geht es immer auch um die Unfähigkeit, sich in erotischer Form zu entscheiden, und um die Erotik dieser Unfähigkeit. Man könnte von einer Ästhetik der erotischen Volatilität sprechen; zu finden ist sie nicht nur bei 18+, sondern bei einer ganzen Reihe von Künstlern und – vor allem – Künstlerinnen, die in den Jahren 2011 bis 2014 die Bühne betraten.

Ein Beispiel ist die kalifornische Sängerin Kelela, die auf ihrem 2013er Debüt «Cut 4 Me» ihr Begehren auf höchst unterschiedliche, oft selbstwidersprüchliche Weise bekundet. Sie sehnt sich nach lesbischem und Hetero-Sex, nach Dominanz und Unterwerfung zur selben Zeit; im Titelstück singt sie von ihrer Suche nach zärtlicher Nähe, aber auch von schön schmerzhaften Bissen während der Kopulation. In einem Song möchte sie ein begehrtes, in seiner sexuellen Orientierung noch ungefestigtes Mädchen verführen; im nächsten Song möchte sie sich einem Mann, der sich ihr zu unterwerfen gedenkt, lieber ihrerseits unterwerfen; wer von wem zu welchem Zweck erregt und zurückgewiesen, dominiert oder masochistisch hingehalten wird, wechselt in Kelelas Stücken oft von Strophe zu Strophe.

Über die Tatsache, dass sie nicht weiß, was sie will, singt Kelela allerdings auf äußerst entschlossene Weise. Gegen splitternde, stolpernde, zuckend krabbelnde Beats kündet sie mit sicherer Soulstimme vom Tumult der Gefühle und von Momenten der trügerischen Ruhe; gegen eisig klirrendes, metallenes Klackern singt sie von Sehnsucht, Lust, Schmerz und Verführung. Immer wieder schmiegen die Rhythmen und Bässe sich unter die Stimme – um sich im nächsten Augenblick wieder gegen sie zu sperren, den Raum drumherum zum Erzittern zu bringen und die Geradlinigkeit der Melodie zu zerstören.

Den Kontrast zwischen Stimme und Sounds nutzt Kelela konsequent als Ausdruck einer inneren Zerrissenheit. Dies sei für sie, erläuterte sie mir im Gespräch, nicht nur eine künstlerische Entscheidung gewesen, sondern auch ein Spiegel ihrer Jugend und Sozialisation. Solange sie denken könne, habe sie – als Tochter äthiopischer Einwanderer in der US-amerikanischen Ostküstenprovinz aufgewachsen – nie das Gefühl gehabt, irgendwohin zu gehören oder zu irgendwem; sie sei immer «othered» gewesen, ausgeschlossen, als Andere abgestempelt. Und irgendwann sei die Fremdheit, die sie überall spürte, tief in ihr Innerstes gerückt. So spiegeln bei Kelela die Gegensätze von Wärme und Kälte, Mensch und Maschine ein allzumenschliches Drama. Es ist das Drama eines Ichs, das sich in stetem Kampf gegen das eigene Fremdsein in der Welt befindet – und dabei zugleich begreift, dass es am fremdesten immer noch sich selbst ist.

Kurz nach Kelelas Debüt, im Frühjahr 2014, erschien «LP1», das erste Album der Londoner Sängerin Tahliah Barnett, die unter dem Namen FKA twigs auftritt. Auch Barnett beschrieb im Gespräch die Erfahrung, in der Jugend als «othered» markiert zu werden, als für sie prägend. Ihre Mutter ist britisch-spanischer Herkunft, ihr Vater hat jamaikanische Wurzeln. In der Ballettklasse sei sie das einzige «mixed race»-Mädchen gewesen; von früh auf habe sie mit ihrem «andersartigen» Körper und ihrem Aussehen gehadert. Darum hat sie sich auch twigs genannt, zu Deutsch: Zweige. (Das später hinzugekommene FKA steht für «formerly known as», früher bekannt als.)

Die Songs des Albums umkreisen immer wieder das Nicht-Identische und die unaufhebbaren Brüche im Ich. Den Liedern von Kelela ähneln sie schon deshalb, weil auch FKA twigs sich ihre Beats von geistesverwandten und in einigen Fällen von denselben Produzenten zusammenbasteln lässt. Der prägnanteste von ihnen ist zweifellos Arca, ein in London lebender Venezolaner, dessen sonderbar verfranste und schief verfugte Rhythmus- und Klanggebilde die innere Bewegung und Zerrissenheit der Lieder auf der musikalischen Ebene spiegeln.

Die ersten Videos, mit denen FKA twigs im Sommer 2012 die

Bühne betrat, sind wie minimalistische Ketten aus kurzen Bildschlaufen gewirkt. In dem Stück «Water Me», in dem sie nach Liebe dürstet wie eine vertrocknende Pflanze, ist lediglich ihr Gesicht in Großaufnahme zu sehen, starr und glänzend wie der Kopf einer Wachsfigur oder einer Holzpuppe. Zu den stotternden, stolpernden, wie auf Holz geklopften Rhythmen von Arca dreht es sich in ruckartigen Bewegungen vor und zurück, als könne erst der Rhythmus den zur Puppe erstarrten Körper wieder in eine – wenn auch maschinelle – Bewegung versetzen. In dem Stück «Papi Pacify» wünscht sich die Sängerin, von einem untreuen, sich entliebenden Geliebten so belogen zu werden, dass sie sich auch wider besseres Wissen noch einmal geliebt fühlen kann. Das Video dazu zeigt FKA twigs in der ekstatisch-sanften Umarmung durch einen Mann, der ihren Körper streichelt und schließlich mit den Fingern ihre Mundhöhle ertastet: mit einer Körpersprache, in der sich Gesten der Unterwerfung und der Dominanz unentwirrbar verbinden. Diese Bilder sind wiederum zu Schlaufen aus kurzen Bewegungsfragmenten in einem schnellen, doch dabei ruhigen Rhythmus gefügt, sodass die erotische Lust zwar unaufhörlich die Perspektive und Richtung, aber niemals die Intensität wechselt: Der gesamte Film scheint in einem kristallinen Moment kurz vor dem orgiastischen Höhepunkt gefangen.

In der ersten Single aus ihrem Langspieldebüt, «Two Weeks», fordert die Sängerin ihren Geliebten dazu auf, sich endlich von seiner gegenwärtigen Freundin zu trennen; über die Angst vor diesem Schritt versucht sie ihm mit dem Versprechen hinwegzuhelfen, dass er mit ihr weit besseren Sex haben wird als mit ihr. Sie will ihm sämtliche Wünsche erfüllen, insbesondere auch jene, von denen er noch gar nicht weiß, dass er sie hat, und das heißt: Sie will sich ihm gefügig machen, um ihrerseits über ihn verfügen zu können. In dem dazugehörigen Video ist FKA twigs auf einem Thron als pharaonische Königin zu sehen, die mit sehr langsamen Bewegungen eine Vielzahl von wesentlich kleiner gewachsenen Tänzerinnen befehligt.

In dem Anfang 2015 erschienenen Film zu dem Stück «Pendulum» ist die Perspektive ein weiteres Mal umgekehrt. Diesmal singt FKA twigs verzweifelt davon, dass sie sich einem nicht an ihr interessierten Mann hingeben möchte, um seine Liebe auf diese Weise doch noch zu erringen; dazu lässt sie sich kunstvoll nach BDSM-Art fesseln und schwebt alsdann, vielfältig vertäut, mal flach ausgestreckt, mal mit dem Kopf nach unten, über einer zäh wogenden Masse, in die sie schließlich eintaucht, um am Ende wie neugeboren aus ihr wiederaufzusteigen: prometheische Selbsterschaffung aus dem Geist der Versöhnung von Unterwerfung und Dominanz, Passivität und Souveränität, Masochismus und Entschiedenheit.

Insofern lassen sich die Lieder, die Musik und die visuellen Inszenierungen von FKA twigs als eine Art ästhetisch überhöhender Verschwisterung von 18+ und Kelela begreifen. Aus der Ästhetik der Volatilität und der subjektiven Zerrissenheit ist hier eine Ästhetik des Vulnerablen geworden, eine lustvolle Feier der sexuellen Oszillation und der subjektiven Bewegung in ambivalenten Intensitäten. 18+ bringen die Transformation der romantischen Intimität unter den Bedingungen der erotischen Überforderung in der turbodigitalen Gesellschaft zum Klingen; Kelela verlegt die Zerrissenheit des romantischen Subjekts in den Kontrast zwischen romantischem Gesang und kalt-entfremdeten Beats; FKA twigs befreit die Überforderung und das Unentschiedene, das stetige Wechselspiel zwischen Wunsch und Versagung von jeder Entfremdungssymbolik und wertet die Indifferenz, den Kollaps der erotischen Gegensätze zu einer Daseinsbedingung auf. Für sie, so sagte sie in einem Gespräch über ihre flirrenden Rollenspiele, sei der Zustand der Vulnerabilität – des stetigen Wandels und der stetigen Offenheit für den Wandel – der einzige, in dem sie leben könne.

Ihr bisheriges Hauptwerk erschien im Spätsommer 2015, es heißt «M3LL155X» und ist eine aus fünf Stücken bestehende EP, zu der FKA twigs einen zwanzigminütigen Videofilm produziert hat. Zu Beginn des Films, zu dem Stück «Figure 8», sieht man in womöglich ozeanischen Tiefen eine sehr schöne, nicht mehr ganz junge Tänzerin mit einem zerfurchten, prächtig tätowierten Gesicht, mit schwerem Goldschmuck an den Fingern und einer aus der Stirn wachsenden Rute, an deren äußerstem Ende ein Leuchtkörper hängt wie bei Fischen in den untersten, gänzlich lichtlosen Zonen der Meere. Mit dem Lämpchen vor dem Kopf locken diese Fische Beute an; dann töten sie die Beute und fressen sie auf.

Die tanzende Tiefseefischfrau wird jedoch zu ihrer eigenen Beute. Sie stopft sich den Köder in den Mund – und gebiert daraus einen Embryo, der sich zu einem Baby entwickelt; das Baby wiederum wächst zu einem Gummifräulein heran, das einem erregt schwitzenden Mann zur sexuellen Befriedigung dient. «I'm Your Doll», singt die tiefseegeborene Befriedigungspuppe mit hoher, klarer, leicht kieksender Stimme – so auch der Titel des zweiten Songs –, während darunter scharfkantig zugeschliffene Beats knallen und der erregte Mann mit verzerrtem Gesicht an den fleischfarbenen Händen nuckelt; das Gesicht des benuckelten Wesens jedoch entpuppt sich bald als das von FKA twigs.

Doch wird hier nicht mehr nur Liebe und Schmerz, Souveränität und Unterwerfung, prometheische Selbsterschaffung und sexuelle Erniedrigung in ein und derselben Bewegung zusammengefasst; der durch Selbstbefruchtung erzeugte und alsdann zum sexuellen Objekt herabgewürdigte Körper ist im nächsten Song «In Time» nun seinerseits schwanger geworden. Mit einem prallen Babybauch tanzt FKA twigs und wirbelt Leib und Glieder rücksichtslos herum – eine Choreographie im Stil des Voguing, also nach Art jener schwulen und transsexuellen Tänzer, die seit den achtziger Jahren in New York mit der exaltierten Aneignung heterosexuell-weiblicher Bewegungsstandards einen «eigenen» Körperausdruck zu entwickeln versuchten.

Noch klarer als in ihren bisherigen Werken tritt hier die Ununterscheidbarkeit eigentlich divergierender Zustände in Erscheinung. Das spiegelt sich auch in der Musik; in der Art und Weise, in der FKA twigs ihren zarten Gesang mit den grob klackernden Beats, mit den grollenden Drones und schwer vibrierenden Bässen ihres neuen Produzenten Jordon Asher alias Boots doppelt und kontrastiert. Niemals doppelt die Instrumentierung oder die Rhythmik ihre melodischen Bögen. Stets scheint FKA twigs sich beim Singen der Musik anschmiegen zu wollen, die sich ihrerseits doch sogleich wieder entzieht, unter ihr wegbricht und ihre stimmliche Fülle, ihre Sicherheit in Frage stellt – aber nur um diese Sicherheit umso strahlender aufleuchten zu lassen.

In den frühen Songs machte FKA twigs ihre Stimme – ähnlich wie James Blake und Grimes – oft zum Gegenstand des rhythmischen

Sampling. Auf «M3LL155X» sind Gesang und Begleitung, musikalischer Vorder- und Hintergrund nun weit deutlicher voneinander geschieden. Doch ist ihre Stimme dafür stets von einer unbehaglich flirrenden Aureole umkränzt – als würde die Kontur ihres Ichs beim Singen an Schärfe verlieren; oder als würden sich eine, zwei, viele Versionen von FKA twigs überlagern, einander stören, interferieren.

Vielleicht könnte man diese Musik als Schizo-Pop bezeichnen. Vielleicht auch ist es kein Zufall, dass die tätowierte Tänzerin am Beginn des Films, die Modeschöpferin Michèle Lamy, in Paris einst zu den Schülerinnen der Schizo-Philosophen Gilles Deleuze und Félix Guattari gehörte. In der souveränen Inszenierung der Risse, die sich durch das eigene Selbst ziehen, in der unendlichen Spiegelung von Nicht-Ich und Ich ist FKA twigs jedenfalls zu einer wahrhaft souveränen Popkünstlerin geworden. Ihre Souveränität ist – anders als etwa jene Adeles – frei von jeder Zwanghaftigkeit; FKA twigs weiß, dass man echte Herrschaft über das eigene Ich nur erringt, wenn man die Herrschaft auch zwanglos anderen überlassen kann; und sie weiß, dass jede Art von Autonomie erst aus der selbstbewussten Spiegelung, Verzerrung und Störung «fremder» Bilder und Zuweisungen erwachsen kann. Dass sie anders ist als das, was die anderen in ihr sehen und sich von ihr wünschen, demonstriert sie nicht dadurch, dass sie nach einer ohnehin unerreichbaren Authentizität strebt – sondern indem sie sich mit ihrer Stimme und ihrem Körper jedem Wunsch nach Eindeutigkeit unaufhörlich entzieht. Ihre Kunst ist ein Spiegelkabinett unendlich vieler Nicht-Ichs und Fakes, in dem die Momente des Ichs und der Echtheit umso schöner und schmerzhafter aufblitzen.

15. Hermaphroditische Backenhörnchen auf Metamphetamin: Skrillex, Flying Lotus, PC Music und die Ästhetik der Hyperbeschleunigung

Nichts ist von Dauer; das Tempo der Welt um uns herum nimmt immer weiter zu – das ist der grundlegende Gegenwartsbefund, der die Ästhetik des Pop seit Anfang der nuller Jahre bestimmt. Auf diese Beschleunigung der Welt reagieren Künstlerinnen und Künstler, wie ich weiter oben ausgeführt habe, mit sehr unterschiedlichen Varianten einer musikalischen Entschleunigung: sei es durch die Längung und Dehnung der musikalischen Formate, sei es durch die Verlangsamung der Rhythmen und Dramaturgien. Im New Weird America der neuen Gammler und Freaks wird die Hauruck-und-Schluss-Ästhetik des sterbenden Indierock-Maskulinismus mit einer Feier des endlosen Daddelns und Improvisierens und der effeminierenden Weichheit hintertrieben. In den betäubenden Bassfeedback-Séancen von Sunn O))) nähert die Verlangsamung der Musik sich dem Nullpunkt an – ebenso wie in den radikal heruntergepitchten Zeitlupensongs von Chillwave und Witch House oder dem lasziv verlangsamten R'n' B von 18+, in der postapokalyptischen Geistermusik von Burial oder den Variationen des musikalischen Masochismus und seiner in sich gefalteten Zeit bei Antony and the Johnsons und FKA twigs.

Es gibt aber auch die genau gegenteilige Reaktion: Popmusiker, die nach Hyperbeschleunigung streben und nach einem übersteigerten Eklektizismus. Ein Beispiel sind die Produzenten der sogenannten Electronic Dance Music, EDM, die seit Anfang der zehner Jahre den amerikanischen und europäischen Mainstream eroberten. Ihre Musik basiert auf den komplexen Rhythmen des Dubstep – ähnlich wie jene von James Blake und seiner alsbald scharenweise auftretenden Epigonen wie SBTRKT, Jamie Woon oder SOHN. Doch wo Letztere die Beats immer weiter verlangsamen und die Klangbilder drumherum ätherisieren, werden sie von Protagonisten der EDM wie Skrillex, Diplo und Deadmau5 zu einer stadiontauglichen Maskulinitätsdemonstration aufgeplustert, in der man zwar immer noch Synkopen und rhythmische Spielereien hört, schwingende Bässe und gelegentliche Dub-Reggae-Reminiszenzen – vor allem aber stumpfes Gebolze und Vocoder-verfremdete Rave-Hymnen.

In den Konzerten lassen die Künstler dazu Stroboskope blitzen und Buffbomben explodieren, sie inszenieren sich als Superstars einer protzenden Selbstüberbietung und Geschwindigkeitshexerei. In gewisser Weise haben sie damit den Platz eingenommen, der seit dem Verschwinden des maskulinen Indierocks am Anfang der nuller Jahre vakant gewesen ist. Sie bringen die phallische Souveränität des klassischen männlichen Rockmusikers auf die Bühne zurück; nur dass diese Souveränität nun nicht mehr den Inszenierungstraditionen des Gitarrenrock folgt, sondern den männlichen Star als Alleinherrscher über die Produktionsmittel präsentiert und über ein Publikum, das ihm ergeben gehorcht und sich von der eingesetzten Technik euphorisch manipulieren lässt.

Auch der kalifornische Produzent Steven Ellison, der unter dem Namen Flying Lotus auftritt, fügte seine Musik seit Ende der nuller

Jahre aus immer schnelleren Rhythmen sowie aus hektisch ineinander verschränkten Zitaten aus Hip-Hop und Jazz zusammen. Die EDM-typische Gestik des maskulinen Virtuosentums wurde dabei aber durch Momente der Spontaneität und der Improvisation aufgebrochen: Von den schweren, noch klassisch Breakbeat-beeinflussten Tracks seines Frühwerks arbeitete Ellison sich in den zehner Jahren auf den Alben «Until the Quiet Comes» und «You're Dead!» zu einer Art jazzig gewirkter, luftig elektrisierter Nervositätsästhetik voran. Man hört kosmisch glitzernde Harfenklänge und rasende Beats; gesampelte Prog-Rock-Gitarren und tief in der Erde wühlende Bässe; aseptisch knisternde Geräusche und das schwere Scheppern von verrosteten Hippie-Freak-Schellenkränzen – eine Musik des Maximalismus, der Überforderung und des Überschusses. Flying Lotus klingt, als strömten die Ideen so schnell aus ihm heraus, dass sie sich mit keinem realen musikalischen Tempo in Übereinstimmung bringen lassen. So wird der Überschuss wiederum mit einem Mangel versehen: als fehle da jemandem die Zeit, um alles, was aus ihm hervordringen möchte, in eine musikalische Form zu bringen.

Ebenfalls Anfang der zehner Jahre entwickelte sich das Genre des Vaporwave, zu Deutsch etwa: Zerstäubungs-, Verdampfungs- oder auch Verflüchtigungs-Wave. Die Protagonisten dieser Musik haben ihre Karrieren zumeist im Witch House und Chillwave begonnen. Doch ersetzten sie den Sound der Entkörperlichung, des Geisterhaften und der Entschleunigung bald durch eine Ästhetik des «kleinen Todes», des Schlafs, des Halbschlafs und des Wachtraums, in dem viele Dinge zugleich passieren, ohne dass dabei der Eindruck von Hektik oder Nervosität entsteht. Denn so wie im Dämmerzustand und im Traum jedes lineare Zeitgefühl aufgehoben ist, so sind auch die Klangbilder dieser Musik zu verwaschen und irreal, als dass die darin versammelten Elemente miteinander konkurrieren könnten. Vielmehr fällt alles schlichtweg in eins, der vorherrschende musikalische Effekt ist der verwischende Hall.

Auch ist der Äther, aus dem die Musik in die hallenden Klangräume zu strömen scheint, kein von murmelnden Gothic-Geistern bevölkertes Jenseits mehr, sondern die dem Diesseits abgewandte Seite der globalen Datenströme und -archive. «Far Side Virtual», das Jenseits des Virtuellen, heißt denn auch das musikalische Hauptwerk des Vaporwave-Produzenten James Ferraro, das Ende 2011 erschien. Aus dem Daten- und Klangmüll aktueller und vergangener Epochen der Digitalkultur modelliert Ferraro nervös-glitzernde Miniaturen, die sich manchmal zu Songs oder auch tanzbaren Tracks zusammenzufügen scheinen, stets aber kurz vor dem Umschlag in eine geschlossene Form wieder zerstäuben – «vaporisieren». Sounds aus nicht mehr gängigen Betriebssystemen treffen auf die käsigen Keyboardgeräusche älterer japanischer Schlager und rätselhafte Werbe-Jingles aus den neunziger Jahren, in denen der beste Weißwein aus Abu Dhabi gepriesen wird. Die universale Verfügbarkeit aller möglichen Klänge in dem sich unentwegt blähenden globalen Gedächtnis des Internet wird von Ferraro in eine Ruhe übersetzt, die paradox anmutet: Man hat den Eindruck, hier überhole der Rasende sich selbst.

Das verbindet ihn wiederum mit dem ebenfalls aus New York stammenden Produzenten Daniel Lopatin alias Oneohtrix Point Never, den wir in Kapitel acht als musikalischen Partner von Antony Hegarty kennengelernt haben. Auf deren gemeinsamer Single «Returnal» aus dem Jahr 2010 singt Antony von der ewigen Wiederkehr, und so klingt auch die ganze Musik von Oneohtrix Point Never – je mehr sie sich im Strudel der globalisierten Datenströme verliert, desto zeitloser und auf sonderbare Weise sakraler wirkt sie zugleich.

Das 2012 erschienene Album «R Plus Seven» hebt mit einem schwellenden Orgel-Drone an und lässt darüber klitzeklein gehäckselte Stimm-Samples rhythmisch schwankend erblühen; in Räumen, die sich kathedralenartig weit öffnen, rauschen ozeanische Klänge, ein heller Easy-Listening-Chor wimmert und wird von billigen Störgeräuschen bedrängt. In dem Stück «Inside World» gibt es rückwärtslaufende Kastratengesänge zu hören, die von flackernden Analog-Keyboard-Klängen umspielt und zerwühlt werden: Auf eigenartige Weise verbinden sich hier – wie auf der gesamten Platte – erhabene Ruhe und Hektik, mönchische Einkehr und rasende Hypermoderne.

Vielleicht könnte man so den guten vom schlechten, den reflektierten vom blinden Beschleunigungspop unterscheiden: Während der blinde Beschleunigungspop den herrschenden digitalen Turbokapitalismus nur unmittelbar ästhetisch spiegelt, findet man im Pop der reflektierten Hyperbeschleunigung stets Momente, Motive, Zäsuren, in denen die Beschleunigung und die mit ihr einhergehende Überforderung als solche erkennbar werden.

Manchmal – und dies ist die eigentliche radikale Geste im Pop der mittleren zehner Jahre – wird die Geschwindigkeit der Musik auch derart erhöht, dass sie selbst für die Angehörigen der Digital-Native-Moderne als allzu schnell erscheint; in dieser an sich selbst irre werdenden Übersteigerung tritt die Beschleunigung an sich am klarsten in den Fokus der ästhetischen Wahrnehmung. Diese ästhetische Selbstreflexion durch extreme Selbstüberbietung könnte man, mit einem seit etwa 2012 kursierenden Begriff aus der politischen Theorie, auch als akzelerationistisch bezeichnen. Vom Pop der nuller Jahre unterscheidet sie sich sehr deutlich: Der akzelerationistische Pop hat ein kritisches Verhältnis zur Gegenwart, ohne in irgendeiner Weise auf Motive des Gothic, des Minimalismus oder der Entschleunigung zurückzugreifen. Wo der minimalistische Pop und die Musik des Mangels die Menschen und Dinge in Schatten und Dunkelheit tauchen, dort leuchtet die akzelerationistische Ästhetik die Oberflächen der Dinge noch greller und unbarmherziger aus, um sie als Oberflächen kenntlich zu machen. Sie dehnt nicht mehr einzelne Ideen und Beats unendlich aus, sondern packt immer mehr Informationen in winzige musikalische Schnipsel, um das Zeitempfinden der Hörer zum Kollaps zu bringen.

Die prominentesten Vertreter dieses neuen Pop finden sich auf dem 2013 gegründeten Londoner Label PC Music. In den Songs von Hannah Diamond und QT, von Girlfriend Of The Year und den Lipgloss Twins, von Danny L Harle und dem Labelbetreiber A. G. Cook wirken nicht nur sämtliche Beats, als stammten sie aus einer außer Kontrolle geratenen Klangzentrifuge; auch die dazu singenden Wesen scheinen sich im Dauerzustand einer entkörperlichten Hyperventilation zu befinden. Das ist umso interessanter, als sich in diesem Klangbild auch viele sentimental-romantische, «große» Popmelodien verbergen. Oder andersherum: weil auch die scheinbar naive Bekundung von Gefühlen wie – sagen wir einmal – eines staunend erlebten, frisch erblühenden Liebesglücks von erbarmungslos hochgepitchten, kurz vor dem Kollaps hechelnden, piependen und quiekenden Stimmen und Chören, von rasenden Beats und fitzeligen Sample-Fragmenten begleitet wird.

Ein Beispiel ist das Stück «Hey QT», mit dem das Label im Herbst 2014 einer breiteren Öffentlichkeit bekannt wurde. Zu sonderbar farblosen, aber immer noch pompös aufgeplusterten Synthie-Fanfaren und einem zappelnden Kirmes-Techno-Beat singt eine Frau oder ein Mann oder irgendetwas sonst über Zuneigung und Liebe und das Gefühl, dem anderen ganz nah zu sein, auch wenn er oder sie oder es gerade ganz fern ist. Dabei klingt die Stimme allerdings wie die eines Backenhörnchens aus einem Walt-Disney-Film unter MDMA-Einfluss. Mit derart viel Autotune-Zucker ist der Gesang lasiert, dass ständig irgendwelche Schichten abzusplittern scheinen, und zwar im gleichen Zappelzuckrhythmus wie der Rest der Musik. Am Ende wird die Stimme niedergepitcht und stürzt in ächzende Bässe hinab: als verspüre das hermaphroditische Backenhörnchen nicht nur echte Liebe, sondern auch aufrichtige Bestürzung und Verzweiflung.

«Hey QT» wird einer Künstlerin namens QT zugeschrieben, die vorgibt, mit ihrer Musik einen Energy-Drink zu bewerben; tatsächlich ist das Stück das Produkt eines Männerduos. Der eine von beiden ist der britische Produzent Samuel Long alias Sophie, der zuvor in Songs wie «Bipp» oder «Eeehhh» holpernde Beats mit wildem Flötenspiel oder kleingehacktem Operngesang kombiniert hatte – und im Winter 2014 dann als Koproduzent der kontrovers aufgenommenen, zumindest auf interessante Art albernen Madonna-Single «Bitch I'm Madonna» zu Mainstream-Ruhm kam. Der andere ist der PC-Music-Label-Betreiber A. G. Cook, der wie Sophie sein Gesicht vor der Öffentlichkeit verbirgt, aber immerhin gelegentlich Interviews gibt. Als seine wichtigsten Einflüsse nennt er koreanischen Pop, den Stadionrave-Teenie-DJ David Guetta und den marxistischen Soulsänger Green Gartside alias Scritti Politti. Hört man sich die Musik von A. G. Cook und seinen Künstlern an, klingt das nicht mehr ganz abwegig.

Einen guten Überblick über die Veröffentlichungen des Labels bietet die Kompilation «PC Music Vol. 1», die A. G. Cook im Sommer 2015 herausgebracht hat. Die zehn prägenden Songs, die man darauf hört, reichen von seinem eigenen Stück «Beautiful» über «Don't Wanna / Let's Do It» von Girlfriend Of The Year bis zum ersten Track, der 2013 auf PC Music erschien, «Laplander» von easyFun. Wie bei «Hey QT» handelt es sich fast durchweg um Hochgeschwindigkeitsstücke mit höhergepitchten Stimmen. Wenn man sie hintereinander und der Cook'schen Dramaturgie der Kompilation folgend hört, tritt noch stärker zutage, dass unter der artifiziellen Klebrig- und Niedlichkeit stets ein unheimlicher Unterton waltet, eine dem dominierenden Tempo entgegenstrebende Verlangsamung.

Eröffnet wird das Album mit Hannah Diamonds «Every Night», einem scheinbar heiter dahinhüpfenden Kaugummipopstück, in dem sich die gekeuchten Liebesbekundungen der Sängerin mit unablässig manipulierten beatbildenden Stöhnfragmenten im Hintergrund bruchlos verbinden. In ihren Videoclips und Porträtbildern präsentiert Hannah Diamond sich mit einer eigentümlichen Mischung aus Pferdeschwanz-Unschuld und lasziver Lacklederdominanz; «erwachsene» und «pubertierende» Formen der sexuellen Selbstdarstellung gehen hier unbehaglich in eins. Ähnlich ist es auch in ihrer Musik: Es klingt, als würde die singende Frau oder das singende Mädchen versuchen, sich mit ihrer Naivität und ihren «echten» Gefühlen gegen einen brausenden Sturm aus Zeichen, Bildern, Sounds, plappernden Stimmen, vorgefertigten Selbstbildern und Rollenmodellen zu behaupten. Dann aber scheint sie sich doch immer wieder darin zu verlieren wie auch in der Frage, woran man echte Liebe erkennt und wie lange diese wohl dauern mag. In ihrem zweiten Stück auf dem Sampler, «Attachment», seufzt Hannah Diamond einem verflossenen Liebsten hinterher, dass sie zur Erinnerung immerhin sein Foto auf ihrem Smartphone abgespeichert hat.

Aber auch die ewige Liebe wird beschworen, und zwar in A. G. Cooks Stück «Beautiful». «When I look at you / then I know / that you will be here forever», heißt es darin: Wenn ich dich ansehe, dann weiß ich, dass du für immer hier sein wirst. Diese Beschwörung kommt jedoch von einer derart hochgepitchten Backenhörnchenstimme, dass allein die zeitrafferhafte Geschwindigkeit des Gesangs jede Ahnung von Ewigkeit ruiniert. Was dem Turbo-Erleben dieses verliebten Backenhörnchen-Avatars als ewig erscheinen mag, ist für den Zuhörer so flüchtig wie ein Wimpernschlag.

«Just Like We Never Say Goodbye», heißt das Pendant dieses Stücks auf «Product», dem ersten Langspielalbum von Sophie, das im November 2015 erschien. Darin singt eine körperlos hoch quiekende und dennoch von einer sonderbar sentimentalen Aura umflorte Micky-Maus-Stimme von gemeinsamen Jugenderinnerungen mit einem oder einer ehemaligen Geliebten. Zum letzten Mal, hören wir, haben beide einander «mit, ähm, sechzehn Jahren» gesehen, «We were young / and running wild». Nun, da sie plötzlich wieder aufeinandertreffen, ist alles wieder wie damals, «Du weißt immer noch, wo ich am liebsten hingehe», und auch das Händchenhalten fühlt sich so gut an wie einst. Schließlich teilt die Sängerin oder der Sänger mit, dass sie oder er niemals wieder «goodbye» sagen möchte.

Auch hier wird die Sentimentalität durch die Sounds unterminiert. Der geschlechtslos-juvenil quietschige Gesang vernichtet jeden Glauben daran, dass jemand, der erwachsen oder auch nur älter geworden ist, auf seine Teenager-Zeit wie auf eine länger zurückliegende Vergangenheit blickt; eher hat man das Gefühl, dass seit dem «running wild» und der ersten Liebe eigentlich gar keine Zeit vergangen ist und die Sentimentalität sich also nicht aus der Lebenserfahrung speist, sondern nur popmusikalisch oder sonst wie medial vermittelt ist.

Im globalen Wachtraum der Digital Natives ist die Erfahrung einer vergehenden Zeit suspendiert; man erlebt dermaßen viel in derart kurzen Spannen, dass man im eigentlichen, überkommenen Sinne des Wortes eigentlich gar nichts mehr erlebt. Wie schon bei den Intimitätsinszenierungen von 18+ erscheint aber auch die Revision des romantischen Erlebens bei Sophie nicht im Gewand einer Entfremdungskritik. Es wird hier nicht der Verlust von Authentizität beklagt; vielmehr geht es darum, Authentizität und Intimität in einer jede romantische Kontemplation unmöglich machenden Turbomoderne neu zu bestimmen.

So werden der Taumel und der Schrecken, aber auch die Reize unserer gegenwärtigen Lebenswelt mit den aktuell fortgeschrittensten Mitteln inszeniert. Man kann auch «doppelte Affirmation» dazu sagen und sich an die subversivsten Momente Madonnas in den achtziger Jahren erinnert fühlen. Nur dass Sophie, A. G. Cook und die Protagonisten des akzelerationistischen Pop diese ästhetische Strategie unter den Bedingungen der vollständig digitalisierten Popkultur des Jahres 2015 wiederholen. Und das heißt auch: dass der reale Körper des Künstlers oder der Künstlerin, der in Madonnas Ästhetik noch von zentraler Bedeutung war, für die Inszenierung des Realen keine Rolle mehr spielt.

Ob Hannah Diamond und QT, Girlfriend Of The Year und A. G. Cook tatsächlich existieren oder ob sie nur Avatare sind, mit denen ein virtueller popmusikalischer Raum sich vorübergehend im Realen manifestiert, wird kunstvoll im Unklaren gelassen. Auch bei ihren Performances erfährt man nicht, ob die anwesenden Akteure tatsächlich die Künstler sind. Der Körper ist hier nur noch eine Krümmung im Virtuellen, eine fragile temporäre Erscheinung in einem nicht aufzuhaltenden semiotischen Fluss. Derart bestimmend ist der Strom der Zeichen geworden, dass jedes Aufblitzen von natürlicher Authentizität als Effekt erscheint, als Bruch, als Moment des Innehaltens; wobei es bekanntlich zur Natur des Innehaltens gehört, dass es nicht von Dauer ist.

So sind das Menschliche und das Avatarhafte, die Natur und die Natur zweiter Ordnung ununterscheidbar geworden. In dieser turbobeschleunigten, entsubjektivierten Musik zeigt sich das Ich, wenn es sich zeigt, nicht mehr in der Selbstinszenierung eines souveränen künstlerischen Subjekts. Erkennbar wird es in den vorübergehenden Versuchen, das Verschwinden des Ichs im Strudel der Zeichen zu stoppen, den Lauf der Dinge zu verlangsamen oder zum Stillstand zu bringen. Wie wir alle sind auch die Helden dieses futuristischen Blubberlutschpops nur noch physische Emanationen einer zum eigentlichen Souverän gewordenen Raserei.

16. Heute gehört ihr die Volksmusik und morgen die ganze Welt: Helene Fischer und die Geburt des nihilistischen Postfeminismus

Wenn man von Hypergeschwindigkeit, enormem Eklektizismus und Digital-Native-Musik spricht, darf natürlich auch Helene Fischer nicht fehlen. Unter den turbobeschleunigten Zentrifugenpop-Künstlerinnen der Gegenwart ist sie – zumindest in Deutschland – nicht nur die erfolgreichste, sondern auch die experimentierfreudigste. Und damit nicht genug, es gibt noch eine weitere Parallele zu Hannah Diamond, Sophie und PC Music: Auch Fischer unternimmt in ihrem bislang größten Hit eine Neubewertung des Ewigkeitsbegriffs unter den Bedingungen des hyperbeschleunigten Digital-Native-Daseins. «I don't ever wanna say goodbye», hieß es, wie dargelegt, bei dem namenlosen verliebten Turbo-Avatar in Sophies Stück «Just Like We Never Said Goodbye» – «Wir sind heute ewig», singt hingegen der verliebte Turbo-Avatar Helene Fischer in dem Stück «Atemlos durch die Nacht», und weiter: «Wir sind unzertrennlich, irgendwie unsterblich».

Während die von Sophie im Wortpaar «ever» und «never» angerufene Ewigkeit durch den Kontrast des musikalischen Zeitraffereffekts zu der kurzen Ewigkeit eines Wesens schrumpft, dessen Existenz rasend schnell vergeht, findet bei Helene Fischer die Relativierung des Ewigen hin zu dem Zeitempfinden einer Eintagsfliege schon auf der lyrischen Ebene statt. «Wir sind heute ewig» legt ja den Schluss nahe, dass wir morgen nicht mehr ewig sein werden und es gestern auch noch nicht waren, und das wiederum heißt, dass die hier beschriebene Endlosigkeit gerade nicht endlos ist. Weswegen «wir» auch nicht unsterblich sind, sondern, so Fischer, lediglich «irgendwie unsterblich»; was gut dazu passt, dass den romantischen Gefühlen im Stück keine subjektive Unmittelbarkeit und folglich auch keine Wahrhaftigkeit zuerkannt wird, sondern diese nur im Spiegel einer flüchtigen medialen Vermittlung erscheinen: Der Gipfel des erhabenen Fühlens, singt Fischer, ist für sie wie «großes Kino».

«Atemlos durch die Nacht», geschrieben von Kristina Bach und veröffentlicht auf dem Album «Farbenspiel» aus dem Jahr 2013, brachte der 1984 unter dem Namen Jelena Petrowna Fischer in Krasnojarsk geborenen Künstlerin jenseits der zuvor schon begeisterten Schlagerhörerschaft den Durchbruch bei einem breiten Publikum. Mit diesem Stück erklomm sie in Deutschland gewissermaßen die Position, die Adele in Großbritannien zwei Jahre vorher mit den Herzschmerzstücken «Someone Like You» und «Rolling in the Deep» aus dem Album «21» eingenommen hat. Wie Letztere damit zur Nationalkünstlerin wurde, zur international erfolgreichen Galionsfigur des britischen Pop – so wurde Helene Fischer mit «Atemlos durch die Nacht» zur deutschen Pop-Nationalkünstlerin. Zwar konnte sie trotz eines 2010 veröffentlichten Albums mit englischsprachigen Versionen ihrer Songs bislang keine nennenswerten internationalen Erfolge verbuchen – ein Schicksal, das sie mit dem männlichen deutschen Nationalkünstler Herbert Grönemeyer teilt; doch erwecken ihre Musik und mehr noch ihre Bühnendarbietungen zumindest bei deutschen Betrachtern den Eindruck, dass sie mit internationalen Standards mithalten können.

Was Adele für das beliebteste britische Genre seit Mitte der nuller Jahre – den Retro-Soul – tut, das tut Helene Fischer für das beliebteste deutsche Genre seit Ende des Zweiten Weltkriegs: den Schlager. Adele befreite den Retro-Soul aus der von Amy Winehouse gepflegten Symbolsprache der Selbstzerstörung und setzte sich als selbstkontrollierte, souveräne Künstlerin in Szene. Helene Fischer befreite das massentaugliche Genre des deutschen Schlagers von jener selbstzerstörerischen Ironie, mit der es auf den Befund der eigenen Kaputtheit, Spießigkeit und Irrelevanz reagiert hatte – zu beobachten im sogenannten Schlager-Revival seit den späten neunziger Jahren, mit Dieter Thomas Kuhn, Guildo Horn und den Orthopädischen Strümpfen und den an die Love Parade angelehnten Schlagermoves.

In vollem Ernst inszeniert Helene Fischer sich stattdessen als omnipotente Schlagerkönigin neuen Typs, als weibliche Souveränin, die nicht nur unangefochten über das ihr eigene Genre herrscht, sondern dieses auch als Brückenkopf nutzt, um die gesamte Welt zu unterwerfen. Fischer erreicht damit eine neue Ebene: Sie versteht es, alle nur denkbaren Erscheinungsformen der Popmusik in den ästhetischen Kosmos des Schlagers wider- und rückstandslos zu integrieren. Ein Umstand, der umso interessanter erscheint, als gerade dieses Genre die längste Zeit seiner Entwicklung über als genuin antiexperimentell und eklektizismusfeindlich galt.

Am Beginn der Karriere standen Auftritte beim «Hochzeitsfest der Volkmusik» und in der «MDR-Schlagernacht» sowie Lieder, die in Metrik, klanglicher und sprachlicher Schlichtheit gut in das dazugehörige Repertoire passen. Doch schon bald ließ Fischer von Stücken wie «Mitten im Paradies» und «Ich glaub dir hundert Lügen» flotte «Dance Mixe» im Eurodisco-Stil produzieren; bei ihren Bühnenauftritten wird neben klassischer Schlagerkunst auch Stadion-Techno, Elektropop, flotter Funkrock mit knallenden Bässen und französischer Filter-House geboten.

So auch bei dem Konzert ihrer «Farbenspiel»-Tournee, das im Herbst 2014 in der Mehrzweckhalle am Berliner Ostbahnhof stattfand und von dem bereits in der Einleitung zu diesem Buch die Rede war. Bevor sie dem Publikum den sehnsüchtig erwarteten «Atemlos durch die Nacht»-Hit gönnt, singt und tanzt sich Helene Fischer drei Stunden lang durch einige eigene Songs, vor allem aber durch eine kunstvoll ineinandergefügte Auswahl von garantiert nicht zueinanderpassenden Cover-Versionen.

Begleitet wird sie dabei von einer umfangreich besetzten Band mit diversen Gitarristen, Schlagzeugern, Violinistinnen und Bläsern sowie einigen Chorsängerinnen, einem Sänger und sehr vielen Tänzern und Tänzerinnen. Der Auftritt beginnt in noch recht traditioneller Weise mit dem Stück «Unser Tag», das davon handelt, dass zwei Menschen, die sich sehr gerne mögen, einen sehr schönen Tag miteinander verbringen. Doch schon kurz darauf, in dem dritten Stück «Fehlerfrei», lässt Fischer sich nach ein paar Strophen von einem unrasierten Mann mit einer Basecap unterbrechen, der im Sitzen «Sexy Back» von Justin Timberlake intoniert sowie später im Stehen «Get Lucky» von Daft Punk.

So fügt sich die Musik schließlich in ein Patchwork euroamerikanischer Popkulturfitzel, und auch die Kostümwechsel können in ihrer Frequenz und Vielfalt mit der Praxis internationaler Pop-Diven mithalten. Zu Beginn des Konzerts trägt Helene Fischer eine den Po betonende Samtschlaghose in Sauerkirschrot sowie eine teiltransparente Netzbluse, unter der kein Büstenhalter zu erkennen ist; ihre Brüste kaschiert sie stattdessen durch eine Applikation aus blutrot gefärbten Hahnenfedern. Zu dem vierten Stück «Mitten im Paradies» kleidet sie sich in ein knappes schwarzes Sporthöschen, während ihre Tänzer in Boxershorts und mit bloßem Oberkörper um sie herumhüpfen; das Paradies scheint sich Helene Fischer mithin als eine Art niemals endenden Fitnesskurs mit halbnackten Männern vorzustellen. Zu dem fünften Stück «In diesen Nächten» zieht sie sich einen Lederrock an, der farblich an alte englische Sofas erinnert; er ist dermaßen eng, dass es Fischer schwerfällt, damit zu laufen, und sie im Folgenden zumeist auf einem Laufband über die Bühne bewegt werden muss.

Auf das siebte Stück «Nur wer den Wahnsinn liebt» folgt eine Art Barockmusikintermezzo, in dem sich ein E-Gitarrist und eine Analog-Geigerin von entgegengesetzten Bühnenrändern aus mit immer schnelleren Soli duellieren, bis sie sich in der Mitte der Bühne wieder miteinander versöhnen. Das aus dem gleichnamigen Walt-Disney-Film bekannte Stück «Die Eiskönigin» singt Helene Fischer alsdann in einem schwarzen Kleid mit weißem Glitter und einem weißen Umhang mit Halskrause darüber. Für das folgende «Vergeben, vergessen und wieder vertrau'n» wirft sie den Umhang ab und lässt sich von einem weiß bepuderten gemischtgeschlechtlichen Paar auf sehr hohen Stelzen umtanzen.

Der zweite Teil des Abends beginnt wiederum mit einem internationalen Pop-Medley, in dem Helene Fischer unter anderem «Jump» von Van Halen und «Purple Rain» von Prince and the Revolution interpretiert; zuvor hat sie «Bring Me To Life» von der US-amerikanischen Goth-Rock-Gruppe Evanescence gecovert, dazu haben ihre mit weißen Irokesenperücken geschmückten Tänzer versucht, aus Zahnarztstühlen ein Türmchen zu bauen. Das Konzert gipfelt schließlich im schon erwähnten Auftritt einer gewaltigen, an stählernen Fäden animierten und durch die Luft manövrierten Blechgans, auf deren Rücken die Künstlerin hoch über den Köpfen der Hörer «My Heart Will Go On» von Céline Dion singt.

Acht Monate später, im Juli 2015, wiederholt und variiert Helene Fischer diese Show bei zwei ausverkauften Konzerten im Berliner Olympiastadion, insgesamt hundertzwanzigtausend Menschen sehen ihr zu. Das Programm ähnelt im Wesentlichen der Hallendarbietung, nur die Auswahl der Cover-Versionen weicht davon ab. Statt Daft Punk, Evanescence und Prince interpretiert sie nun vor allem klassisches Liedgut des Deutschrocks wie etwa «Männer» von Herbert Grönemeyer und «Sexy» von Marius Müller-Westernhagen, wozu sie sich in einem hellblauen Jeansanzug auf einem roten Sofa in Form eines Kussmunds mit sehr dicker Unterlippe räkelt. Anders als bei dem Auftritt in der Mehrzweckhalle werden im Olympiastadion vor Beginn des Konzerts diverse Filme gezeigt, in denen Fischer zum Beispiel eine Kräuterbuttermarke bewirbt. So kann man abwechselnd ihr Gesicht betrachten sowie, gleichermaßen in Großaufnahme, ein rundes Stück Kräuterbutter, das auf einer saftig braunen Steakscheibe schmilzt. Als ein Mann von der Seite ins Bild tritt, um seinen Finger in die schmelzende Butter zu stecken, wird er von Helene Fischer geschubst.

Gegen die Arbeitsverweigerungsästhetik der US-amerikanischen Diven setzt Fischer auf die Ästhetik des «hard working girl», ihre ständigen Kostümwechsel und akrobatischen Einlagen vollzieht sie mit Eleganz. Doch kaschiert sie die Zeichen körperlicher Verausgabung nicht, um dem Ganzen auch eine sportive Note zu verleihen. «Ich finde die persönliche Herausforderung toll, die körperliche Anstrengung», sagte Fischer mir in einem Gespräch, das ich im Frühjahr 2014 mit ihr führte: «Live singen, wenn man kopfüber irgendwo hängt – das muss man erst einmal hinkriegen! Und danach ist man richtig schön ausgepowert, da weiß man, was man getan hat. Wir haben das 2010 zum ersten Mal in einer Show probiert und gehofft, dass es den Leuten gefällt – und die waren begeistert. Seither wird eigentlich mehr über meine Akrobatik geredet als über meine Lieder.»

Das Konzert im Olympiastadion beendet sie denn auch mit einem virtuos inszenierten Flugsportprogramm. In einer glitzernden grünen Bluse, die mit ihren schwarzen Punkten aussieht, als sei sie von Froschlaich bedeckt, lässt sie sich an langen Drahtseilen in rasendem Tempo und in schwindelerregender Höhe durch das gesamte Stadion ziehen und wieder zurück. Mal sieht sie dabei aus wie Wonder Woman beim Fliegen; mal schlägt sie auch Purzelbäume oder singt mit dem Kopf nach unten hängend das Stück «Von hier bis unendlich».

Womit wir wieder beim Eingangsthema sind: den Ewigkeits- und Unendlichkeitsmetaphern. Denn auch in diesem vermeintlichen Liebeslied ist allenfalls die Bindungsangst der Sängerin unendlich: «Es wär besser für uns beide / wenn wir uns nicht mehr sehn / denn dass das so tief geht / hab ich nicht kommen sehn». Dass «ewige Liebe», dieser traditionellerweise zentrale Topos der romantischen Schlagerschnulze, im Beziehungsleben der Helene-Fischer-Generation bestenfalls noch relative Bedeutung besitzt, wird nicht nur in «Atemlos durch die Nacht» dargelegt, sondern beherrscht weite Teile des Œuvres. Man höre etwa auch «Ewig ist manchmal zu lang» von ihrem dritten Album «Zaubermond» aus dem Jahr 2008, in dem Fischer sich – ähnlich wie Adele in «All I Ask» – von einem nicht mehr Geliebten dergestalt zu trennen gedenkt, dass die letzte Nacht für die beiden unter ihrer eigenen Regie ein unvergessliches Erlebnis wird: «Der letzte Tanz in deinem Arm / wird wie der erste sein», singt sie, «wie damals sag ich heute Nacht / schenk mir noch einmal ein». Dabei profiliert schon die für den Geschlechtsverkehr gewählte Einschenk-Metapher das Stück in lyrisch interessanter Weise.

Bemerkenswert ist aber auch die Rhetorik, die Helene Fischer verwendet, wenn sie eine Romanze mit einem traditionellen Happy End abrundet: «Doch bei dir ist Endstation», singt sie in dem Stück «Auf der Reise ins Licht» auf ihrem Debütalbum «Von hier bis unendlich» aus dem Jahr 2006. «Du bist meine Endstation» – ein Begriff, den man sonst weniger mit erfülltem Liebesglück als mit Tod, Verzweiflung und Schankstätten in Bahnhofsvierteln verbindet, wo das Bier besonders günstig ist.

Alles Endgültige ist für Fischer mithin ein Grauen: Vielleicht könnte man sagen, dass sie als perfekter Spiegel des vollständig flexibilisierten Menschen auftritt. Wie sie in ihrer Liebeslyrik nicht etwa die dauerhafte Erfüllung feiert, sondern bloß das Glück des Augenblicks und der sehr kurzen Ewigkeit, so präsentiert sie sich in ihrer gesamten Selbstinszenierung als Vertreterin des Unabgeschlossenen und Unentschiedenen, als ein ständig die Stile, Kostüme und Masken wechselnder Null-Signifikant.

Das gilt interessanterweise nun gerade auch für die Verweise auf solche Arten der Popkultur, die ihrerseits alle Endgültigkeit, alle Fixierung auf eindeutige Identitäten zu überwinden versuchen – das heißt: für Helene Fischers Gebrauch der queeren und sonst wie sexuell transgressiven Ästhetik, mit der sie seit etwa 2010 einen schlagerfachübergreifenden Glamour zu beschwören versucht. Bei ihrem ersten großen Freilichtkonzert, das sie im Sommer 2011 in der Berliner Waldbühne spielt, brilliert sie unter anderem mit einem Medley aus Stücken der Gruppe Queen, von «We Will Rock You» bis «We Are The Champions», und imitiert mit dramatischer Geste den ersten großen offen schwul lebenden Rockstar Freddie Mercury. Anschließend singt sie «Pokerface» von der im selben Jahr auf dem Höhepunkt ihres Ruhms angekommenen queeren Ikone Lady Gaga, wozu Fischers Mitmusiker sich entsprechend wasserstoffblonde Drag-Queen-Perücken aufsetzen. «Die Presse schreibt, ich bin die Lady Gaga des Schlagers», sagt sie in der Moderation des Stücks mit lediglich leicht ironisch gefärbtem Stolz in der Stimme.

In den folgenden beiden Jahren wird sie die Nähe zu dieser Figur noch häufiger suchen. Bei einem vieldiskutierten Auftritt während der «Bambi»-Fernsehpreisgala Ende 2013 trägt sie sogar einen glitzernden Science-Fiction-Overall mit spitz nach oben auszackenden Schulterpolstern, der wirkt, als sei er von einem Lady-Gaga-Kostüm aus der «Born This Way»-Tournee abgekupfert. Ob das Absicht war, fragte ich sie ein Vierteljahr später. Natürlich nicht, lautete die Antwort: «Das war eher Zufall. Mir stehen solche Schultern, die ein bisschen extremer ausgepolstert sind, und dann war das komplett mit Glitzer …» Andererseits freute Fischer sich über die Aufmerksamkeit, die ihr dank solcher exaltierten Kostüme aus queeren Publikumskreisen entgegengebracht wurde: «Herrlich, das ist echt irre, wie sich mein Publikum in den letzten Jahren verändert hat! Da ist alles dabei.» Auch «Schwule und Lesben … Ich kann nicht sagen, dass das bewusst gesteuert ist. Aber es hat mit dem Outfit, mit der jeweiligen Choreographie zu tun.»

Was sie freilich nicht daran hindert, in den folgenden beiden Jahren immer wieder und besonders gerne mit dem österreichischen Volksmusiksänger Andreas Gabalier zu duettieren, der in krachledernen Hosen zwangsheterosexuelle Brunftmusik bietet und keine Gelegenheit auslässt, sich über den allgegenwärtigen «Gender-Wahnsinn» zu beklagen: «Man hat's nicht leicht auf dieser Welt, wenn man als Manderl noch auf Weiberl steht», lautet einer der am liebsten zitierten Sätze; insbesondere die mediale Dauerpräsenz seiner Landsmännin Conchita Wurst nach dem Gewinn des Eurovision Song Contest im Jahr 2014 erregt sein Missfallen. Ihm sei es «zu viel», wenn er mit Homosexualität «täglich konfrontiert werde», sagt Gabalier, das sei «etwas Intimes und gehört ins Schlafzimmer oder in den Playboy».

Oder eben auf die Konzertbühne – als ein Kostüm, das man ebenso schnell wieder ablegen kann, wie man hineingeschlüpft ist. Für das endlose Spiel mit Pop-Zitaten, das Helene Fischer betreibt, erfüllt Gabalier als homophober Volksmusik-Freak die gleiche Funktion wie das Zitat von Lady Gaga als queerer Freak-Frau. Für Fischer geht es vor allem darum zu zeigen, dass alles, aber auch wirklich alles, zu ihr passt – und das heißt: dass alles sich restlos ihrer ästhetischen Herrschaft untertan machen, jeder eigenen Bedeutung berauben lässt.

Das ist wiederum der strukturelle Unterschied zu Lady Gaga, deren Ästhetik den Eigensinn des angeeigneten Materials und der kulturindustriellen Aneignungsmaschinerie immer erkennen lässt, und sei es in den Momenten, in denen sie sich auf dem Weg durch das Zeichengestöber ihrer eigenen Erschöpfung hingibt. Wenn Gaga die ohnehin fragile Perfektion ihrer Shows mit solchen Momenten der ungeschützten Subjektivität unterbricht, dann verweist sie damit auf die Ambivalenz ihrer Rolle: Sie ist eine Künstlerin, die über die kulturindustrielle Maschine herrscht und gleichzeitig von dieser beherrscht wird. Wenn Helene Fischer sich zwischen zwei Kostümwechseln und Choreographien an ihre Zuhörer wendet, dann beansprucht sie für sich eine scheinbar authentische Normalität, vor der die Show drumherum wie ein nichtnormaler und darum auch folgenloser Karneval wirkt. «Wir tanzen unsere Choreographie, dabei sind wir ganz bei uns und lassen die anderen zusehen», sagte sie mir im Gespräch. «Aber sobald der Song vorbei ist, widme ich mich meinen Fans, und dann bin ich ganz diejenige, die sie schon immer kennen. Die ganz normale Helene quasi.»

So werden die Elemente einer queeren oder anderweitig sexuell transgressiven Ästhetik, mit denen Helene Fischer ihre Shows, ihre Selbstinszenierung und ihr Körperbild schmückt, einerseits in den Mainstream gehoben als etwas, an dem auch der gemeine Schlagerfreund seinen Spaß haben kann – was sich als Fortschritt werten lässt. Indem Fischer jenen Elementen andererseits einen klar definierten Platz in einem nur von ihr beherrschten Rollenspiel zuweist, bereinigt sie diese gründlich von jedem politischen Gehalt und damit auch von jeder dauerhaften Bedeutung; die Position der vollendeten weiblichen Souveränität über den Pop erringt sie gewissermaßen mit den Mitteln eines nihilistischen Postfeminismus.

Interessant ist in diesem Zusammenhang eine weitere Beobachtung: Die Tänzer, die bei Fischers Konzert im Olympiastadion während des Stücks «Mitten im Paradies» um sie herumscharwenzeln, tragen diesmal auf Brust und Rücken breitflächige Tätowierungen. Freilich sind diese nur auf fleischfarbene Langärmelhemden gedruckt, die ihre Träger später auf offener Bühne ablegen. Nichts ist für ewig, nichts gilt, nichts ist von Bedeutung, nicht die Liebe, nicht die Politik und nicht mal das Tattoo: In dieser kleinen Geste der desillusionierenden Entkostümierung zeigt sich der politische Gehalt der Fischer'schen Ästhetik in maximal verdichteter Form.

17. War die deutsche Wiedervereinigung nicht auch irgendwie schwul? Rammstein, Freiwild, Bushido und die Aggressivität männlicher Opfer

Nicht nur Deutschlands erfolgreichste Eklektizistin und Popnationalkünstlerin pflegt einen Hang zu queeren Kostümen und sexuelltransgressiver Ästhetik. Auch Deutschlands erfolgreichste Rockband seit Mitte der neunziger Jahre, Rammstein, unterhält ihr Publikum gern mit Cross-Dressing und Travestie. So beginnt der Rammstein-Sänger Till Lindemann das Konzert seiner Band im Mai 2013 auf der Freilichtbühne in der Berliner Wuhlheide beispielsweise in einer pinkfarbenen Puschelpelzjacke. Lindemann, der damit aussieht wie der große Vogel Bibo aus der Sesamstraße, der in einen Farbtopf mit Barbiepuppen-Make-up gefallen ist, bietet erst einmal das Lied «Ich tu dir weh» dar, das von den Wonnen sadistischer sexueller Unterwerfung handelt: «Bei dir hab ich die Qual der Wahl / Stacheldraht im Harnkanal». Im Verlauf des Konzerts pupst er dann unter anderem aus einer an seinem Steißbein angebrachten Düse pinkfarbene Nebelschwaden heraus, was man wie die Puschelpelzjacke als Inszenierung verweiblichter Männlichkeit verstehen kann; auch schraubt er das Mikrophon immer wieder gerne an eine Gewindevorrichtung im Lendenbereich, aus der es dann wie ein Penis absteht, wodurch Lindemann wie ein Wesen wirkt, das gerne einen Penis hätte, aber keinen besitzt und deshalb zu einer Prothese greifen muss.

Die Vorliebe für Penisprothesen teilt er mit dem Helene-Fischer-Vorbild Lady Gaga. Letztere schmückte sich insbesondere in der zweiten Phase ihrer Karriere seit Anfang der zehner Jahre mit diesem Accessoire, nachdem sie zunächst das Gerücht genährt hatte, dass sie ein Hermaphrodit sei und ihr biologischer Körper also sowohl männliche als auch weibliche Geschlechtsmerkmale aufweise. Später dementierte sie das und trat nun des Öfteren in der Rolle eines Manns namens Jo Calderone auf, wobei sie das Cross-Dressing bei besonderen Anlässen gern mit einem umgeschnallten künstlichen Glied komplettierte.

Während Lady Gaga also als Frau einen «ehemaligen» Hermaphroditen spielt, der einen Mann spielt, spielt Till Lindemann ein durch Make-up und Bekleidung zunächst hermaphroditisch wirkendes Wesen, das mit seiner sexuell ambivalenten Erscheinung jedoch nicht zufrieden ist, sondern durch eine Penisprothese nach sexueller, nämlich maskuliner Eindeutigkeit strebt. Was wiederum den Eindruck bestätigt, den Till Lindemann beim unbefangenen Betrachter zuallererst erweckt: den Eindruck einer testosteronübersättigten, rundum heterosexuell-chauvinistisch geprägten Maskulinität.

Wenn man Till Lindemann mithin als männliche deutsche Ausgabe von Lady Gaga und Helene Fischer als weibliche deutsche Ausgabe von Lady Gaga betrachten kann, dann ließe sich daraus schließen, dass es sich bei Till Lindemann und Helene Fischer um ein und dieselbe popkulturelle Erscheinung handelt, in unterschiedlichen Formen der geschlechtlichen Ausdifferenzierung. Beide garnieren ihren Mainstream-Pop mit sexuell-transgressiven Motiven; beide rauben diesen Motiven ihren emanzipatorischen Gehalt; beide behandeln die sexuellen Maskeraden so, wie sie auch die zitierten Pop-Stile behandeln: als beliebig einsetzbares Material; und beide betreiben das Geschäft des Zitierens und der Grenzüberschreitung wesentlich zu dem Zweck, ihre Souveränität über das Zitierte, Abseitige und «Perverse» zu bekräftigen. So wie Helene Fischer Musik jeder Art und Herkunft dazu bringt, wie deutscher Schlager zu klingen, so haben Rammstein schon anderthalb Jahrzehnte vor ihr die internationale musikalische Sprache des Industrial Rock germanisiert, das heißt: derart brutal mit Zeichen des Deutschseins überformt, dass sie als «Neue Deutsche Härte» zu einer Art nationaler Popsprache wurde.

Drollig sind die Zerrbilder, zu denen es kommt, wenn die Rammstein-Ästhetik sich in den Begehrensbekundungen des Publikums spiegelt. Auf Konzerten wie jenem in der Berliner Wuhlheide lässt sich beobachten, dass die Rammstein-Hörer mehrheitlich etwa so alt wie die Band sind, also zwischen vierzig und fünfzig Jahre, und zumeist in Pärchenform auftreten. Vor allem die Männer kleiden sich gern in offizielle Merchandising-T-Shirts, auf denen neben dem Rammstein-Logo Liedzeilen der Band abgedruckt sind wie «Bück dich» vom 1997er Album «Sehnsucht» oder – von der 2009 erschienenen und bislang letzten Rammstein-Platte «Liebe ist für alle da» – «Blitzkrieg mit dem Fleischgewehr» sowie «Steck Bratwurst in dein Sauerkraut». Schön anzusehen ist das schon, wenn die nicht mehr ganz jungen Pärchen in der untergehenden Abendsonne eng umschlungen der Musik der Band lauschen und auf der Brust des Mannes ein gewaltiges «Bück dich» prangt.

Auf den Brüsten der Frauen prangt hingegen eher selten etwas. Das liegt einerseits daran, dass Rammstein in eher traditionell-heterosexueller Weise die aktive Rolle bei der Kopulation dem Mann und die passive Rolle der Frau vorbehalten. Andererseits gelingt es der Band nicht, für die weibliche Perspektive auf die beschworenen Arten des Geschlechtsverkehrs entsprechend attraktive Merksätze zu formulieren. Tatsächlich kann man sich selbst die tolerantesten Hörerinnen nur schwerlich mit T-Shirts vorstellen, auf denen beispielsweise «Ich bück mich» steht, «Lass mich für deine Bratwurst das Sauerkraut sein» oder «Für deinen Blitzkrieg spiel ich gerne Polen».

Von dem provokativen Flirt mit Begriffen wie «Blitzkrieg» und der nationalsozialistischen Ästhetik im Allgemeinen, mit dem Rammstein die ersten fünf Jahre ihrer Karriere bestritten – gipfelnd in den Leni-Riefenstahl-Bildern des Videoclips zu dem Song «Stripped» aus dem Jahr 1998 –, haben sie sich in den nuller und frühen zehner Jahren zunehmend auf den Tabubruch durch sexuelle Provokationen verlegt. Einen ersten größeren Erfolg erzielten sie mit dem Stück «Mein Teil» von dem 2004 erschienenen Album «Reise, Reise», in dem es nach einer wahren Begebenheit um schwulen Geschlechtsverkehr geht, der im kannibalistischen Verspeisen des einen Sexualpartners durch den anderen mündet. Über dieses Stück wurde in der Öffentlichkeit ebenso emsig diskutiert wie fünf Jahre später über das schon erwähnte Lied «Ich tu dir weh»; Letzteres wurde nach seinem Erscheinen umgehend von der Bundesprüfstelle für jugendgefährdende Medien indiziert, sodass auch das dazugehörige Album «Liebe ist für alle da» in originaler Form nicht mehr an Kunden unter achtzehn Jahren abgegeben werden darf. «In befürwortender Art und Weise», so die Begründung der Behörde, werde in dem Stück «dargestellt, wie ein Mensch einen anderen quält und ihm ohne jegliches

Mitgefühl schwerste Verletzungen zufügt.» Außerdem animiere die Band zu ungeschütztem Geschlechtsverkehr und verbreite gefährdende Sadomaso-Praktiken.

Interessanterweise reagierten Rammstein darauf nicht mit Wohlwollen und Zustimmung – obwohl ihr mit Tabubrüchen betriebenes Heischen nach Aufmerksamkeit hier doch ausgiebig belohnt wurde. Stattdessen inszenierten sie sich als Opfer einer freiheitseinschränkenden Staatsbürokratie. Keyboarder Flake Lorenz verglich das Vorgehen der Bundesprüfstelle in einem Interview sogleich mit den Zensurmaßnahmen der DDR, in der die sechs Rammstein-Mitglieder ihre Jugend verbrachten und ihre musikalische Karriere begannen. Er sei «bestürzt», dass die Platte «aus dem Verkehr gezogen» werde, während «Nazis unbehelligt ‹Ausländer raus› brüllen dürfen». Ähnlich hatten sich Rammstein zuvor verhalten, wenn ihre Provokationen durch politisch-totalitäre Ästhetik kritisiert worden waren. Auch hier zogen sie sich stets darauf zurück, in Wirklichkeit ganz unpolitisch zu sein und bloß vom Mainstream des linken Konsens in die rechte Ecke gestellt zu werden. Genauso wollte man das Lob sexueller Gewalt nicht direkt als Lob verstanden wissen – die Fans wüssten schon, wie sie all das einzuordnen hätten.

Dieses Reaktionsschema des Ist-alles-nicht-so-gemeint, des Provozierens und anschließenden Relativierens steht in einem sonderbaren Spannungsverhältnis zu der entschlossenen maskulinen Härte, mit der Rammstein auf der Bühne posieren. Während sie ihre Inszenierung sadomasochistischer, auf Unterwerfung basierender Sexualpraktiken ausschließlich aus der Perspektive des sadistischen, dominanten Sexualpartners betreiben und alle entmännlichten Arten der Sexualästhetik konsequent re-maskulinisieren, ziehen sich Rammstein in der öffentlichen Debatte über ihre Musik verlässlich auf die Position des passiven Opfers zurück.

Die selbstbetriebene Viktimisierung verbindet Rammstein mit jener Band, die sie in den zehner Jahren als erfolgreichste deutschsprachige Rockgruppe beerben wird: Freiwild aus Südtirol. Auch deren Musiker und insbesondere ihr Sänger und Songschreiber Philipp Burger pflegen sich als Opfer zu inszenieren: als tapfere, aber unablässig missachtete und geschmähte Vertreter einer ehrlichen, handgemachten Musik, in der gegenwärtig angeblich unpopuläre, aber ewig wahre Werte wie Heimatliebe, Traditionstreue und das Glück der heterosexuellen Kleinfamilie gepriesen werden. Sie sehen sich von einer aus «Vollidioten» bestehenden gesellschaftlichen Mehrheit diskriminiert, wie Freiwild in ihrem 2015 auf dem Album «Opposition» erschienenen Lied «Das Land der Vollidioten» beklagen: «Ihr seid dumm, dumm und naiv / wenn ihr denkt, Heimatliebe ist gleich Politik / Das ist das Land der Vollidioten / die denken, Heimatliebe ist gleich Staatsverrat».

Freiwild wurden 2001 in Brixen gegründet; vorher war Philipp Burger kurzzeitig als Sänger in der Naziskin-Gruppe Kaiserjäger beschäftigt. Ihre Musik kann man im weitesten Sinne der Tradition des Punkrock zuordnen. In der Verbindung von schlichtem, kraftvoll-bratzigem Gitarrenspiel und der heiseren, eher grölenden als singenden Stimme von Burger ähnelt sie der Musik älterer Stadion-Punk-Vertreter wie der Toten Hosen oder der Böhsen Onkelz, wobei Letztere in ihrem politischen Konservatismus und ihrer Naziskin-

Vergangenheit Freiwild näherstehen als die Toten Hosen und darum bei der Band und ihren Anhängern auch beliebter sind. Während die Böhsen Onkelz sich jedoch nur in ihrem Frühwerk der achtziger Jahre mit der Vertonung nationalistischer Gefühle befassten («Deutschland den Deutschen», «Deutschland»), blieb die Heimatliebe bei Freiwild auch nach ihrem Durchbruch beim Massenpublikum Anfang der zehner Jahre ein bleibendes Motiv. Man findet es in frühen Liedern wie «Südtirol» («Ich dulde keine Kritik / an diesem heiligen Land / das unsere Heimat ist») ebenso wie in «Wahre Werte» aus dem Jahr 2010 («Sprache, Brauchtum und Glaube sind Werte der Heimat / Ohne sie gehen wir unter, stirbt unser kleines Volk») oder dem schon erwähnten «Land der Vollidioten» («Wir sind keine Neonazis und keine Anarchisten / Wir sind einfach gleich wie ihr, von hier»).

Auch in dieser Ästhetisierung des Eigenen, der Herkunft, des Vaterlands und der Identität zeigen Freiwild ihre Verwandtschaft mit Rammstein. Was beide Bands deutlich voneinander unterscheidet, ist der Umstand, dass die Musik und die Selbstinszenierung von Freiwild vollständig entsexualisiert sind. «Ficken» wird ausschließlich als Schimpfwort gebraucht; Erotik und Geschlechtsverkehr kommen weder in sadistischen noch in masochistischen, weder in queeren noch in heterosexuellen Spielarten vor; um zwischenmenschliche Beziehungen geht es allenfalls, wenn gelegentlich männlicher Liebeskummer und die Qualen des Verlassenwerdens thematisiert werden («Sie hat dir 'nen Arschtritt gegeben»).

Anders als bei Rammstein sind bei Freiwild-Konzerten auch nur wenige Pärchen zu sehen und schon gar keine allein angereisten Frauen. Bei dem bislang größten Auftritt in Berlin – Ende Dezember

2015 in der ausverkauften Mehrzweckhalle am Ostbahnhof – besteht das Publikum zu etwa neunzig Prozent aus Männern, die sich mit zunehmender Alkoholisierung zunehmend lautstark fraternisieren. Offensichtlich sehnen sich die Hörer von Freiwild nach einem Gemeinschaftsgefühl, das eher männerbündisch strukturiert ist als erotisch oder familiär. Entsprechend sind sie auch noch strikter uniformiert als die Rammstein-Anhänger: In Berlin bin ich unter den etwa fünfzehntausend Besuchern fast der einzige, der kein schwarzes T-Shirt mit dem Namen der Gruppe, ihrem Logo – einem Hirschgeweih – und mindestens einem Sinnspruch angezogen hat. Sehr beliebt sind Hemden, die auf der Brust die Parole «Ich scheiß auf Gutmenschen & Moralapostel» tragen sowie auf dem Rücken den Spruch «Euer Hass ist unser Lohn»; oft liest man auch «Eure Lügen Euer Hassen Unser Antrieb Weiterzumachen» oder schlicht den Titel des aktuellen Albums: «Opposition».

Der faszinierendste Moment an diesem Abend ereignet sich fraglos bei der Aufführung des Stücks «Südtirol», als das zu wesentlichen Teilen aus Berlin und Brandenburg stammende Publikum nicht nur wie aus einer Kehle den Refrain intoniert – «Südtirol, wir tragen deine Fahne / denn du bist das schönste Land der Welt» –, sondern dazu auch eifrig große Südtirolflaggen schwenkt. Hier fragt man sich doch, wie viele von den Flaggenschwenkern jemals in Südtirol gewesen sind und was sie mit diesem Landstrich verbinden. Nicht allzu viel, so steht zu vermuten – offenkundig dient die beschworene Region als Ersatz für eine Heimat, die das Publikum selbst nicht zu besitzen meint oder für die es keine vergleichbar starken Gefühle aufbringen kann. Was ihm zu diesen starken Gefühlen fehlt, ist die

Unterdrückung: Denn ihre Liebe für Südtirol erklären Freiwild ja auch aus dem Umstand, dass die deutschsprachigen Südtiroler als Minderheit in einem italienisch beherrschten Staat leben müssen. So lässt sich das Hegen von Heimatgefühlen gut mit der Selbstinszenierung als Opfer verbinden und die aggressive Männlichkeit, die das Auftreten von Freiwild charakterisiert, aus einem gerechten Zorn gegen Bedrängung und Unterdrückung erklären.

Worin eine dritte Parallele zu Rammstein liegt: Denn auch diese legen in Interviews und autobiographischen Texten (wie etwa Flake Lorenz in seinen Memoiren «Der Tastenficker») viel Wert darauf, einer unterdrückten Minderheit anzugehören – nämlich jener der Ostdeutschen, die ihr Heimatland mit der deutschen Wiedervereinigung und der angeblichen Kolonisation durch den westlichen Kapitalismus verloren haben. Ihre Perspektive auf das Deutschsein und die entsprechende visuelle Selbstinszenierung erklären Rammstein aus ihrer Sozialisation in der DDR, der sich auch der unbefangene, unpolitische Umgang mit Bildern und Zeichen verdankt, die nur durch das linke Establishment des alten Westdeutschland immer noch tabuisiert werden. So soll sich, was zunächst bloß als reaktionäre Provokation erscheint, in Wahrheit als emanzipatorische Geste erweisen.

Eine mit Freiwilds «Südtirol»-Lied vergleichbare Vorstellung von Rammstein («Mecklenburg-Vorpommern, du bist das schönste Land der Welt») wäre gleichwohl nicht denkbar. Dazu fehlt der Band jener missionarisch-pädagogische Anspruch, den Freiwild im Allgemeinen sowie im Besonderen auf ihren Konzerten pflegen. Till Lindemann käme niemals auf die Idee, sich zwischen den Stücken mit einem persönlichen Wort an seine Hörer zu wenden und damit das rauschhaft in sich geschlossene Spektakel der Bühnenshow zu unterbrechen. Philipp Burger legt derweil ausführlich seine Gedanken zur Zeit und zur Lage der – wie es im Berliner Konzert wiederholt heißt – «erkrankten Gesellschaft» dar; auch kann er sich gar nicht genug darüber freuen, dass seine Band es trotz der fortwährenden Unterdrückung durch den Mainstream geschafft hat, vor einem derart großen Auditorium aufzutreten.

Wenn man sich das länger als zwei Stunden anhören muss, wirken die weinerlich-aggressiven Texte von Freiwild und ihre stumpfe Musik allerdings ziemlich lähmend. Gerade deswegen sind sie aber so interessant: weil sie in der massenbegeisternden Musik wieder ein längst überwunden geglaubtes identitäres Männlichkeitsbild verankert und dieses dabei zugleich vollständig entsexualisiert haben. Es geht hier nicht um Erotik und Frauen, sondern um Hass und Identität. In der deutschsprachigen Rockmusik der Gegenwart sind Freiwild damit ein singuläres Phänomen.

Sucht man nach Brüdern im Geiste, wird man allenfalls im deutschen Gangsta-Rap fündig, der sich etwa zeitgleich mit der Karriere von Freiwild seit Mitte der nuller Jahre entwickelt hat. Auch bei Künstlern wie Sido, Bushido und Fler verbindet sich ein von heterosexueller Härte geprägtes Männlichkeitsbild mit einem Lob von Herkunft, Heimat und Identität. Nur dass es sich bei den identitätsstiftenden Territorien nicht – wie bei Rammstein – um den untergegangenen ostdeutschen Staat handelt oder – wie bei Freiwild – um einen von der eigenen ethnischen Minderheit besiedelten Teil eines

Staats, sondern um von Minderheiten aller Art besiedelte urbane Problembezirke wie das Märkische Viertel in Berlin.

Wie Freiwild ihren Hass auf die Mehrheitsgesellschaft damit begründen, dass sie als deutschsprachige Minderheit in Italien immer schon diskriminiert wurden, so fühlen sich die Gangsta-Rapper durch ihre migrantische Herkunft, ihre Jugend in schwierigen sozialen Verhältnissen oder durch beides benachteiligt und dazu berechtigt, ihre Männlichkeit aggressiv auszuleben. Ihr Vaterland ist gewissermaßen das Ghetto; «Vaterland» heißt denn auch ein Lied auf dem Debütalbum des Berliner Rappers Anis Ferchichi alias Bushido, «Vom Bordstein bis zur Skyline» aus dem Jahr 2003. In Titeln wie «Mein Revier» und «Berlin» beschreibt sich Bushido als eine Art brutal-diktatorischer Bürgermeister: «Es ist meine Stadt, mein Bezirk / Du Nutte kannst nach Hause gehn / Ab jetzt ist es Hardcore, du Opfer».

Wie das Publikum von Freiwild besteht auch jenes von Bushido zum größten Teil aus männlichen weißen Mittelschichtsjugendlichen, für die das verehrte Ghetto ebenso fremd und exotisch ist wie das von Freiwild besungene Südtirol. Oder wie die harten Straßen von Offenbach, von denen der Rapper Aykut Anhan alias Haftbefehl kündet, der seit etwa 2013 zur Leitfigur der neuen Gangsta-Rap-Generation aufgestiegen ist. Viele Vertreter des Genres komplettieren ihren identitären Machismo dadurch, dass sie – wie Bushido – als Lieblingsgegner die Homosexuellen ausmachen: «Berlin wird wieder hart, denn wir verkloppen jede Schwuchtel», heißt es in seinem schon erwähnten Stück «Berlin».

In ihrer geradezu zwanghaften Homophobie überbieten Gangsta-Rapper wie er das entsexualisierte Männlichkeitsbild der Identitätsrocker noch an reaktionärer Verklemmtheit. Für Bushido ist schwule Sexualität so schlimm wie für Rammstein die deutsche Wiedervereinigung; so wie Freiwild unter der Anwesenheit italienischsprechender Menschen in ihrer «heiligen Heimat» leiden, so leidet Bushido darunter, dass er mit Menschen zusammenleben muss, die Analverkehr genießen.

Sein früherer Label-Kollege Sido bekannte sich in seinem ersten Hit «Arschficksong» immerhin dazu, Spaß an dieser sexuellen Praxis zu haben – sofern sie mit Frauen vollzogen wird. Auf dem 2004 erschienenen Debütalbum «Maske» verbindet Sido das Lob der Herkunft und der männlichen Härte mit Motiven der Erotisierung. «Meine Stadt, mein Bezirk, mein Viertel, meine Gegend», rappt er darin, seien für ihn die besten Orte der Welt. Aber dies nicht etwa weil sie so schön sind oder weil sie – wie Freiwild es formulieren würden – ein herrliches «Brauchtum» pflegen. Sondern weil Sido in seinem Block im Hier und Jetzt der Gegenwart «alles kriegt», was man zum Leben braucht: «Ich muss hier nicht mal weg / Hier hab ich Drogen, Freunde und Sex».

18. Gott wohnt in den Heuchlern und Schizos: Kanye West, The Weeknd, Drake, Kendrick Lamar und die Protestmusik des postheroischen Mannes

Apropos Analverkehr: Zu einer interessanten Debatte über diese Kopulationspraxis kam es im Februar 2016 anlässlich der Veröffentlichung des neuen Albums von Kanye West. Bei einer Release-Show in der New Yorker Mehrzweckhalle Madison Square Garden durften sich zwanzigtausend zahlende Gäste anhören, wie das Album des US-amerikanischen Rappers von einem Laptop abgespielt wurde. Immerhin führten dazu einige hundert Tänzerinnen und Tänzer mit großen Zeltplanen über den Köpfen eine Choreographie der Performance-Künstlerin Vanessa Beecroft auf.

Um die Publicity zu ergänzen, entfachte West rund um den Veröffentlichungstermin Streitereien mit konkurrierenden Rappern wie Wiz Khalifa, der wiederum der Exfreund seiner Exfreundin Amber Rose ist. Selbige griff nach einigen Tagen in den Schlagabtausch ein, indem sie die einander beschimpfenden Männer zur Entspannung ermahnte und sich darüber hinaus in einer Twitter-Botschaft bei West erkundigte, ob er so zickig sei, weil sie ihm nicht mehr täglich den Anus liebkose: «Are u mad I'm not around to play in ur a------ anymore?» Kanye West ließ daraufhin indigniert wissen, dass er «so etwas» nie mit Amber Rose getan hätte und auch mit sonst niemandem tun würde, weil er diese Körperregion beim

Sex meide: «I don't do that ... I stay away from that area all together.»

Das brachte ihm einerseits allerlei Spott von sexuell aufgeklärten Hörerinnen und Hörern ein, die umgehend eine «Kanye Anal Playlist» erstellten mit thematisch passenden Titeln wie «Back Door Man» von The Doors oder «Rolling in the Deep» von Adele. Andererseits löste seine Bemerkung unter feministischen Bloggerinnen eine ausgiebige Debatte darüber aus, warum ein ansonsten so fortschrittlich, selbstbewusst und modern auftretender Künstler wie Kanye West sich in sexueller Hinsicht derart verklemmt zeige. Schließlich werde der Anus inzwischen weit über die Gruppe schwuler Männer hinaus als vielseitig bespielbare erogene Zone anerkannt und geschätzt, gerade auch von körperbewussten Frauen jeder sexuellen Orientierung.

In der Eingeschränktheit seiner erotischen Phantasien ähnelt Kanye West den durchschnittlich homophoben Gangsta-Rappern aus Deutschland und aller Welt. Dass er viele durch seine Verklemmtheit enttäuschte, deutet indes darauf hin, dass das von ihm verkörperte sexuelle Rollenmodell ansonsten komplexer und freier erscheint als jenes der identitären Männer, die wir im vorigen Kapitel kennengelernt haben.

In jedem Fall ist es auf kurzweilige Weise irrsinniger, das zeigt etwa Kanye Wests Hip-Hop-typischer Größenwahn. Während die maskulinen Allmachtsphantasien von Sido und Bushido bestenfalls bis zur königlichen Herrschaft über einen Kiez, ein Ghetto oder einen Block reichen, sieht West sich als Ebenbild des Schöpfers des Universums und überdies noch als geheimer Bruder einiger der bedeutendsten Männer der Menschheitsgeschichte. So vergleicht er sich auf dem 2016er Album «The Life of Pablo», um das sich die geschilderte sexualpolitische Diskussion rankte, unter anderem mit Pablo Picasso, dem Drogenbaron Pablo Escobar und schließlich dem in der spanischsprachigen Welt als Pablo firmierenden Begründer der christlichen Religion, dem heiligen Paulus von Tarsus.

Auf der Vorgängerplatte «Yeezus» aus dem Jahr 2013 hatte West sich bereits mit Jesus Christus gleichgesetzt sowie in dem Stück «I Am A God» mit dessen Vater, Gott selbst. In dem Song «Wolves» von 2016 vergleicht er seine Ehefrau Kim Kardashian – Mutter der gemeinsamen Tochter Saint, Heilige – mit der Heiligen Jungfrau Maria, die bekanntlich die Mutter von Jesus Christus ist. Damit nimmt West gleichermaßen die Rolle Gottes wie die eines Menschen ein, des Vaters wie des Sohnes wie des ödipal mit seiner eigenen Mutter verkehrenden Messias. Das kann man auch als spiegelverkehrte Version der Selbstinszenierung seines Entdeckers und künstlerischen Ziehvaters Jay Z betrachten, der ja – wie im neunten Kapitel beschrieben – bei den Konzerten seiner Ehefrau Beyoncé als körperlose Gottesstimme aus dem Off zugegen ist und die körperlich anwesende Künstlerin auf diesem Wege zu seinem Geschöpf erklärt.

Festzuhalten bleibt, dass Kanye West den heroischen Maskulinismus der klassischen Popmusik einerseits wiederbelebt und andererseits durch maßlose Übersteigerung ruiniert. Indem er seine Männlichkeit in metaphysische Sphären hebt, entkoppelt er sie gänzlich von allen diesseitigen Territorien. Kein Land und keine Nation, keine Stadt und kein Ghetto fundieren seine Ich-Identität. Das unterscheidet ihn von jenem territorial-identitären Männlichkeitsypus von Rammstein, Freiwild und Bushido.

Kanye West identifiziert sich mit dem Jenseits. Darin ähnelt er wiederum den im zehnten Kapitel dieses Buchs porträtierten Protagonisten des Witch House: Nicht zufällig ließ er auf «Yeezus» wesentliche Bestandteile seiner Musik von dem britischen Beat-Bastler Joshua Leary alias Evian Christ produzieren, der seine Karriere im Jahr zuvor auf dem Witch-House-Label Tri Angle begann. Anders als dieser und die geistesverwandten oOoOO oder Salem betrachtet Kanye West das überirdische Reich jedoch nicht als Sphäre des individuellen Verschwindens, sondern im Gegenteil als Sphäre des Überlebensgroßwerdens. Seine Wahlverwandten sind keine Gespenster und Geister, sondern ein monotheistischer Schöpfergott, in dem West sich selbst erkennt.

Aus diesem metaphysischen Hypermaskulinismus folgt aber auch ein – im phallischen Verständnis – ganz «unmännlicher» Riss in der Ich-Identität. Wer sich sowohl dem Diesseits wie dem Jenseits, der Immanenz wie der Transzendenz, den Menschen wie den Göttern zugehörig fühlt, kann schnell zu einem «schizoid man» werden, wie sich West im Verlauf seiner Karriere mehr als einmal selbst tituliert hat. Diese Schizophrenie äußert sich gerade auch im stetigen Wechsel zwischen Größenwahn und depressivem Kleinmut, zwischen Hysterie und Psychose.

Wenn Kanye West sich nicht als allmächtigen Gott oder Gottessohn preist, dann lässt er das Publikum in ebenso überdimensionierter Weise an seinen Unzulänglichkeiten und seinem Scheitern teilhaben. So präsentierte er sich auf seinem Albumdebüt «The College Dropout» aus dem Jahr 2004 als Versager, dem nicht einmal ein mittlerer Bildungsabschluss gelingen will. In dem Werk «808s & Heartbreak» von 2008 berichtete er wortreich von Herzschmerz und Seelenpein, von erlittenen Demütigungen und ungerechter Behandlung; wobei er die emotionale Kälte, die ihn so quälte, klanglich zukunftsweisend mit roboterisierenden Autotune- und Vocoder-Effekten auf seiner Stimme zur Erscheinung brachte. Auf dem 2010 erschienenen Album «My Beautiful Dark Twisted Fantasy» litt er in einer weiteren Drehung der Elendsschraube schließlich daran, dass er nicht in der Lage ist, sein Selbstmitleid zu überwinden. In geradezu zwanghafter Weise schiebe er die Verantwortung für sein Schicksal anderen Menschen zu: «And I just blame everything on you / At least you know that's what I'm good at», rappte er in dem Stück «Runaway» – und ich suche für alles die Schuld bei dir, immerhin weißt du ja, dass ich das gut kann.

Unter den US-amerikanischen Sprechgesangskünstlern des letzten Jahrzehnts ist Kanye West zweifelsfrei der schizophrenste und schrillste. Was Selbstzweifel und Selbstanklagen betrifft, ist er jedoch nicht allein: Eine ganze Reihe von offensiv neurotischen Männern hat seit Anfang der zehner Jahre die Bühne betreten. Zum Beispiel Abel Tesfaye alias The Weeknd, der erstmals 2011 mit drei selbstproduzierten und gratis vertriebenen Alben für Aufsehen sorgte: Zu sphärisch verlangsamten Indiepopstücken sang der seinerzeit gerade Einundzwanzigjährige mit müder Stimme über Weltschmerz, Sex, Selbstekel, Drogenkonsum und den inneren Zusammenhang zwischen diesen vier Phänomenen. Auf «Kiss Land», seinem 2012 erschienenen ersten Album für eine große Schallplattenfirma, variierte er diese Themen unter besonderer Berücksichtigung des Umstands, dass plötzlicher Ruhm und Reichtum alles noch schlimmer machen;

den zäh-dunklen Klang der Debüttrilogie ersetzte er durch einen dick aufgetragenen Erwachsenenpop mit brausendem Phil-Collins-Schlagzeug. Was blieb, war die sonderbar selbstwidersprüchliche Inszenierung Tesfayes, der mit lieblichem Falsett von den widrigsten Dingen und Schicksalsschlägen zu künden pflegt; das änderte sich 2015 auch auf seinem Album «Beauty Behind the Madness» nicht.

Beim breiten Publikum noch erfolgreicher war der kanadische Rapper Drake, dessen wiederum von Weltschmerz, Sex, Selbstekel und Größenwahn geprägtes Album «Take Care» von 2011 als glitzernder Hitparadenzwilling des Weeknd'schen Frühwerks aufgefasst werden kann. Wie Kanye West und Abel Tesfaye leiht sich auch Drake wesentliche Teile seiner Musik aus dem Witch House und dessen Vorläufer, dem Codeine Rap. Seine Beats skelettiert er und lässt sie klackern; er kombiniert sie mit ultraverlangsamten Samples, verwehten R-'n'-B-Stimmen oder Industrial Beats. Anders als The Weeknd wurde Drake aber schnell des eigenen Wehleids überdrüssig und sehnte sich schon auf seinem 2012 erschienenen Album «Nothing Was The Same» danach, eine wahrhaft weltverändernde Musik zu komponieren. «I wanna take it deeper than money, pussy, vacation / and influence a generation that's lacking in patience», heißt es dort: Ich will mehr als Geld, Muschi und Urlaub, ich will eine Generation prägen, der es an Geduld fehlt.

Auch Kanye West verlangte es 2016 dann auf «The Life of Pablo» nach einer politisch-emanzipatorischen Wende. In dem Stück «No More Parties in L. A.» rekapitulierte er zynisch das öde und sinnleere Prominentendasein in Los Angeles und bekundete seinen Wunsch nach einem engagierten und wahrhaftigeren Leben. Sein Partner in diesem Duett war Kendrick Lamar; ein kalifornischer Rapper, der auf seinem Albumdebüt «good kid, m.A.A.d. city» aus dem Jahr 2012 in detaillierter, autobiographischer Weise die Widrigkeiten einer afroamerikanischen Jugend in dem Problemviertel Compton in Los Angeles geschildert hatte. Die darin schon angeklungenen Themen – vom fortdauernden Rassismus der weißen US-Bürger bis zum Selbsthass in der schwarzen Community, von der polizeilichen Repression bis zur Bandengewalt in den Ghettos – weitete er auf dem 2015er Nachfolgewerk «To Pimp A Butterfly» zu einem sozialkritischen Großpanorama. «Every Nigger is a Star», lautet die erste Zeile der Platte, und das Stück «Alright» wurde in den folgenden Monaten zu einer Selbstvergewisserungshymne der «Black Lives Matter»-Bewegung.

Wenige Tage nach der Veröffentlichung von Wests «Pablo»-Album wurden im Staples Center in Los Angeles die wichtigsten US-amerikanischen Musikpreise verliehen, die Grammys. Neben der vom Country-und-Western-Sternchen zum massenbegeisternden Popstar gereiften Taylor Swift erhielt Kendrick Lamar an diesem Abend die meisten Trophäen. Umso bemerkenswerter war sein Auftritt während der Gala.

Für ein Medley aus seinen Songs «The Blacker the Berry» und «Alright» hat er sich eine große Gefängniszenerie bauen lassen. Ein Saxophonist musiziert hinter den Gittern einer winzigen Einzelzelle. Lamar selbst kommt in blauer Sträflingsbekleidung auf die Bühne; mit eisernen Ketten an Händen und Füßen ist er an vier andere, gleichgekleidete Männer gefesselt: Seine Background-Sänger bilden mit ihm eine Chain Gang, die mit kleinen Schritten an die Mikrophone trippelt. «You never liked us anyway, fuck your friendship, I mean it», schleudert Lamar dem versammelten, überwiegend weißen Establishment der US-amerikanischen Musikindustrie alsdann entgegen, «ihr mochtet uns sowieso nie, ich scheiß auf eure Freundschaft, ehrlich».

Während die Regie der Fernsehübertragung sich redlich bemüht, ein euphorisches Publikum zu zeigen, kursieren in den sozialen Netzwerken sogleich Fotos von distinguierten Damen und Herren, die den Auftritt mit betretenen oder angewiderten Mienen verfolgen. «You hate me, don't you?», bellt Lamar in den Saal. «You hate my people, your plan is to terminate my culture / You're fuckin' evil, I want you to recognize that I'm a proud monkey» – «Ihr hasst mich, oder? Ihr hasst mein Volk, ihr wollt meine Kultur auslöschen / Ihr seid das Böse, ich will, dass ihr wisst, dass ich ein stolzer Affe bin». Danach schüttelt er die Ketten ab und wechselt in ein anderes Bühnenbild: Um ein großes flackerndes Freudenfeuer hüpfen nun Tänzerinnen und Tänzer in afrikanischen Stammestrachten. Dazu intoniert Lamar das «Alright»-Stück, das den Geschundenen und Unterdrückten Hoffnung verkündet: «Nigga, we gon' be alright / We gon' be alright», alles wird gut, alles wird gut.

Aber heißt das, dass alles erst gut sein wird, wenn die Afroamerikaner in ihr «Motherland» Afrika zurückkehren? Schon in «The Blacker the Berry» hat Lamar seine Zugehörigkeit zur amerikanischen Kultur in Frage gestellt: «I'm African-American», rappt er darin zunächst, um dann aber sogleich zu einem «I'm African» zu kommen. Das Medley endet mit einer Hommage an Trayvon Martin, jenen afroamerikanischen Jugendlichen, der 2013 in Florida von einem weißen US-Amerikaner grundlos erschossen und schließlich zur

Symbolfigur der «Black Lives Matter»-Bewegung wurde. Dazu lässt Lamar den Umriss des afrikanischen Kontinents auf die Leinwand projizieren, in der Mitte steht das Wort «Compton».

Interessant ist auch, was man bei diesem Auftritt nicht zu hören bekommt – nämlich den Grund dafür, warum das erste Stück, «The Blacker the Berry», mit einer Selbstbezichtigung beginnt: «I'm the biggest hypocrite of 2015 / When I finish this if you listenin' then sure you will agree». Ich bin der größte Heuchler des Jahres 2015, wenn ihr mir bis zum Schluss zuhört, werdet ihr das auch so sehen.

Beim Grammy-Medley kommt das Stück nicht bis zum Schluss, weil es schon in der zweiten Strophe in «Alright» übergeht. Wer «The Blacker the Berry» bei anderer Gelegenheit komplett hört, erlebt mit, wie sich in den letzten Momenten tatsächlich die Sprecherposition und die Perspektive auf das geschilderte Unrecht wandeln. «So why did I weep when Trayvon Martin was in the street / when gang banging make me kill a nigga blacker than me?» Warum habe ich geweint, fragt sich Lamar – oder jedenfalls das in seinem Stück redende Ich –, als Trayvon Martin getötet wurde? Warum habe ich geweint, wo ich doch im Bandenkrieg selbst einen «Nigga» getötet habe, der schwärzer war als ich? «Hypocrite», Heuchler, ist in diesem Stück nicht nur das erste, sondern auch das letzte Wort; nun versteht der Hörer, dass Rassismus und Repression aus dem Blickwinkel eines Mörders beschrieben werden, der genauso der Gewalt verfallen ist wie die weißen Unterdrücker.

Dieser Perspektivwechsel passt gut zu den anderen Songs auf «To Pimp A Butterfly» und zum gesamten Schaffen Kendrick Lamars. Immer wieder kommt er in seinen Rap-Texten darauf zurück, dass die schwarze Community erst dann zu einer wahrhaft emanzipatorischen Kraft werden kann, wenn sie die Gewalt in ihren eigenen Reihen bekämpft und zu einem «positiven Bewusstsein» gelangt. Dieses Thema wird in seinem dritten Album «untitled unmastered», das er wenige Tage nach der Grammy-Verleihung ankündigungslos veröffentlichte, noch einmal ausgiebig variiert. Anders als die Mehrzahl der männlichen Gangsta-Rapper – und auch der identitären Pop-Männer aus Deutschland, denen wir im vorangegangenen Kapitel begegnet sind – schöpft Kendrick Lamar aus der Unterdrückungserfahrung also gerade nicht die Legitimation für einen aggressiven Maskulinismus. Dieser ist für ihn vielmehr ein Teil des Problems und dasjenige, was Täter und Opfer, weiße Polizisten und schwarze Ghettobewohner, miteinander verbindet.

Von traditionell linken afroamerikanischen Kritikern wurde Lamar darum auch oft als «Onkel Tom» abgetan, also als assimilierter Künstler, der mit seiner schwarzen Selbstkritik lediglich dem weißen Establishment in die Hände spiele. Sollten sie recht haben, hat dies das konservative weiße Establishment jedoch nicht daran gehindert, ihn – nach einem Fernsehauftritt, bei dem er das «Alright»-Stück auf einem demolierten Polizeiwagen dargeboten hatte – zum Staatsfeind Nummer eins zu erklären. «Kendrick Lamar», so ein Kommentator des Fernsehsenders Fox News, «ist ein gutes Beispiel dafür, warum Hip-Hop für die schwarze Jugend unseres Landes so viel verderblicher ist als der Rassismus.»

So ist Lamar bei «weißen» wie «schwarzen» Hörern gleichermaßen umstritten. Oder um es ins Positive zu wenden: Er hat zu einer politischen Haltung im Pop gefunden, die nicht der Verhärtung ins

Identitäre verfällt. Unaufhörlich wechselt er zwischen Identifikation und Distanz und überblendet scheinbar nicht zu vereinende Perspektiven. Die Schizo-Subjektivität Kanye Wests und die neurotische Männlichkeit von The Weeknd und Drake werden bei ihm zur Grundlage einer Protestmusik, in der das Verhältnis zwischen dem protestierenden Ich und den kollektiven Identitäten, für die es spricht, fragil ist und immer wieder neu bestimmt werden muss.

Das kann interessante Ansteckungseffekte erzeugen. Nach dem Ende des Grammy-Auftritts – also nachdem der erfolgreichste US-amerikanische Popmusiker des Jahres 2015 seinem mehrheitlich weißen Publikum erklärt hatte, dass er auf seine Freundschaft scheißt, weil es das Böse ist – sandte Barack Obama aus dem Weißen Haus sogleich ein herzliches «Shoutout to Kendrick Lamar» über Twitter. Während im drumherum tobenden Vorwahlkampf alle Zeichen darauf zu deuten schienen, dass der nächste Präsident der Vereinigten Staaten wieder ein weißer Rassist sein wird, verbrüderte sich der noch amtierende Präsident also mit jenem Künstler, den die Wähler seines mutmaßlichen Nachfolgers als schlimmsten Jugendverderber betrachten. Auch das kann man als Vorgang der Ent-Identifizierung bezeichnen. Kendrick Lamar hat den vermeintlich mächtigsten Mann im Staat dazu gebracht zu sagen, was er von seinem Volk hält und in gewisser Weise auch welche Ängste er ihm gegenüber empfindet. So spiegelt sich in diesem politischen Schizo-Pop für einen Moment die Schizophrenie einer ganzen Nation.

Zum Schluss: Ein kleiner Abendspaziergang von der Berliner O2 World bis zum Techno-Klub Berghain

Am Ende will ich noch einmal von der Vergänglichkeit reden. Der Graf und seine Gruppe Unheilig sind ja keineswegs die Ersten, die weit vor dem tatsächlichen Ende ihrer musikalischen Karriere mit dem langen Abschied von ihrem Publikum kokettiert haben; auch Rammstein begaben sich schon 2011 auf eine als «Abschiedstournee» bezeichnete Konzertreise.

Eröffnet wird diese Tournee in der Mehrzweckhalle am Berliner Ostbahnhof. Davor hat die Band ein Mausoleum aus Sperrholz aufbauen lassen, in dem der Besucher bei Kerzenschein den Totenmasken der sechs Mitglieder huldigen kann. Wer will, darf sich auch in ein dickes Kondolenzbuch eintragen und damit seine Trauer um Rammstein zum Ausdruck bringen. Als ich das Mausoleum betrete, verewigt sich vor mir gerade eine Gruppe von Rammstein-Freunden: «Wir waren hier. Susi, Stulle und Stoffel».

Das Konzert beginnt mit einem Fahnen- und Fackelzug der Band durch das Publikum, zu den ersten Liedern gehören «Sonne», «Rammstein» und «Mutter». Besonders bei Letzterem beginnen die wie stets im Familienverbund angereisten Männer, aus vollem Hals mitzusingen, etwa die Zeile «Ich durfte keine Nippel lecken», wobei man sich an dieser Stelle wieder einmal fragt, was die Familienmütter über dieses Verhalten wohl denken. Zu dem Lied «Mein Teil» wird Flake Lorenz in einem riesigen Kannibalenkessel gesotten; zu «Bück dich» krabbelt er auf allen vieren herum, während Till Lindemann hinter ihm aus einer Penisapplikation gewaltige Mengen Kunstsperma verspritzt – ein Moment, in dem man allerdings einmal über die Vergänglichkeit nachdenken kann. Nicht nur über die Vergänglichkeit von Rammstein, sondern auch über die Vergänglichkeit von Provokations- und Grenzüberschreitungsgesten des Pop: Was in den achtziger Jahren noch radikal und verstörend erschien, ist längst zur Unterhaltung für die ganze Familie geworden.

In interessantem Gegensatz zu alldem steht der Ort, an dem das Konzert stattfindet. Er bleibt von jeder Art der Vergänglichkeit unberührt; er besitzt keine Identität, die in irgendeiner Weise vergehen könnte. Die Mehrzweckhalle verkauft ihren Namen und ihre innere Ausstattung an Sponsoren, und so heißt sie alle paar Jahre anders. Zur Zeit der Niederschrift dieses Textes ist sie nach einem schwäbischen Automobilhersteller benannt. Architektonisch betrachtet, handelt es sich um einen eher mäßig ambitionierten Funktionsbau an einem großen Platz unweit des Spreeufers. An der Stirnseite wechseln sich auf einem hausgroßen Display rund um die Uhr bunt zappelnde Leuchtreklamen ab. In der Halle werden vor allem Sportevents veranstaltet, Eishockey- und Basketballspiele, aber auch viele Konzerte. Neben Rammstein sind diverse andere Künstler, von denen in diesem Buch die Rede war, dort aufgetreten: Beyoncé, Rihanna, Lady Gaga, Justin Bieber, Sting, Unheilig, Helene Fischer und Freiwild.

Wer die Halle betritt, wird durch ein großes Foyer zunächst an langen Ständen vorbeigeleitet, an denen man Werbeartikel der auftretenden Künstler kaufen kann. Eine Rolltreppe führt hoch in ein zweites, rundes, einmal um den Saal laufendes Foyer, in dem man an einer nicht enden wollenden Kette von Tresen zu essen und zu trinken bekommt. Wer Durst hat, labt sich aus Plastikbechern, auf die ein hoher Pfandpreis erhoben wird; manchmal sind die Plastikbecher mit den Namen oder den Logogrammen der Künstler versehen. Wer Hunger hat, kann während des Konzerts Bratwürste vertilgen oder Nachos mit Chili-Dip. Das Rauchen ist in der Halle hingegen verboten. Ein Verbot, das auf allen Konzerten, die ich in den vergangenen Jahren besucht habe, strikt eingehalten wurde – mit Ausnahme des Auftritts von Freiwild, bei dem die rebellischen Anhänger der universellen Opposition sich spätestens nach der Hälfte der Show auch um die Saalordnung nicht mehr scherten.

Wer sich an die Gebote der Mehrzweckhallenbetreiber hält, geht zum Rauchen auf einen langen Balkon an der Frontseite der Halle. Manche Künstler legen sogar halbstündige Pausen ein, um dem Besucher seine Zigarette zu gönnen, so zum Beispiel der 2014 kurz nach seinem Berliner Auftritt verstorbene Udo Jürgens. In diesen Pausen kann man, ob man nun selbst raucht oder nicht, wie in allen Raucherecken der Welt den interessantesten Leuten begegnen. Faszinierend an der Udo-Jürgens-Pause war die hohe Zahl an geschmackvoll geschminkten Frauen über siebzig, die sich auf ein paar Slim-Line-Zigaretten versammelten. Während ich ihnen dabei zuhörte, wie sie sich mit leicht heiseren Stimmen über den Jürgens'schen Eros austauschten, schweifte mein Blick über den windigen Platz vor der Halle bis zu den Wohnungen am anderen Ufer der Spree, in deren Fenstern sich die über unseren Köpfen grellflimmernde Reklame spiegelte.

Auch der Konzertsaal im Inneren ist mit Laufschriftanzeigen und anderen Reklame-Displays versehen, auf denen über künftige Konzerte und Sportereignisse informiert sowie den Sponsoren der Halle und anderen Markenartiklern gedankt wird. Selbst die Hallendecke ist mit großen Werbeschriften überzogen; selbst wenn man den Kopf in den Nacken legt, entkommt man dem Konsumimperativ nicht. Vor Beginn der Konzerte laufen oft auch Werbespots auf den großen Leinwänden neben der Bühne, vorbehalten jenen Firmen, für die sich die auftretenden Künstler verwenden. Beispielsweise bewarb Beyoncé bei ihrer letzten Tournee eine Parfümmarke und Rihanna Sportschuhe; der bereits beschriebene Einsatz von Helene Fischer für Kräuterbutter darf auch in dieser Hinsicht als Avantgarde gelten.

Anders als das Rauchen ist das Telefonieren und das Fotografieren in der Mehrzweckhalle erlaubt. Was dazu führt, dass die Konzertbesucher viel Zeit damit zubringen, sich die Bühne durch ihre mit Kameras ausgestatteten Taschentelefone anzusehen oder – mindestens ebenso beliebt – die Geräte auf ihre mit angereisten Freunde und Familienmitglieder sowie auf sich selbst zu richten. Zu langsamen Liedern und an romantischen Stellen, an denen man früher Wunderkerzen oder Feuerzeuge emporgereckt hätte, werden nun Smartphones in die Höhe gehalten, die durch die vorherige Auswahl der Funktion «Taschenlampe» ein gleißendes Lichtermeer erzeugen. Technisch besonders fortschrittliche Künstlerinnen wie Helene Fischer bauen diesen verbreiteten Drang inzwischen systematisch in ihre Bühnenshows ein. Für ihre letzte, «Farbenspiel» betitelte Tournee ließ Fischer eine eigene App entwickeln, die das Farbenspiel der Mobiltelefone mit dem Bühnengeschehen harmonisierte. Zu Beginn des Konzerts wurden die Telefone durch den Empfang einer feierlichen Melodie gleichgeschaltet, sodass sie alsdann im kollektiven Takt blinkten und flimmerten.

Eine telefonunabhängige Variante dieser audiovisuellen Gleichschaltung konnte man ebenfalls in der Mehrzweckhalle, einen Monat nach dem Rammstein-Konzert im Dezember 2011, beim Auftritt der britischen Band Coldplay erleben. Deren Zuhörer erhielten am Eingang bunte Armbänder, die ab dem Moment, in dem die Musiker die Bühne betraten, in den verschiedensten Farben zu blinken begannen, und zwar in Übereinstimmung sowohl mit den Rhythmen wie auch mit den Tonlagen der Musik. In den Armbändern befanden sich Funkempfänger, die mit den Beleuchtungsreglern am Mischpult gekoppelt waren, womit die Zuschauer zum beliebig einsetzbaren Bestandteil der Lichtshow wurden. Schon während der ersten Stücke ließen Coldplay große Luftballons aus dem Bühnenhimmel fallen und aus gewaltigen Kanonen Konfetti ins Publikum schießen. Im Großen und Ganzen wirkte der Auftritt mithin wie eine Faschingsfeier im Kindergarten; das bereitwillig sich zur Blinkanlage machende Publikum verlieh ihm zudem einen nordkoreanischen Zug.

Das digitale Armband gewinnt in der Popkultur der Gegenwart generell an Bedeutung. Seit Mitte der zehner Jahre haben Konzertveranstalter flächendeckend damit begonnen, ihr Publikum mit diesem Instrument gleichzuschalten, zu überwachen und sein Konsumverhalten zu optimieren. Auf großen Festivals wie dem Hurricane, dem Melt oder dem Lollapalooza, das erstmals im September 2015 auf dem stillgelegten Berliner Flughafen Tempelhof stattfand, werden die Zuhörer beim Betreten des Geländes dazu genötigt, sich ein Armband mit einem Digital-Chip um das Handgelenk zu binden. Das Band soll nun nicht mehr blinken, sondern den Profit steigern und für Transparenz sorgen: Nur wer sich ein monetäres Guthaben daraufládt, kann auf dem Festivalgelände Getränke und Speisen erwerben; bezahlt wird, indem man das Armband an eine Chip-Lesestation hält und den Betrag abbuchen lässt. Das Personal kann so weniger schummeln, vor allem aber gewinnen die Festivalbetreiber eine bessere Kontrolle über das Publikum und sein Verhalten: Sie können jetzt für jeden Besucher ein Bewegungsprofil rekonstruieren. Wer hat wann und wo wie viel getrunken? Welche Musik erzeugt den größten Durst und damit die meisten Einnahmen?

Seit dem Kollaps der klassischen Musikindustrie, von dem zu Beginn dieses Buchs die Rede war, sind popmusikschaffende Künstler nicht nur gezwungen, die ausbleibenden Einnahmen aus dem Tonträgerverkauf durch Konzerttourneen auszugleichen. Immer wichtiger wird es, einen Sponsor zu finden, der die künstlerischen Tätigkeiten subventioniert, sei es eine Modemarke, ein Turnschuhlabel oder ein Autohersteller. Auf dem Gipfel des Erfolgs lässt man sich dann durch Kräuterbutter subventionieren. Die erfolgreichsten aktuellen Popkünstler sammeln Marketingpartner wie Trophäen: Wenn der Stadion-Rave-Produzent Avicii im Booklet seines jüngsten Albums «Stories» zu jedem Stück eine kleine Entstehungsgeschichte erzählt, dann erscheint als wichtigste Inspiration jeweils «die Kraft der Marke», in deren Auftrag oder mit deren finanzieller Unterstützung die Komposition entstanden ist. Auch im Bereich der elektronischen Avantgarde ist der wichtigste Mäzen Mitte der zehner Jahre ein österreichischer Hersteller von aufputschenden Brausegetränken.

Während Popmusiker sich dergestalt schon seit Anfang der nuller Jahre zum Maskottchen von Markenartiklern gemacht und mithin ihre menschliche und künstlerische Identität der kapitalistischen Vollverwertung unterworfen haben, war es für das Publikum lange Zeit noch weitgehend möglich, sich beim Zuhören selbstbestimmt, unerkannt und unkontrolliert zu fühlen. Mit der Einführung des gläsernen Festivalkunden wird diese Asymmetrie aufgelöst; die Musiker unter den Werbebannern und die Hörer mit den datensammelnden Chips am Arm sind nun gleichberechtigte Teile einer dauerüberwachten Sklavengemeinschaft. Besser als mit den langen, stumm ergebenen Publikumsschlangen vor den Chip-Aufladestationen auf großen Festivals lässt sich die Verschränkung von Konsum und Kontrolle im total gewordenen Digitalkapitalismus kaum veranschaulichen.

Das ist die eine Seite der Popkultur unserer Gegenwart: eine Welt des alles durchdringenden Marketings und der digitalen Kontrolle, der vollständigen Überwachung und Kapitalisierung des Lebens. Die Mehrzweckhalle am Berliner Ostbahnhof könnte man dafür als paradigmatischen Ort sehen, gerade weil sie im eigentlichen Sinne gar kein Ort ist. Sie ist ein Nicht-Ort bar jeder historisch gewordenen oder sonst wie eigenen Identität, eine Hülle für austauschbare musikalische Ereignisse – deren Protagonisten sich aber umso mehr darum bemühen, aus der versammelten Menge von Individuen ein uniformes Kollektiv, eine gleichgeschaltete Masse zu machen, sei es durch audiovisuelle Gleichschaltung wie bei Coldplay und Helene Fischer, sei es durch die ideologische Anrufung von Kollektividentitäten wie im herkunfts- und nationalseligen Rock von Freiwild und Rammstein.

Eine Dreiviertelstunde sehe ich mir an diesem Novemberabend im Jahr 2011 das Rammstein-Konzert in der Mehrzweckhalle an. Dann ist mir dermaßen langweilig, dass ich beschließe, mich ins wenige Gehminuten entfernte Berghain zu begeben; hier gastiert das New Yorker Impro-Ensemble Gang Gang Dance, das im zweiten Kapitel dieses Buchs schon einen kurzen Auftritt hatte.

Um von der Mehrzweckhalle zum Berghain zu kommen, geht man eine zugige vierspurige Straßenschneise entlang und stößt dann zwischen Baumärkten und Plattenbauten auf einen dunkel und drohend in den Himmel ragenden Architekturkoloss. Früher war das Gebäude ein Heizkraftwerk: Anfang der fünfziger Jahre errichtet, versorgte es die Arbeiterpaläste der nahen Stalinallee mit Wärme und Strom. Die beiden Besitzer des Berghain haben das Haus mit einem Architekturbüro umgebaut und den neuen Klub gewissermaßen direkt in den alten Industriebau gemeißelt, geschweißt und gelötet; viele Details der Ausstattung und der Interieurs haben sie übernommen und sich anverwandelt.

Im Berlin der Nachwendezeit war diese Art der architektonischen Anverwandlung die Regel. So gut wie alle prägenden Klubs und Konzertsäle der neunziger und nuller Jahre sind durch die Umnutzung von alten Gebäuden entstanden, vom Techno-Klub Tresor im Tresorraum eines ehemaligen Kaufhauses bis zur Columbiahalle, einem früheren Kino der US-amerikanischen Streitkräfte. Auch die ersten Veranstaltungen, die die späteren Betreiber des Berghain in den neunziger Jahren organisierten – schwule Fetisch-Sex-Partys mit musikalischer Untermalung –, fanden an Orten statt, die ursprünglich nicht für diese Verwendung vorgesehen waren, zum Beispiel in einem Hochbunker in der Nachbarschaft des Deutschen Theaters. Ihren ersten dauerhaften Klub, das Ostgut, eröffneten sie 1998 in einem ehemals als Lagerhalle genutzten Schuppen auf dem Gelände eines Rangierbahnhofs. 2003 wurde das Ostgut geschlossen, das gesamte Gelände wurde planiert und neu bebaut – unter anderem mit der Mehrzweckhalle, die inzwischen von großen Parkplätzen und Bürohochhäusern umgeben ist.

Anders als dieser Nicht-Ort schlechthin ist das Berghain unübersehbar ein historisch gewordener Ort; ein Ort, dessen Aura nicht zuletzt daraus rührt, dass er offensichtlich nicht für jenen Gebrauch erschaffen wurde, den man jetzt von ihm macht. Seit der Eröffnung im Dezember 2004 werden hier an den Wochenenden Techno- und House-Partys veranstaltet. Wer sich dem Gebäude nähert, trifft meist auf eine lange Schlange von Menschen, die auf Einlass warten. Viele warten allerdings vergeblich, denn die Türsteher pflegen nur eine Auswahl an Bewerbern ins Haus zu lassen. Wer hineindarf, muss sich als Nächstes die Linse seiner Taschentelefonkamera mit einem roten Punkt zukleben lassen, da im Berghain ein striktes Fotografierverbot herrscht.

So setzt sich die abweisende Erscheinung des Hauses in der Strenge der Ge- und Verbote fort, die seinen Besuchern auferlegt werden. Auch das ist natürlich ein Gegensatz zur Mehrzweckhalle: Hier erhält jeder Zutritt, der eine Eintrittskarte vorzuweisen hat. Doch steht dieser bezahlten Freizügigkeit jene Unfreiheit gegenüber, die man in der Halle als gleichgeschalteter Konsument erlebt. Während es dort vor Reklame nur so wimmelt, ist das Berghain von ihr völlig frei. Es gibt keine Banner über der Bühne und auch keine elektronischen Displays; das Publikum bekommt keine blinkenden Armbänder und schon gar keine, mit denen man bezahlen oder Bewegungsprofile erstellen kann. Die Getränke werden übrigens auch nicht in Plastikbechern gereicht, sondern in pfandfreien Flaschen und Gläsern serviert, und zu essen gibt es lediglich belegte Brötchen und Speiseeis, in einer eigens dafür eingerichteten Bar in einem Winkel hoch über der Tanzfläche. Anders als in der Mehrzweckhalle wird im Berghain an allen möglichen Orten geraucht. Und wer möchte, kann splitterfasernackt durch die Menge laufen, ohne dass sich jemand daran stört.

Das vieldiskutierte Fotografierverbot dient vor allem dazu, die Anonymität der Besucher zu wahren sowie die Freiheit, die aus ihr erwächst – die Freiheit, sich zu kleiden, wie man will, oder auch gar nichts zu tragen; die Freiheit zu entscheiden, wie, mit wem und an welchen Orten man sich in sexueller und sonstiger Weise verhält. Das Verbot gilt nicht nur während der wochenendlang dauernden Partys, sondern auch wenn das Berghain an anderen Tagen seine Halle für Konzertveranstaltungen öffnet. So ist dies einer der letzten Orte, an denen man bei solchen Gelegenheiten weder von Markenartikelnamen noch von unablässig emporgereckten Telefonkameras belästigt und abgelenkt wird. Auch das sagt etwas über den Pop unserer Gegenwart aus: Es ist interessant, sich vor Augen zu führen, wie viel Zwang und Verbote, wie viel Regulationen und Restriktionen es braucht, um auf einem Popkonzert heute jenen Zustand der Freiheit zu rekonstruieren, den man auf einem Popkonzert um die Jahrtausendwende noch für selbstverständlich erachtete.

Wer an den Türstehern des Berghain vorbeigelangt ist und sich die Kameralinse hat zukleben lassen, kommt durch ein dunkles Foyer zu einer gewaltigen Treppe aus Stahl, auf der man, sich einmal um sich selbst drehend, in die Höhe steigt; oben angekommen, steht man direkt auf der Tanzfläche, mit dem Blick auf das DJ-Pult, in einem Raum, der weit offen ist wie eine Kathedrale. Man kann hundertmal dort emporgestiegen sein und wird immer noch überwältigt von der Größe des Saals, von der Erhabenheit der Architektur, von den warmen und doch harschen Wellen aus Klang, die einem von oben entgegenschlagen und den Körper umhüllen, durch die Knochen und in die Stirn kriechen und die Nasenflügel zum Flattern bringen.

Nach dem Rammstein-Konzert treffe ich am Tresen des Berghain als Erstes den aus Chemnitz stammenden Künstler und Musiker Carsten Nicolai, der als Macher des Raster-Noton-Labels zu den prägenden Elektronik-Avantgardisten der nuller Jahre gehörte. Als ich ihm erzähle, woher ich gerade komme, fragt er: «Rammstein? Die gibt's noch? Das wusste ich gar nicht. Die hab ich so um das Jahr 1994 mal gesehen, als Vorgruppe von Sandow aus Cottbus, im Loft am Nollendorfplatz. Fand ich aber schon damals nicht gut.» Während die international erfolgreichste deutsche Band also vor fünfzehntausend Verehrern in der Mehrzweckhalle am Ostbahnhof spielt – die wie erwähnt 2008 auf jenem Gelände errichtet wurde, auf dem sich von 1999 bis 2003 der Berghain-Vorgängerklub Ostgut befand –, fragen sich die Menschen im fast benachbarten Berghain – dem weltweit zweifellos berühmtesten deutschen Klub –, ob es Rammstein eigentlich noch gibt. Das mag man als Indiz dafür betrachten, dass die

Zeit in den Paralleluniversen des Pop in sehr unterschiedlichen Geschwindigkeiten verläuft.

Auf der Bühne mischen Gang Gang Dance derweil federnd leichte Percussion mit harmonisch leiernden Samples aus dem Nahen Osten, aber auch mit kosmisch blubbernden Synthie-Geräuschen; dazu kündet die Sängerin Lizzi Bougatsos mit hoher Stimme von der Freude am Leben und dem unaufhörlichen Werden der Natur. Über der Bühne laufen Videoaufnahmen von weiten Landschaften und wimmelnden Organismen, gelegentlich dreht sich dazu ein Dreieck mit der Inschrift «Positive Energy». Man könnte also sagen, dass sich die Stimmung grundlegend von jener bei Rammstein unterscheidet.

Dazu tanzen die Menschen, und sie tanzen auch weiter, als das Konzert zu Ende ist; es geht bruchlos in ein DJ-Set über. In keinem Moment kommt der Fluss der Rhythmen ins Stocken, die Quelle des Klangs und der Fokus der Wahrnehmung verschieben sich langsam von der Konzertbühne auf das danebengelegene DJ-Pult. Oder auch nicht, denn im Berghain ist der DJ vor den Blicken der Tanzenden fast verborgen. Er thront nicht auf einem Podest oder wird sonst wie ins Zentrum der Aufmerksamkeit gerückt, sein Pult steht fast ebenerdig, unbeleuchtet und unscheinbar in der rechten hinteren Ecke der Tanzfläche.

Dass die DJs kaum zu sehen sind, hat seinen Grund: Die Gäste sollen sich ganz auf sich selbst konzentrieren, auf die Musik, die sie zum Tanzen bringt, und auf die gewaltigen Bässe, die ihre Körper durchströmen. Im Lab.oratory, einer weiteren, ausschließlich Männern vorbehaltenen Tanzfläche in den Katakomben des Klubs, steht der

DJ in einem etwas erhöhten Kabuff, das nur durch ein hüfthohes vergittertes Loch zu den Tanzenden hin geöffnet ist; so kann man nur seine Beine und seinen Geschlechtsbereich sehen. Diese besondere Art des Verschwindens ist für das Berghain charakteristisch.

So wie die Besucherinnen und Besucher manchmal für Tage in dem streng bewachten, schwer befestigten, bilderlosen Gebäude verschwinden, so verschwinden auch die Musiker, Produzenten und DJs dort in ihrer Musik und in den davon angeregten Bewegungen und Tänzen. Und so wie das Publikum, dem kalten Blick der Kameralinse entzogen, zu neuen Arten der körperlichen Präsenz findet, so können sich auch die Künstler vom Diktat überkommener Formen befreien und neue Arten der musikalischen Darbietung erproben.

«Rituale des Verschwindens» heißt ein großes Tableau des Künstlers Piotr Nathan, das man im Eingangsfoyer des Berghain passiert, bevor man auf der Stahltreppe zur Tanzfläche hochsteigt. Vielleicht ist dies – das Verschwinden und die Techniken und Rituale, die das Verschwinden organisieren und zurück in neue Arten der Präsenz überführen – der Kern der für diesen Ort wesentlichen Ästhetik.

Das Berghain ist spätestens seit Ende der nuller Jahre nicht nur ein Klub im klassischen Sinne, sondern auch ein Ort für Bildende Kunst und Performances, Installationen und multimediale Ereignisse. Und ein Konzertsaal: Viele der in diesem Buch behandelten Künstler sind hier aufgetreten. James Blake hat in der Panorama Bar, einem weiteren Teil des Klubs, seine ersten DJ-Sets gespielt und in der großen Halle sein erstes Deutschland-Konzert gegeben; Sunn O))) und Attila Csihar sind hier zu sehen gewesen, Animal Collective und Grimes,

Holly Herndon, Julia Holter, 18+, Flying Lotus und der Akzelerationismus-Pop-Produzent Sophie, der hier im Januar 2016 seinen ersten Auftritt in Deutschland absolvierte.

Manche Konzerte werden werktags am frühen Abend veranstaltet und damit von den Klubnächten am Wochenende getrennt. Oft vermischen sich beide Darbietungsformen aber auch; ob man einem Konzert oder einem DJ-Set oder einer audiovisuellen Installation folgt, ist dann nur noch schwer zu entscheiden. Zum Beispiel bei Holly Herndon, um die es schon im dreizehnten Kapitel ging: Ihr Auftritt im Berghain begann an einem Sonnabendmorgen gegen fünf Uhr.

Nachdem ein DJ das Publikum seit Mitternacht mit geraden Techno-Rhythmen und schier endlosen dramaturgischen Bögen zum Tanzen gebracht hat, übernimmt Herndon auf einem kleinen Podest neben ihm das musikalische Regiment. Sie führt die geraden Rhythmen zunächst fort – um sie dann zu verlangsamen, mit Bässen zu beschweren und zur Implosion zu bringen. Ab da erzeugt sie alle Klänge durch das live vorgetragene Sampeln von gesprochener und gesungener Sprache. Allmählich entwickeln sich daraus rhythmische Muster; doch immer, wenn die Leute anfangen wollen zu tanzen, unterbricht Herndon den Beat und bringt sich, hauchend, singend und schreiend, als körperliche und stimmliche Quelle der nur scheinbar rein funktionalen Musik wieder in Erinnerung.

Das Publikum aber lässt sich nicht beirren; das Herndon'sche Wechselspiel aus angetäuschter Tanzmusik und kurzweiliger Enttäuschung, aus Versprechen und Versagung, steigert nur die Lust und den Genuss. Für sie, sagte Herndon mir im Gespräch, seien dies die kostbarsten Augenblicke: jene Momente, in denen die festgelegten künstlerischen Rollen verschwimmen; in denen sich das DJ-Set, der Bühnenauftritt und die Kunst-Performance ineinander verschränken und die Hörer von einem Wahrnehmungszustand in den nächsten treiben.

Wenn die Dezentrierung und die Verflüssigung für den Pop der Gegenwart wesentlich sind, dann ist das Berghain dafür ein emblematischer Ort: ein Schutzraum für Neuerfindungen jeglicher Art, in dem die Künstler wie die Gäste wenigstens momentweise von dem Zwang entbunden werden, vorgegebenen Mustern zu folgen.

Mein Lieblingsort in diesem Gebäude befindet sich an der Rückwand des großen Saals, wo in schwindelnder Höhe ein vollvergitterter Gang über dem Treppenraum schwebt. Von dort aus kann man die tanzende Menge betrachten. Der Blick schweift klar und weit über die Szene und wird doch von der Geometrie des Gitters gestört und zum Schwingen gebracht; man kann sich jeden der tanzenden Menschen einzeln ansehen und als Teil der Menge, in der er dann wieder verschwindet. In den schönsten Momenten ist hier jeder für sich allein und zugleich mit allen anderen zusammen, eine Gemeinschaft, die nicht auf Kontrolle und Gleichschaltung gründet, sondern auf dem flüchtigen Glück eines zwanglosen Miteinanders. Man fühlt eine Musik, die das Offene preist und die Wonnen des reinen Werdens; eine Musik, die uns immer wieder zeigt, dass sie sich nicht in dem erschöpft, was wir gerade hören – und dass wir selbst uns nicht in dem erschöpfen, was wir gerade sind.

So glimmt hinter den dicken Mauern und bewachten Türen des

Berghain um die tanzenden und zuhörenden Menschen eine Aura der Freiheit. Vielleicht ist dies das beste Bild für den Pop der Gegenwart: für die Zwänge, in denen wir leben, und für die Versprechen, die er uns gibt.

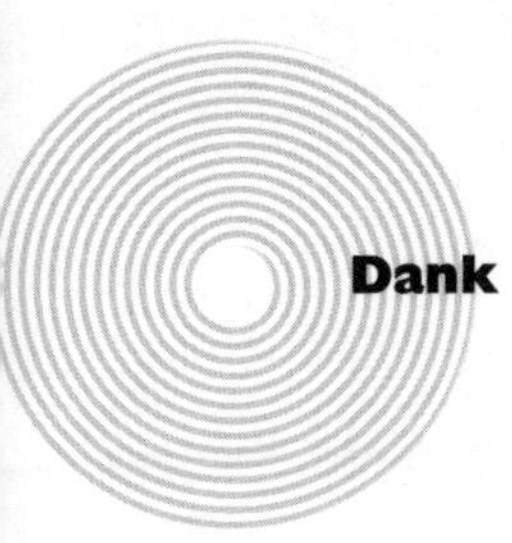

Dank

… an meinen großartigen Lektor Frank Pöhlmann und an meinen Verleger Gunnar Schmidt, ohne die es dieses Buch nicht gegeben hätte. Und an: Roland Owsnitzki. Martin Hossbach. André Jürgens. Andreas Borcholte. Tobi Müller. Georg Müller-Loeffelholz. Markus Schneider. Sebastian Zabel. Christian Buß. Tobias Nagl. Martin Zeyn. Meike Jansen (†). Christian Schlüter. Christoph Gurk. Guido Möbius. Gayle Tufts. Lutz Gajewski. Claudia Skoda. Sven Marquardt. Jochen Arbeit. Max Dax. Lutz Happel. Jan Kedves. Wibke Wetzker. Claudia Honecker. Tom Holert. Jan Rohlf. Oliver Baurhenn. Paul Carlin. Harald Fricke (†). Bettina Allamoda. Harald Peters. Johannes von Weizsäcker. Maurice Summen. Susanne Herrndorf. Luzia Braun. Jaqueline Berndt. Andreas Busche. Elke Buhr. Silke Janovsky. Ralf Niemczyk. Maruan Abu-Dagga. Arne Willander. Birgit Fuß. Maik Brüggemeyer. René Aguigah. Oliver Rohlf. Harald Jähner. Carmen Böker. Arndt Bidla. Jan Drossart. Derek Richards. Michael Hüners. Ole Frahm. Für Katja, Lisa und Leon. In Erinnerung an meine Mutter, Helga Balzer, 1924–2015.

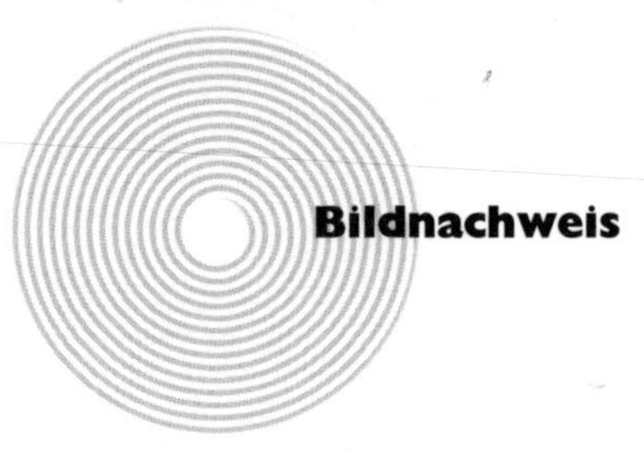

Bildnachweis

Rick Bahto: Julia Holter

Burial: Burial (LP-Cover)

Corbis Images: The Strokes

Getty Images: Antony/Anohni, Rihanna, Lady Gaga, Rammstein, Bushido, Kendrick Lamar

Picture Alliance: Lana Del Rey, Mehrzweckhalle am Berliner Ostbahnhof

Roland Owsnitzki: The Libertines, Amy Winehouse, Adele, Devendra Banhart, Animal Collective, Sunn O))), X Japan, James Blake, Johanna Newsom, Helene Fischer, Grimes, Freiwild, FKA twigs, Berghain

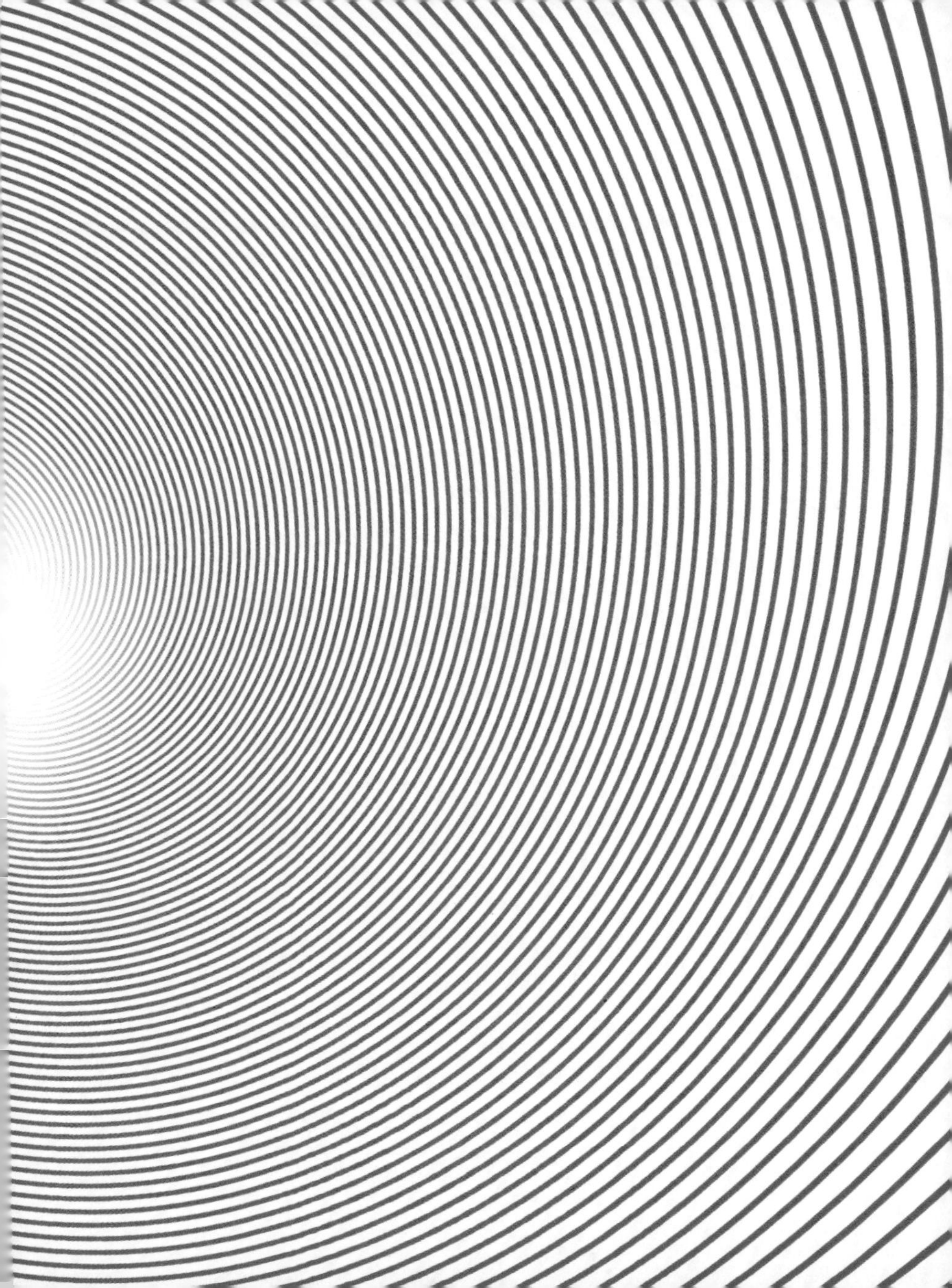

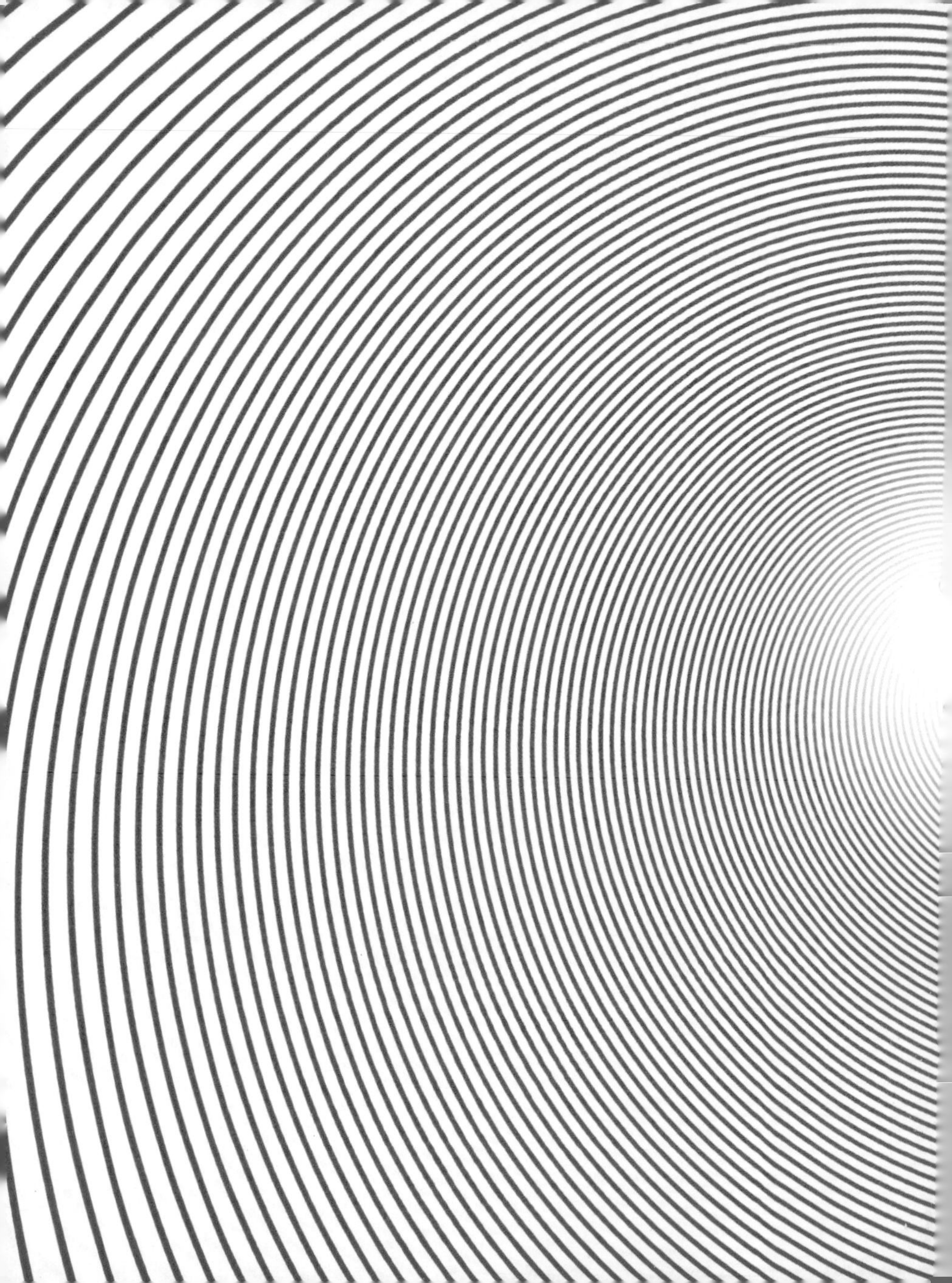